中国梦

38个践行者的故事

ZHONGGUOMENG

南方周末 编著

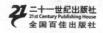

二十一世纪出版社
21st Century Publishing House
全国百佳出版社

图书在版编目（CIP）数据

中国梦：38个践行者的故事 /《南方周末》编著. -- 南昌：
二十一世纪出版社，2014.5（2022.4重印）

ISBN 978-7-5391-9073-0

Ⅰ. ①中… Ⅱ. ①南… Ⅲ. ①先进工作者—先进事迹—中国
Ⅳ. ①K820.7

中国版本图书馆CIP数据核字(2013)第224236号

中国梦——38个践行者的故事	《南方周末》编著

责任编辑 张秋林

特约编辑 张 英

摄 影 冯 飞 徐圣杰 周玉清 张 涛 王轶庶 等

出版发行 二十一世纪出版社

（江西省南昌市子安路75号 330009）

www.21cccc.com cc21@163.net

出 版 人 张秋林

经 销 新华书店

印 刷 北京金康利印刷有限公司

版 次 2014年5月第1版 2022年4月第3次印刷

开 本 720mm×1000mm 1/16

印 张 26

字 数 390千

书 号 ISBN 978-7-5391-9073-0

定 价 45.00元

赣版权登字—04—2014—70

如发现印装质量问题，请寄本社图书发行公司调换 0791—86524997

前言 / 梦想照耀中国

300年前的五月花号绽开了一个美国梦。

五千年的大历史发酵出了一个中国梦。

这是五千年的中国和中国人。她的文明史和梦想史一并持续、长久、辉煌地展开。

民为贵，君为轻。甘其食，美其服，安其居，乐其俗。万般皆下品，唯有读书高。四海之内皆兄弟。近悦远来，万邦来仪。小康世界。天下大同。

这是170年前的中国和中国人。他们被海盗逻辑和强盛文明所震惊。他们要维新自强，富国强兵。

这是百年前的中国和中国人。共和之梦被内乱外患所破碎。他们要科学民主，救亡启蒙。

这是60年前的中国和中国人。新的共和国、新的人民和新的梦想一并站起来。

这是30年前的中国和中国人。从噩梦时代醒来，睁眼看世界。摸着石头过河。让一部分人先富起来。发展是硬道理。全民奔小康。

这是今天的中国和中国人。和谐建设和平崛起，找回自信找到从容。

这是能够梦想的中国。这是敢于梦想的你，这是兑现梦想的中国季。

今天，我们在这里，共同回味一群中国人的"中国梦"，回味一个国家的"中国梦"。

让我们一起来聆听一组中国人的梦想故事：真正的法治天下；环境干净点，蓝天多一点；电影的题材更宽，风格更多样，电影走得更远；富强、民主、文明、非常和平的中国；不仅做经济强国，而且做受人尊重的国家；进入大学学法律，做一个感恩的倡导者；为个人、为社会创造财富，做自己愿意做的事情……从凡俗之梦到伟大之梦。从个人之梦到家国之梦。

这些"中国梦"的践行者，既成全着其个人的"中国梦"，也成全着中国的"中国梦"；既践行着中国之梦，也践行着地球公民之梦。

在这个难忘的盛典，我们一起展开我们自身的梦想。

在这个普通的日子，我们共同为我们的国家发愿畅想。

我们共同默祷：我有一个"中国梦"。

"中国梦"，承载着中国最基本的价值观，最核心的文明观，承载着中国精神。

更民主更法治，更社会主义更市场经济，更富裕生活更平等权利。

人人都可以。人人有机会。

中国要成为一个伟大国家，就需要中国人人人都是梦想家，就需要摆脱一个个噩梦，刷新一个个旧梦，展开一个个美梦。

梦想照耀现实，现实滋养梦想。

"中国梦"发祥于梦想家的梦想，成就于践行者的践行。

"中国梦"提升着中国，"中国梦"也将感召世界。

我们衷心祝愿每一个人都能实现自己的中国梦！

《南方周末》编辑部

中国梦38个践行者的故事

目 录

江平

[致敬词]

历尽劫波，他仍风骨不改，只向真理低头，他以这执拗的坚持，为中国法学赢得尊严。主导起草《民法通则》、《公司法》，尤其是《物权法》。他不懈地努力着，要为私权争得保护，为社会创造自治，使权力纳入法律。他的清醒，有历史的深度与现实的热度。不幻灭，不气馁，有承担，使他成为中国法学的良心。

希望未来者能看到"法治天下"的那一天

1978年秋天，江平接到了宣布他"彻底平反"的正式通知。一起交还给他的，还有当年的批判材料和写了无数遍的个人检查。那段时间，一空闲下来，江平就把这些东西拿出来，一言不发，反复地看。

经历了22年荒芜压抑的右派生涯，49岁这一年，江平重新回到了人间，回到了讲堂。

27岁前的江平人生顺遂，年轻时代的照片上，俊朗的脸上洋溢着自信的笑意。这样的神情在之后的22年中再也未能出现。反右刚刚开始时，他以为运动很快就会过去，等了15年，当北京政法学院完全解散时，他彻底放弃了幻想。

在那段阴郁的时光里，他一边帮别人贴大字报度日，一边靠诗和音乐来纾解情绪。困顿岁月，他写下了这样的诗句："千语万言满胸臆，欲诉欲泣无从。长吁三声问天公：为何射日手，不许弯大弓。"

重新站上讲台的江平，最早在49年后的中国大学上开设了《罗马法》和《西方民商法》课程，成为改革开放后私权理念最早的启蒙者和传播者。一位后来成为学者的江平的学生说，西方私法就是透过这两个窗户最早进入青年人的心灵，"人格尊严、权利神圣"这样的话语从那个时候开始植入中国学界。

1985年作为民法四杰之一的江平参与起草了《民法通则》，这是作为教育学者的江平通过推动立法实现个人价值的开始。过于简单的《民法通则》最终与江平的立法理想差距尚远，但是作为从法律废墟上生长出来的一部中国法，它被喻为中国版的《人权宣言》，其标志意义超越了法条本身。

《民法通则》颁布一年后，时任全国人大法工委副主任的陶希晋说，国民党当政的时候有六法全书，我们的法律也要体系化，现在就差行政法了。这个任务又落到了江平身上，他牵头成立了"行政立法研究组"。1989年颁布实施的《行政诉讼法》被西方认为是中国现代法制的开端，它标志着政府也可以成为被告，"民告官"自此成为市井流行语。

1988年江平被任命为中国政法大学校长，这一年他同时成为全国人大常委，在最高立法机关中扮演举足轻重的角色。从右派到人大常委，这是江平复出后，达到的职业最高峰。在这个位置上不到3年，1989年江平因表达了一些"不合时宜"的观点再次受到政治影响。1990年，司法部在中国政法大学宣布免去江平校长一职。

这场意外的变故，让江平获得了更多的尊敬。这段往事在学界一直流传，从那时起，中国政法大学的师生们一直叫他江校长，称他是永远的江校长。解甲归田的江平在这一年说话不多，他又开始写诗。是年岁末，他以一首七律诗表白心情：

> 残肢逆遇未曾摧，乌纱抛却田园归。
> 宠辱应似花开落，忧国何分位尊卑。
> 世事沧桑心事定，胸中峰壑梦中飞。
> 长夜寒冬无声处，信有大地响惊雷。

江平再次被关注，是在2003年修改《宪法》的讨论当中。他在中共中央修宪小组专家座谈会的发言，影响巨大。他说，《宪法》不应频繁修改，必须是政治体制、经济体制发生重大变化时方有意义。他不同意把"三个代表"写入宪法，不同意修宪过分"神秘"。

之后的孙志刚案件中，他言辞激烈抨击收容遣送制度；在拆迁征地引发的社会矛盾中，江平总是立场坚定地站在弱势一方。这些年，他一直不断炮轰政府以"公共利益"的名义侵占和掠夺私人财产。

江平一生当中最后的法律作品，当属他亲身参与起草的《物权法》。这部法律浓缩了江平一生追求的私权理念，它一波三折最终得以通过，这好像是江平一生命运的写照，又真正像是这个时代送给年迈的他最情深意长的人生礼物。

2009年，一场突发的脑溢血让江平感到了死亡的威胁。廉颇老矣的感觉在这一年加剧，他以伤感的口吻说，我的脑子没过去那么快了，说话也不像过去顺畅了。在中国梦的颁奖典礼上，他在走下台阶时险些摔倒，那个踉跄的身影让人心疼。然而，片刻摇摆过后，他迅速调整身姿，定定神，一如青年般笃定地站在那里，声如洪钟地说，推进中国的法治是一件豪迈的事情，尽管有苦难和痛苦，但幸福总是多于忧伤。

最初的理想是当记者

听了这个报告之后，确实是大吃一惊：原来苏联还有这么黑暗和专制的情况。

我最初的想法是当个记者，当时很喜欢新闻，因为我觉得新闻记者是无冕之王，有很多的独立性，可以批评政府，可以为民请命。记者的工作也符合我的性格，所以后来我就报考了燕京大学新闻系，当时燕京大学的新闻系是最好的。

解放那一年，我19岁，读了两年书后，到了北京团市委工作。没过多久，国家决定派人去苏联学习，机关就选上我了，能第一批留苏，我是怎么都没有想到的。从留苏的专业来看，也有新闻，但当时的学习，完全是按照国家的需要，我被安排学了法律。所以说，法律并不是我人生自愿选择的职业，毕竟有些枯燥无味，不像新闻那么自由奔放。但不管怎么说，既然是国家派我去学的，当然是抱着崇高的使命感去的。

对我们来说，到苏联去学习，是一个很高的荣誉，当时一切向苏联"老大哥"学习，苏联就是我们中国明天的目标。在这种情况下，我们在苏联学习所看到的，主要还是一些正面的信息。对我来说，思想发生的一个重大变化，是赫鲁晓夫的秘密报告。当时这个秘密报告在留学生之间公开传播。我听了这个报告之后，确实是大吃一惊：原来苏联还有这么黑暗和专制的情况。我从高中那时候追求的就是民主，就是自由，我们推翻蒋介石的政权，也是因为国民党的政权太腐败，没有民主，没有自由。听了这个报告后我就觉得，所听到的和自己所追求的理想有很大的差距。如果我们建设社会主义，是建设这么一个专制、带有家长式、带有个人独裁的社会，那显然不是我们所追求的目标。这个思想开始在我脑子里发芽。

5年的学习结束时，我拿到了莫斯科大学的全优毕业证。那段时间应该是很幸福的，我还认识了一个女同学，比我低一届，在苏联不能结婚，后来回国结的婚。1956年我回国后被分配到了北京政法学院，就是现在中国政法大学的前身。后来一辈子就在这儿了。

1957 人生巨变

当时感觉整个世界全变了，人生也变了。

谁都没有想到的是，我意气风发地回来，却抢到了"右派"的帽子。那时候我刚从苏联回来，5年没有回过国，对国内的政治情况不很了解。开始大鸣大放的时候，组织上希望大家尽量敞开提意见。领导还特别希望我们这些从苏联回来的人，帮助党来搞整风。我当时很积极，带头起草了一张20人的大字报，这张大字报后来被认为是暴露了我的民主自由思想。当时给我定了个罪状——攻击社会主义。斯大林事件出来后，当时的意大利共产党总书记陶利亚迪曾经说过一句话，说斯大林现象，是有深刻的社会制度根源。我公开表示赞成这个观点，这就成了我攻击社会主义的理由。

从当时反映的问题上来看，就是大家都盼望着真正按照知识分子所想的来办校，提出了"知识分子办校"的呼声。这在当时绝对是右派言论。从学校当权者的角度来看，当时最大的右派言论，一个是依法治国，这个过分强调法律的观点，被看作是旧法传统；另一个就是知识分子来治校，被认为是排除党的领导。从当时情况来说，除了过去华北革大来的极个别的人跟领导不合被划分为右派之外，剩下的右派分子基本上都是知识分子。

1957年的反右，给我的打击很大，对我一生的影响非常大。我突然间从原来人民的内部，变成了人民的外部，变成了人民的敌人。至今回想起来，人生中最刻骨铭心的时刻就是被划为右派的那个时刻。那一年发生了太多的事情。我的妻子迫于政治上的压力和我离了婚，我们之前的感情一直都很好。没有多久，我在郊区劳动，抬钢管过铁路的时候，可能是太累了，没有听到火车过来的声音，整个人被卷到车底下。所幸的是，活了下来，但是一条腿没了，我现在有一条腿装的是假肢。

那一年我27岁。参加工作后一直比较顺，党派我去苏联学习，突然一下，政治上成了敌人，离了婚，腿又断了。我当时感觉整个世界全变了，人生也变了，刺激非常大。这三重打击对一个人来说很致命。但是在当时右派这个问题，在高等学校是很普遍的，像我们学校，恐怕占到10%左右了。同样遭遇的人很多，所以我觉得还是可以忍受的，还没有到活不下去的地步。当时腿断了以后，住医院的时候，我还是积极分子，还给那些年轻的腿断了的小孩做思想工作。总的来说，我还是一个比较乐观的人。

断了腿后我就开始教书，1963年教俄语。紧接着"文革"开始，我又被下放到安徽五七干校劳动。1967年，我37岁，第二次组织了家庭，是别人介绍的，她父亲也是右派，算是同病相怜。1972年北京政法学院正式宣布解散，我们就地分配。当地不欢迎我们，要我们自己找落脚的地方，我就找到了延庆中学，在那里当老师，一直待到1979年。

从1957年到1979年，这22年，实际真正做教学大概只有7年。"文革"十年没有事可干，帮人家抄大字报，搞这些活动，变成了我们日常的生活。这是个很苦闷的年代，知识分子不能够看书，没有什么自己的专业来做。从苏联回来的时候，我带了许多书，这些书都是辛辛苦苦从吃饭的钱里面省下来的，希望回来后能用上。但是到了"文革"后期，我已经完全失去了这个奢望，把绝大多数书都当废纸卖掉了。

私权理念呐喊者

私权就是私人财产、私人权利和私人企业，在中国提倡私权保护，是刻不容缓的责任。

1978年下半年，北京政法学院决定复校，我就回来了。那段时期学校仍然存在很激烈的矛盾。如果说50年代北京政法学院的矛盾是知识分子跟"革大派"老干部之间的矛盾，那么到了"文化大革命"就是所谓两派了。而到了80年代，实际上学校里有一种左和右力量的对比，有些人公开在下面说现在是右派掌权，说原来左派吃香，现在是右派吃香。

经过"文革"这一段，所有人的知识都荒芜了。因为急需人才，我一下有了用武之地，一上来就能讲《罗马法》和《西方国家民商法》两门课。毕竟是科班出身，又有英语和俄语的优势，自己终于被派上用场，我当时特别高兴。

为什么我一开始就对民法感兴趣呢？主要的原因是几千年的封建社会传统，中国对私权历来不重视。我所理解的私权，就是私人企业、私人财产和私人权利，在中国提倡私权保护，是刻不容缓的责任。我们过去是只讲公权，只讲刑法，封建社会也是只讲刑法。所以民事的问题，无人过问，或者不屑过问，觉得是婆婆妈妈的事情。恰恰在这些婆婆妈妈事情的后面，体现了个人权利的重要性。所以民法就是私权。建国以后，对于私权的法律，始终没有提到议事日程，虽然也提到搞民法典，但是三起三落，最后还是没有搞一个像样的民法典。第一部真正具有法典意义的就是《民法通则》，我作为主要的起草者参与了。《民法通则》像外国学者说的，是中国的民事权利的宣言。也就是我们在这个法律里面，肯定了中国的老百姓应该享有哪些私权。

在私权的问题上，最重要的就是前两年通过的《物权法》，因为《物权法》是涉及到私权争论的一个焦点。这个争论的很多人都知道了，北大巩献田教授提出来，说《物权法》的原则是违宪的。这背后的争论说透了是两个问题，一个是作为私权在市场经济上的地位，一个是私权在国家意识形态中的地位。因为意识形态是要消灭私有制，那你私的东西跟公的东西，怎么能够站在同样的起跑线上来定位它呢？他们是从这个角度来讲的，而我们是从市场经济的角度来讲，市场经济所有的主体的权利，都应该是一样的，平等的，不能够说公有制就优先于私有制。

法治在中国的前途

我的中国梦应该说就是法治天下。美国梦也好，中国梦也好，在法治理念方面，我觉得总的来说，是一致的。

拿现在的情况和30年前来比较，比起"文革"时期，真是不可同日而语了，那时候真是无法无天，所以像我这样80岁的人，还是很乐观的。

法治在中国的发展，总的来说，是进两步退一步，还是在不断地前进。当然还要看到，现在有些地方是在倒退。当然这个倒退不倒退，比较复杂。中国现在的情况，更多的是来解决社会的矛盾，解决社会的稳定问题。那么越是当社会矛盾尖锐的时候，作为我们的管理者，越需要以稳定作为优先考虑，稳定如果作为优先考虑的话，其中有些东西当然就和我们所说的法治理念有所变通了。

人治在中国现在还是最根本的。中国的法治建设，最终的解决，必须是现有的政治体制发生重大变化，没有重大变化，中国法治不能够有突破性的进展。

我的中国梦应该说就是法治天下，我想要做到法治天下，这是一个梦想，我们现在离法治天下还很远。美国梦也好，中国梦也好，在法治理念方面，我觉得总的来说，是一致的。中国要实现法治天下的梦，和美国已经实现的法治天下的梦，大的东西应该是一样的。拿美国来说，很简单，美国法治天下的梦，就是美国用了法治的理念，写进《宪法》。200多年建国，没有任何大的动荡，没有发生很大的波动。美国的政治选举制度，就是200多年都一直保持下来了，并没有因为哪一个总统掌握了权利就破坏法治，没有。中国呢，中国有《宪法》，但是中国能不能实现真正的法治呢？在这种情况下，法治天下就包含了这个共同的理想。

人生八十看中国

不要因为妥协而难过，时间会逐渐改变一切。

我们年轻时代的理想，是建设一个民主、自由、富强的新中国。解放以后，相当长的时间被压抑了。改革开放之后，我们重新提出来，恢复了它的本来面目。追求民主、自由和人权，我觉得这是人的本性，不能让人民去追求一个专制的社会吧。

人生八十，我这辈子最欣慰的事情，是没有说过违心的话。无论是在政治顺境的时候还是政治逆境的时候，我都没有说过违心之话，我也没有为了自己的官运整过什么人。这一点，我想，晚上睡觉的时候，还是很踏实的。说到人生最大的遗憾，就是我在能够做一些事，为中国的法治事业做贡献的时候，已经50岁了，人生最黄金的时代，恰恰应该是在30岁到50岁这20年，从这个意义上来看，我丧失了人生最宝贵的时间。

如果来生让我重新选择职业，我仍然要选择大学的教授。一方面是因为从我的性格来说，我不太习惯于做公务员，做军人，因为我必须要有自己独立的见解，有自己的理想，要为这个理想说话。而且大学教授也有个好处，他完全可以按照独立的精神来讲。条件不允许我讲的时候，我顶多不说而已，但是我不必说那些违心的话，这是很重要的。

做一个好记者也曾经是我年轻时的梦想，现在完全没可能实现了。如果我选择了记者，我想同样会面临很大的痛苦。新闻的灵魂在于自由，如果连自由都没有，那是很痛苦的。但是不管怎么说，中国的事情还是要慢慢来，你和现实体制发生直接冲突，甚至有些人，不惜生命的代价来坚持自己的理想，我觉得没有太大必要。因为有些事情不是自己所能决定的。

换一个角度讲，我们现在至少经济在发展，各个方面还是不错的。在这种情况下，应该具有容忍的精神。所谓容忍，就是在多大范围内能够和现有的制度妥协。不要因为妥协而难过，时间会逐渐改变一切的，我是这么看的。

《南方周末》记者　赵　凌

江　平　希望未来者能看到「法治天下」的那一天

龙永图

【致敬词】

龙永图作为中国加入WTO的首席谈判代表，以自己敢于直言的风格和打动中西的智慧，有效地促进了中国加入WTO的进程。他是中国市场化改革不可逆转和中国经济向世界经济全面开放的重要见证人和直接推动者。他是市场经济和国际规则有力的宣讲人，是中国经济持续展开与世界经济对话的代言人。

龙永图是"文革"前的最后一批外语专业大学毕业生，他的一生跟中国改革、开放的历史进程紧密相联。

他以中国入世首席谈判代表而闻名，那场谈判帮助中国真正跨进了全球化的门槛，并成为全球化最大的受益者之一。随后他成为中国最有声望的非政府国际组织"博鳌亚洲论坛"的发起人。

"共赢"实现"中国梦"

龙永图，1943年生于湖南长沙，在贵州贵阳长大。本科就读于贵州大学外语系，毕业后被中央抽调至北京对外经济联络委员会。此前，贵州大学外语系学生从来不会被分配到中央国家机关。外经委招的150多个大学生中，贵州大学只有两人。

龙永图曾经回忆，当时出头露脸的事儿都是名牌大学的学生在干。他觉得自己的英语水平还可以，但可以到底到什么程度，并不确切地知道，因为他连外国人都没有见过。第一次和外国人讲话是在故宫博物院参观，两名外国老太太正用英语争论她们看到的景点，龙永图就追了上去，想实际检验自己的英语水平。最后，他用英语给争论不休的两位老人作出评判，并给她们讲了具体原因。老人一听吃了一惊："你懂英语？"回到宿舍，他激动得一夜未睡。

1973年，龙永图赴英国伦敦经济学院学习，主修国际经济学。回国后，在经贸部六局当翻译。从1979年开始，他被派驻联合国，曾任中国驻联合国外交官，后在联合国开发计划署（UNDP）任职。在英国留学和在美国工作的经历不仅让龙永图的英语能力大大提高，也积累了大量同外国人打交道的经验。

1986年，龙永图从纽约回国，在中国国际经济建设交流中心当常务副主任。1991年，联合国计划开发署署长来中国访问。他是美国得克萨斯人，口音非常重，一般英文翻译很难听懂。开发署一位代表找到龙永图让他当一下翻译。刚从美国归来的龙永图翻译得非常漂亮，部长大吃一惊：这么好的英文？后来不到两个月，即被调到经贸部最重要的部门——国际司当司长，任贸易谈判代表。这次偶然的机会让龙永图从此走上了贸易谈判的道路。

中国从1986年开始复关谈判，龙永图从1992年开始参加谈判，并于1997年2月被任命为外经贸部首席谈判代表，负责贸易谈判及多边经济与法律事务，是中国复关及入世谈判的首席谈判代表。他曾经在谈判中摔座离席，也曾将美国代表赶出会议室。2001年11月，中国终于成功地加入了世贸组织。龙永图这位中国入世的功臣，以他的自信、果敢、从容与睿智，赢得了世界的尊敬。

入世成功后，龙永图辞去了外经贸部副部长的职务，出任非官方国际组织——博鳌亚洲论坛的秘书长，致力于让博鳌论坛成为最活跃的国际经济论坛，成为全球研究亚洲问题最权威的智囊机构和高层次的对话平台。2003年底，他被评为央视2003年度经济人物。

2004年10月，联合国秘书长安南向龙永图颁发了联合国特别奖，以表彰他对促进中国与联合国合作的杰出贡献。2005年8月，为表彰博鳌亚洲论坛秘书长龙永图在促进亚洲区域合作和促进中欧、中比经贸关系所作出的努力，比利时国王阿尔贝二世陛下授予龙永图秘书长莱奥波德国王勋章。

2007年，受家乡贵州卫视之邀，龙永图以嘉宾主持人身份开办《论道》节目。这个以"高端对话"为定位的电视节目，他一参与就是5年，上过节目的嘉宾，有澳大利亚前总理霍克、菲律宾前总统拉莫斯、世界银行副行长兼首席经济学家林毅夫等政要、经济学家。

2010年，龙永图卸任博鳌亚洲论坛理事、秘书长，改任咨询委员会委员，同时就任G20中心秘书长。他认为，政府间组织如果没有非政府机构的配合与互动，就不可能形成一个有影响力的机制。

龙永图的中国梦，是使中国不仅成为一个全球的经济强国，而且成为一个在全球范围内受人尊重的国家。

《南方周末》（以下简称问）：提到您的名字，普通中国人都会联想到WTO。自从2001年中国正式加入WTO以来，我们的经济获得了长足的发展，这其中WTO居功甚伟，中国从全球化中获得了巨大的收益。回过头来看，您如何评价加入WTO对中国的价值和意义？

龙永图（以下简称答）：应该说，中国加入世界贸易组织的进程，实际上就是中国创造条件，参加全球化的过程。"与国际接轨"就是这个进程中出现的一个有代表性的口号。中国要真正成为世界经济的一员，在经济体制上，就必须和全球主流的经济体制衔接起来。简单地说，也就是中国要从计划经济转轨为市场经济。否则，中国将游离于全球主流市场经济之外，那就很可能被边缘化。"与国际接轨"的另外一个含义，就使得中国开放的程度和全球经济开放的程度相接近。我们在开始加入世界贸易组织谈判的时候，中国的平均关税曾高达45%以上，当时全球经济的进口关税，已经降到了平均大概7%至8%，发展中国家也就是15%。经过长期的努力，我们的关税水平大大地降低了，这使得中国能够以一个平等的、负责任的成员，加入这个全球化。中国加入世界贸易组织的十年谈判，实际上主要解决了"接轨"的问题。

问：除了制度上的贡献，在具体经济活动中，WTO为中国经济贡献了什么？

答：加入WTO，我们获得的最大好处就是，中国能够充分利用全球的资源，包括自然资源、技术、资本和人才，来为我们的发展服务。从此以后，中国能够利用全球化这样一个平台，来整合全球的资源。

一个企业也好，一个国家也好，它的竞争能力，不完全取决于它占有多少资源，更多地是取决于它整合资源的能力；而整合资源的能力，又更多地取决于它是在多大的范围内、站在什么样的平台上，来整合资源。

WTO给我们的这个平台，帮助中国在加入WTO之后的几年里，每年都以20%至30%的速度增加进出口，从而使中国成为了全球最大的国际贸易国之一，这对于我们中国过去七八年的发展，应该说起到了很大的推动作用。

除了国际贸易，在吸引外资方面也是这样的，由于市场的开放，使中国变成了全球最有吸引力的投资地之一，在过去几年中，中国吸引了大量的外资，从而使中国赢得更多的技术、资金和人才。

更重要的是，随着外资的流入，中国和外国之间的资金链、产业链都联系到一起了，从而使中国的经济和全球经济融合的程度更大。

坚定不移地出口

问：有没有什么是值得我们反思的？比如，它让中国对外部市场产生了依赖。

答：在加入世界经济之后，产生一定的依存是正常的事情。首先，我要澄清一下，中国对外贸易的依存度大约是20%至25%之间，而不是一些人说的70%至80%。如果真的有那么高，这次金融危机一来，对中国经济的打击将是毁灭性的，而不会是今天这个样。

作为一个发展中国家，依靠或者说是充分地利用国外的市场，这是中国的一个必然选择。如果仅仅依靠本国市场，那么，中国的发展将会慢很多。在国际比较中，中国拥有劳动力的优势，我们用这个优势去整合全球资源，这给我们的经济发展起到了非常积极的作用。比如，中国在劳动密集型产业方面，在全球范围内，都是非常具有竞争能力的。

我认为，中国在相当长的一段时间里面，都需要国外市场，这一点不应该有任何动摇，我们还是要坚定不移地发展中国的对外出口。

另一方面，依赖是相互的。中国的出口依赖一些国家，那些国家的进口也同样依赖中国。如果中国有一天不出口衬衫、鞋、箱包，可能美国和西方发达国家的市场上，这些产品的供应就会出现很大的问题。

经过这些年来的全球化，在美国和欧洲国家，很多劳动密集型产业已经没有了，他们不可能在一夜之间，重新恢复他们的劳动密集型产业，所以说，这种依赖是相互的。

当然，我们要努力扩大内需，适当减少对国外市场的依赖。这次危机让我们看到，过度依赖外部市场可能会产生一些问题。不过，基于中国的国情，我们还要在相当长的时间内发展我们的劳动密集型产品的出口，这不仅仅对全球的贸易是一个重大的贡献，也是我们发展自己的一条必由之路。因为中国还有几亿农民工，他们的文化程度不高，需要就业机会。现实地说，这样的就业机会只能通过发展劳动密集型产业才能提供。

问：在现有的国际贸易秩序下，资本和商品的流动比较自由，而劳动力的流动则受到很大的限制，而中国恰恰拥有世界上最为丰富的劳动力，这个贸易秩序是否对我们有一些不利？

答：用世界贸易的行话来说，你说的这个问题牵扯到服务贸易，还涉及到自然人、劳工的流动问题。在这个问题上，我觉得还是应该采用现实主义的办法。

跟资金、货物的流动相比，人员的流动要复杂得多。它牵涉到一个国家的移民政策、劳工政策，而这些政策普遍被认为是一个国内政策。在WTO的国际谈判当中，对于国内政策，一般在很大程度上，都尊重对方国内的政策。

当然，我们希望在WTO的服务贸易谈判中，能够增加自然人的流动，但是对此还是要有一个实事求是的估计，它的发展速度不会像资金、技术、商品的流动那么快。

共赢，帮助中国赢得尊重

问：作为中国加入WTO的首席谈判代表，您怎么看自己过去的工作？

答：中国入世谈判的进程，实际上就是中国改革开放历史进程的一个部分，我感到高兴的是，我们参与了全球最大的计划经济国家，变成社会主义市场经济国家的历史进展，我们亲历了中国从一个相对封闭的国家转变为一个比较开放的国家的过程。能亲历这个历史进程，对我们这一代的中国老百姓来说，包括我本人，都是非常幸运的。这个历史进程奠定了中国进一步发展的基础，中国成为一个经济大国，将只是一个时间问题，我为这一点感到自豪。

问：在离开政府部门之后，您又投身于博鳌亚洲论坛的工作，这个想法是怎么产生的？

答：博鳌亚洲论坛其实是入世谈判的一个很天然的继续。我们博鳌亚洲论坛的目的是搭建一个开放的对话平台，让中国以及来自全球的企业家、政府官员能进行平等、自由的对话。只有通过对话、沟通，才能加深理解；只有理解，才能够加快合作。

在中国入世的谈判过程中，我们接受了一个重要的概念，就是"双赢"。从一开始，博鳌亚洲论坛就把"全球共赢"作为一个最为重要的宗旨。不管对话也好，谈判也好，甚至有时候争论也好，我们遵循的共同原则都是"共赢"。因为，在这样一个相互关联的时代里，追求一个国家狭隘的自身利益和民族利益，是不可能得到全世界的尊重的，你必须追求共同的利益。

问：您的"中国梦"是什么？

答：我的中国梦，就是使中国不仅要成为一个全球的经济强国，而且成为一个在全球范围内受人尊重的国家。

关于经济强国，我们已经做了很多的努力，在一个可以预见的将来，中国必将成为经济强国。但是要成为一个受人尊重的国家，那还需要我们做出更大的努力，也就是增强我们国家的软实力，增强我们国家对外的亲和力、吸引力和影响力。我们认真承诺按照国际规则办事情；认真承诺在对外关系和交往当中，遵循"双赢"、"共赢"这些原则。只有做到这些，中国在强大以后，才能成为一个受人尊重的国家。我们知道，历史上很多的世界强国，并不同时也是受人尊重的国家。我们中国要同时做到这两点。这是我对中国未来的梦想。

《南方周末》记者　陈　涛

龙永图　「共赢」实现「中国梦」

吴建民 [致敬词]

吴建民是中国成功申办世博会的功勋级人物，而世博会的成功申办，是中国与世界交流的成功案例。无论他身为大使、外交学院院长，还是国际展览局主席，他都以儒雅、平和的个人魅力，展示了与世界进行正常交流的中国风范。

依葫芦画瓢没劲

吴建民，1939年3月底出生于重庆，7岁时，随父母回到祖籍江苏南京。1955年，北京外国语学院到南京招生，班主任希望吴建民报考北京外国语学院。"我心里不大愿意，觉得读外语学院出来当翻译，是跟在领导后面拎皮包的。"吴建民又一心想报考北大物理系，所以他对读北外犹豫不决。可在20世纪50年代，班主任的话就是"圣旨"，只能照办。后来到了北外，一看学校那么小，远没有北大、清华、北航那么气派，心里挺失落的。

1961年9月，22岁的吴建民从北京外国语学院法语系研究生班毕业，被分配到团中央国际联络部，继而被派到匈牙利担任中国常驻民主青联代表的法语译员。"我很幸运，一毕业就到了一线，因此得到了很多锻炼机会。那时候参加会议，常常要连续翻译6个小时。"在此期间，吴建民还自学了英语和西班牙语。

1965年，在布达佩斯工作了4年的吴建民，被陈毅的一纸调令调回国内，在外交部翻译室当翻译，一干就是6年。这期间他有幸担任毛泽东、周恩来、陈毅、李先念等党和国家领导人的法语译员。"能在他们身边，学习他们的言谈举止，我真的非常幸运。他们是时代造就的，可以说是千锤百炼、大浪淘沙，这些人真的是不得了。"

1971年，吴建民被派到了联合国。"那里是全世界外交官的橱窗。除了外交官，在那里，每年都能见到几十个国家元首，可以近距离观察他们在舞台上的表现。这个见识的过程也让我获益匪浅。"

1991年起，吴建民的外交生涯进入了一个小高潮。这一年，他成为外交部的第十任新闻司司长。从1991年到1994年，吴建民以"发言人"的身份共主持了170场记者招待会，从未出现闪失。他敏捷的思路、出色的口才以及从容、果断、刚柔相济的应对艺术，受到国内外同行、政治家和记者的好评。

1994年，吴建民被任命为中国驻荷兰特命全权大使。1996年初，他接到命令，紧急出任中国驻联合国日内瓦办事处大使，备战联合国人权委员会第52届会议。

1996年4月23日上午10时，在日内瓦万国宫会议厅，吴建民舌战群雄，阻止了美国、欧盟等提出的"中国人权状况"议案的审议和表决。西方媒体在当天的报道中这样写道：中国大使吴建民在第三世界国家一片掌声中走出会场。

1997年，在第53届联合国人权委员会日内瓦会议上，吴建民率团再次阻止了由美国、丹麦等国家提出的"中国人权状况"的"91号决议草案"。

1998年11月，吴建民出任中国驻法国特命全权大使。由于吴建民的法语特别好，而且对法国的历史、文化有很深的研究，所以当他前往总统办公室向希拉克递交国书时，希拉克像见到老朋友一样，与他长谈了4个小时，这在世界外交史上也是少有的。

在驻法国大使任内，吴建民推动当时中法两国领导人江泽民主席和希拉克总统互访彼此的故乡，拉近了两国人民的心，使中法关系进入历史上最好时期；促成"中法文化年"活动，创造了中国对外交往的一种模式，推广到各个国家；推动中法互设文化中心，长期通过文化交流来进行思想和感情的交流。

听到吴建民即将离任回国的消息，希拉克总统希望在吴大使离开巴黎前能在一起叙旧，但从礼仪上来说，法国总统不接见离任大使。2003年6月27日，希拉克破例在总统府爱丽舍宫接受吴建民辞行，并为吴建

吴健民　依葫芦画瓢没劲

民颁授"法国荣誉勋位团大骑士勋章",以此表彰这位中国大使"为促进法、中友好关系和法国人了解中国方面所作出的贡献"。

2003年7月7日,吴建民夫妇登上中国民航的飞机,离开了任职4年零8个月的巴黎。卸任驻法大使,吴建民出任外交学院院长一职。

回国后,吴建民曾建议中国外交应揭开神秘面纱。"现在面纱已逐渐被揭开。中国外交部现在提倡"公众外交"很明智。外交在一定时期内需要保密,但一旦过了保密期,就应向老百姓公开;即使在尚未解密的时期,也应把事情本身向公众介绍。"

作为外交学院的院长,吴建民上任伊始就表示"要培养中国最好的外交官"。吴建民在自己的书中提出,"外交是一种投入最少、产出最多的珍贵资源"。

不到半年,吴建民就又回到了巴黎,出任国际展览局主席。他觉得中国确实需要一些平台在国际事务上发挥更大的影响,国际展览局确实是个很好的平台。2007年年末,吴建民两届国际展览局主席任期已满,在国展局第148次会议上,他被推举为国展局名誉主席。

2008年3月,参加完全国政协十届五次会议,并最后一次担任发言人之后,吴建民也从全国政协外事委员会副主任的位置上退了下来。又过了一个多月,又卸任外交学院院长一职。

吴建民退掉了身上所有有关外交工作的公职,但他依然没有停止对外交的思考。他曾说:"如果我有第二次生命,我还会选择外交。""我喜欢外交,因为每天都可以接触到新鲜的人和事。做外交官是个不断学习的过程。我觉得,每天都能学到新东西是种很大的奖赏,这样,就不会觉得世界太无聊。"

致敬吴建民的理由中写道,作为资深外交官,吴建民"展示了与世界进行正常交流的中国风范"。

不过按照吴建民自己的说法,在外交系统的每一步,他都要求自己"对得起任何一个平台"。而每每回忆起自己的外交生涯,吴建民总是会想起大学时的一张大字报。

那时候,他在那张大字报上自我批判:"我想将来干外交,这就是野心勃勃、个人主义。"

"我们那个时候提倡当螺丝钉，每个人都要'狠斗'个人主义。"吴建民说，"做翻译就做翻译，我从来没想过以后要做什么。但是后来因为这个事情你一步一步做，做了之后得到肯定，你的工作就会有变化，后来就做到这样一个位置。"

"人的梦想是会延伸的，随着你工作的变化会有新的梦想。我慢慢做了大使了，我就想我如何为国家和民族多做点事，把两国关系推动上去。到了外交学院，我就想怎么把外交学院振兴起来，培养更多的优秀外交官。"这是吴建民对他的"梦想"的总结。

"必须把我的成长历程放在中国的历史背景之下。"吴建民说，自己这辈子到现在的70年，是中国不断崛起的时代，他觉得自己非常幸运经历了这些过程。

"这70年，在各种岗位上我回头一看，基本上是尽心尽力，没有偷懒。"

从1961年到世界民主青年联盟总部（布达佩斯）任代表翻译开始，到1971年中国常驻联合国代表团秘书，再到外交部新闻司司长，直至驻法国大使，意料之外的42年外交生涯，伴随着吴建民的恰是世人没有料到的中国历程。

在一个房价比工资涨速更快的时代，这位71岁的资深外交家以他的人生经历做出了表率：没有天赋异禀，也没有一蹴而就，有的只是勤勉、扎实和一步一个脚印。

吴建民说他没有什么宏大的梦想，他只是告诫自己，凡事不要依葫芦画瓢，要前进一步。

因为要求前进一步，他不满足于中法文化周，进而开创了文化季、文化年，直至创立文化中心，如今这已然成为外交领域的一种交流模式。

因为要求前进一步，在卸任驻法大使时，他的"工作总结"中对中法关系只字未提，而是主要阐述新形势下的"外交资源"。

因为要求前进一步，在担任国际展览局主席期间，他竭力将世博会推广到发展中国家，作为中国上海世博会的申办功勋之一，他还梦想着世博会能够走进非洲，走进伊斯兰教国家。

如今，这位年逾71岁的老人，最主要的工作就是参加上海世博会的场馆评比。他总是随身携带一个褪了色的蓝色布包，他现在是国际展览局的名誉主席。

申办世博：人生一搏

《南方周末》（以下简称问）：你对上海世博会的总体评价如何？

吴建民（以下简称答）：我是第三次做世博会的评委，和日本爱知、西班牙萨拉戈萨世博会比较，大家对上海世博会的参与程度，达到了一个新的高度。建设展馆的投资超过前两届，都是国际最知名的建筑师设计，而且展馆的布置煞费苦心。人家真是把上海世博会当回事了。国际展览局秘书长和主席跟我开玩笑说，园内的厕所不亚于欧洲厕所的水平啊！

我把它称为里程碑式的世博会，第一次来到发展中国家，第一次以城市为主题，第一次到中国来。

问：现在你再回过头来看申办世博会时付出的努力，是什么感觉？

答：很欣慰。那时候申办世博会，只是一个直觉。从日本的经验来判断，1964年的东京奥运会、1970年的大阪世博会，从1961年到1970年，日本的经济年均增长11%以上。所以当时我们在看世博会的时候，就认为它一定会对中国经济发展予以强大的推动。那个时候没有看到世博会对老百姓的影响。

问：这次世博会的特殊还在于它是第一次在市区里举办。

答：它主题叫"城市让生活更美好"，举办过程中就要推动城市变化，让老百姓生活更好。申办时，我到上钢三厂去考察，电梯到了最高层，一出来是非常刺鼻的空气和烟尘。我到老百姓住的地方看，条件很差，没有卫生设备，都是公用厕所，厨房也很狭小。现在是今非昔比，变化很大。上海筹办世博会的实践正暗合了它的主题。

问：当年你倾力去申办上海世博会，背后是不是也有一个民族和国家的梦想？

答：我们有一段受屈辱的历史，有一段大大落后于世界其他工业化国家的历史，这使得我们追赶的愿望更加强烈。当时我在法国大使馆动员的时候，我就跟工作人员说，申办世博需要整个使馆的人全部投入，人生能有几回搏？这就是一搏的时候。

申奥时主动谈人权

问：你如何评价自己42年的外交生涯？

答：我搞过官方外交，也搞过民间外交；搞过双边外交，也搞过多边外交。我从外交部的低级外交官做起，一点一点一直做到大使。

人没有第二次生命，如果有，我还搞外交。为什么呢？因为外交是国家行为。人生价值何在？不就是为国家、为民族、为世界做点事？

问：外交生涯中，哪些事情令你记忆犹新？

答：就是在国家领导人身边担任翻译工作。外交是讲级别的，什么级别的外交官什么活动能参加，到了毛主席、周总理这一级，小萝卜头是进不去的。但是做翻译，就可以在他身边，近距离观察。1969年，那是我做的最长的一次翻译，从晚上11点开始，谈到早上5点多，6个小时，周恩来总理和刚果的总理、国务委员会主席谈，苦口婆心。刚果独立之后，经济还没独立，跟法国经常发生矛盾。他们比较激进，想完全摆脱法国。这个愿望是好的，也很革命，但不太可行。总理就苦口婆心做工作。人家说，我不跟法国发展关系，跟你们中国发展。总理反复说，远水救不了近火。当时在场的刚果外交部长，我1998年到法国时，他是驻法大使，他请我吃饭时，还讲起这事。

问：你上任外交部新闻司司长时，正是中国外交面临全世界责难的时候。

答：外交部新闻司司长的工作对我锻炼非常多。我是1991年上任的，距1989年很近，西方对中国的制裁都在生效，中国外交上的处境相当困难。这个时候我们必须把制裁一个一个突破，很多重要的过程我都参与了。因为新闻司长必须在场，如果会谈两个小时，我要在1个多小时内现场写出一个消息稿，给主管副部长看，重要的要给钱其琛外长看，最重要的可能主要领导还要过目一下。很紧张，全神贯注。这个时

吴健民 依葫芦画瓢没劲

候看领导人怎么处理问题很受启发，这是第一。第二，新闻发言人是同外界媒体打交道的第一线，经常要回答各种各样的问题，这就促使我思考。从国家利益出发，从中国现实出发，我怎么讲才会让人家觉得中国人讲道理，怎么讲人家才能听得懂。

1993年我作为新闻发言人去蒙特卡罗申办2000年北京奥运会，当时对中国人权问题的指责铺天盖地啊。当时我是发言人，我就请示代表团的最高领导人李岚清同志。外国人觉得中国人人权不行，我就用外文直接举行一次记者招待会，主动讲人权问题，会场马上整个静下来了。

"说实话，这当中没什么大梦想"

问：1998年任驻法国大使，是你外交生涯的一个新的高度。

答：1998年让我去法国，对我既是肯定又是考验，我要对得起这个平台。

一开始我如履薄冰。尽管我是学法文的，但从来没在法国干过，我的前任，蔡方柏大使在那里干了23年，我以前出差到法国加起来还不到23天。我在全馆大会上讲，说我不是来养老的，我不满足于依葫芦画瓢，因为形势在变化，我需要大家帮助出一点创新，想些新点子。

问：所以你促成了江泽民主席和希拉克总统对各自故乡的互访？

答：因为我想让工作前进一步。1994年江泽民主席访法，我作为新闻司长随行。1998年12月16号，我给希拉克总统递交国书的时候，他正式提出来，邀请江泽民主席访法。

当时我就想，如果按照1994年的模式依葫芦画瓢，那没劲啊！正好我的秘书建议我到希拉克总统故乡去参观一下。希拉克总统的外事顾问也跟我讲，如果江泽民主席访法去希拉克总统的故乡，那么来年希拉克总统访华就去扬州。我觉得很好，就向国内报告了，但没有回复。

正好3月底江泽民主席访问瑞士，提出要看丁肇中教授的实验室，这个实验室在法国境内，我就要到法国国界门口去迎接江主席。我跟江泽民主席的秘书讲了这个事，他觉得想法很有创意。5月份江主席召见我，我当面提出这个问题，他一口同意了。

问：2003年即将离开法国时，你得到了一项无上的荣誉。

答：我离任前夕，法国总统希拉克亲自给我颁授了"法国荣誉勋位团大骑士勋章"，然后他讲一篇话，我讲一篇话，很正式。

站在讲台上是挑战

问：很多人认为，外交就是门面。但你有一个理论，外交活动是一个资源，应该为经济发展服务。

答：外交是国家行为，它是一种资源。我也是在工作中慢慢悟到这一点。我到法国后，他们的大企业对我非常重视，请我去参观，讲他们的问题。比如讲阿尔卡特股权重组的问题，谈判过程中遇到了很多问题。阿尔卡特一把手就找我，怎么办？当时吴邦国副总理要访法，我就建议能不能去看阿尔卡特的卫星工厂，参观完了之后，在饭桌上，吴邦国副总理亲自敲定了一个重组方案。

问：2003年回国后你担任了外交学院的院长。

答：外交部领导告诉我让我去外交学院，我第一反应是，到我这个年龄再改行晚了一点吧？这对我来说又是个全新的领域。2003年7月份就任，那个暑假就开了好多座谈会，我还是跟大家讲，我不是来养老的。

学校里最重要的是教学，作为院长我也得教书，我就教交流学，讲一些外交案例。对我来说站在讲台上讲课是个挑战，毕竟备课跟过去写外交报告不一样啊。交流学是一门新的学问，基本理论是什么，你得去创造，我的《交流学十四讲》，是在我多年积累的基础上冥思苦想出来的。

问：这段时间你还担任了国际展览局的主席。作为国展局的第一位华人主席，这个新角色又带来什么考验？

答：大家看重我，背后其实是中国的崛起，选我当国展局主席是一致通过。原来有人要竞选，一听说中国政府支持我竞选，他就退出了。我就想，我这个主席有两种选择，一种是依葫芦画瓢，一种是有所创新。

问：如何更进一步？

答：我就做两件事，一个是把世博会更进一步推向发展中国家，中国是第一家，我希望有一天能到非洲、到伊斯兰世界。第二，我提倡弘扬世博会的价值——教育、交流、和平、合作、创新。我刚担任主席时，国展局的成员国大概是90来个，我卸任时，成员国发展到140多，现在是157国。我离任时，做了一篇告别演说，所有代表都起立鼓掌。最后选举我做了名誉主席，又起立鼓掌。

梦想是全人类的共同价值

问：2006年你策划主办了一个活动叫"中国梦研讨会"，你认为中国梦是一个怎么样的梦？

答：人类有梦想，这是全人类的共同价值。每一个民族，每一个人都有自己的梦想。中国梦在当前条件下有3个特点。第一，规模大，有13亿人。第二，领域广，各行各业都会涌现出非常优秀的人。第三，与世界分享。

问：为什么要用"梦"来沟通东西方，而不是用现实？

答：这个一定程度上受了美国梦的启发。1931年美国大萧条，亚当斯提出了"美国梦"。这个概念在美国经济陷入低谷的时候，成为一股强大的动力，推动美国人克服各种压力困难，走出低谷。我觉得我们国家也是一样，我们正在前进，成就巨大，但今后要走的路还很长，很多困难，必须要有一个梦想的支持。

问：中国人在一步步实现自己梦想的时候，我们也在跟全世界沟通我们的梦想，让世界感受到这个梦想的进程。从你之前做外交，与国家沟通，到后来做外交学院院长，教学生跟世界沟通，沟通的艺术贯穿于你70年的生命当中。

答：沟通东西方太重要了。如果沟通不畅，外界对我们的疑虑越来越多，中国威胁论越来越蔓延，就会给中国的发展带来很多困难和麻烦，对世界也没有好处。中国在融入世界的过程中总会有磕磕碰碰，我对自己的希望就是减少中国进入世界的阻力。

《南方周末》记者　孟登科

吴健民　依葫芦画瓢没劲

刘吉

[致敬词]

无论身处江湖还是庙堂，刘吉都不仅是
中国改革道路的出色鼓呼者和坚定捍卫
者，还是中国市场经济改革的行动派。
他独特的战略思维，强劲有力地推动了
中国改革思维的多元化，也使他成为最
富个性和激情的改革理论家之一。

认真、创新、追求卓越

刘吉，1935年出生于安徽省安庆市。1953年考入清华大学当年最红的专业——动力机械专业，青年刘吉立志成为一名红色工程师。可是，曾祖父是雇农、祖父官至国民党56师师长、父亲安徽大学毕业、母亲家族众多亲戚在美国等地，种种"出身问题"让他的入党之路困难重重。

青年刘吉将这些阻碍看作是考验，反而更加刻苦学习专业知识，积极参与各项社会活动，终于在作为入党积极分子考察两年后顺利加入中国共产党，并以"优秀毕业生"的身份毕业。

刘吉将毕业后的工作志愿填在了新疆、云南等边远地区，最后组织上看重他，把他分配到上海内燃机研究所。刘吉一心扑在科研上，完成了20多篇论文、专著，30岁不到就被破格提升为机械工程师。

"文革"到来，他被打成了"现行反革命分子"，受到严酷的批斗，可他还是没有放下书本。在那8年里，他一遍遍地学习毛泽东四卷、列宁全集、资本论等马克思主义著作，为他日后转向研究社会科学奠定了基础。

为了科学地解决决策与执行中的众多问题，刘吉开始研究领导学，并写下了著作《领导科学研究》，这本书当时发行量超过100万册。

1979年，刘吉平反，酷爱研究领导学的刘吉开始走上领导岗位，先后担任了上海科学研究所副所长、上海市科协专职副主席、上海市委宣传部副部长（分管理论）、市体改委主任、中国社会科学院副院长等职务。

1999年，刘吉卸下了中国社科院副院长的职务。2000年，中欧国家商学院换届改选，刘吉上任执行院长。中欧国际商学院成立于1994年，是我国第一所中外合作的独立商学院，由中国政府与欧盟政府协议成立，堪称"教育改革特区"，享有充分自主权。刘吉放手借鉴国外先进的办学经验，选取智商、情商、胆商"三高"的好学员，培养了一批优秀的教授队伍，并且严格管理教学纪律。刘吉说，想在我这里混文凭，没门！就是这样，中欧国际商学院逐渐在国际上享有盛名。

如今，即将迈入杖朝之年的刘吉早已从执行院长的职务上退下来，担任中欧国际商学院的名誉院长。这所他工作了12年的学校校训寄托了他一生的追求——认真、创新、追求卓越。他说，无论做什么，要成功必须从认真开始，无论做得多好，都要自问是否能做得更好。这8个字是他送给当代青年人的寄语。

我的中国梦就是强国梦

甫一落座，77岁的刘吉就直截了当地回应了记者的关切。

采访地位于上海东郊，中欧国际工商学院图书馆一间办公室，他已经在此工作12年，目前担任这所知名商学院的名誉院长。

他儿时的梦想是当一名科学家，中学时文科成绩却异常优秀，"历史曾经得过105分，因为有创造性的表现"。1953年，旨在以工业化为核心目标，赶超欧美的新中国第一个五年计划开始实施，这个满怀强国梦的年轻人迅速改变了自己的志向。

第一志愿是东北工学院冶金系，"那个年代钢铁是最重要的，雄火燃烧是工业化的象征。"后来他被清华大学动力机械系录取，这在当时是最红的专业之一，他立志做一名红色工程师。毕业后，他被分配到机电部上海内燃机研究所，距自己的梦想只有一步之遥。

"文革"逆转了刘吉的命运，由于家庭出身和阶级成分不好，他被打成现行反革命分子，受到严酷批斗，这顶帽子一戴就是8年之久。

"'文化大革命'肯定是中国的一场灾难。刚开始的时候，我坚决拥护伟大领袖毛主席，不吃二茬谷，不让资本主义复辟，最后却变成反革命了。"他开始利用一切机会读书和反思，"整个研究所700多人，其中1/7被打成了反革命，而且挨整的都是好人，逼死的也是好人，这还是社会主义吗？"

1979年，刘吉平反，开始走上领导岗位，历任上海科学研究所副所长、市委宣传部副部长（分管理论）、中国社会科学院副院长等职务，邓小平启动的改革开放再次改变了他的命运。"仅仅30年多年时间，这场改革就带来翻天覆地的变化，我就觉得必须沿着邓小平开创的这条道路改革到底，中华民族才能真正实现伟大复兴。"

刘吉家里曾经雇佣了一个安徽太和县的保姆。1959年，他在当地搞林政调查，农民生活贫困，就把山芋磨成粉当饭吃，如今家里却有两套房子，一幢是农村宅基地上造的，将来传给她儿子结婚用；另外在县城里买了一个公寓，两房一厅。

"我说你买两房一厅干什么？她说我跟我老伴在上海打工多年，准备年老时回去住的。她在上海待了十几年，将来再回到农村住，没有抽水马桶，蚊子、苍蝇很多，已经不习惯了。"

"这就是真实的农民生活，翻天覆地的变化。谁带来的？邓小平带来的！"所以，人家说刘吉你是哪一派？是自由派？还是左派？我说的很清楚，我什么派都不是，我始终是一个人在这儿，我只是一个派，邓小平改革的坚定的拥护派。"所以社会上一旦出现反对邓小平的言论，或者是有偏离邓小平改革开放这条道路的事情，我就忍不住，我必须拍案而起。我必须写文章来反对。"

2000年，65岁的刘吉离开北京，南下上海，担任了中国和欧盟联合创建的中欧国际工商学院的中方执行院长。他再次将改革思维带进了校园，让政府官员接触和学习西方市场经济管理的理念和经验。

当时外方不理解："哪有商学院培养政府官员的？"

"改革开放培养出很多企业家，如果我们的官员都受计划经济思想支配，那就会发生冲突"，刘吉说，"企业家一干，有些缺少市场经济意识的政府官员就要审查人家，如果样样都要经过他们的批准，那市场经济怎么干？"

一本名叫《历史正在远去》的书已经列入他的晚年写作计划，这本写给青年人的书，要把七十几年"压在心底的一些话说出来"。感受过民主革命时期的历史转折，经历过和平建设进程中的辉煌成就和巨大挫折，还有改革开放的大变革，期间有作为一个普通人的经历，也有"到一定层次上，了解全局的经过"，所以他觉得应该有责任做个记录。

"如果不写下来，很可能人们就遗忘了。中华民族是一个非常宽容的民族，但同时是一个非常健忘的民族，现在竟然还有人公然为'文革'翻案。可见这段历史应该写给年轻人看。"

"人家说你都这么大年纪了，奔80了，该休息了，还管那些闲事干什么？但是不行，邓小平改革还没成功。改革尚未成功，同志加倍努力！"

我是邓小平改革的坚定拥护派

《南方周末》（以下简称问）：所谓的美国梦，一般意义上，在物质层面上指有一套房子，一个四口之家，还有两辆汽车。在精神层面上，可能指个人权利得到保障，竞争机会的平等，能够保障实现自己的个人梦想，这是普通美国人的梦想。而普通人的中国梦，应该是怎么样去实现？

刘吉（以下简称答）：按照马斯洛的理论，人的需求有五个层次。首先是要生存，然后是安全，最高层次叫做自我实现。因此，美国普通人要求的物质丰富和思想自由，我想中国普通人也有这种梦想，但实现梦想要靠改革，也就是社会主义市场经济体制改革，并且用法律来保证公正，保证你有同等的机会去获得你应该有的物质或精神需求。

其实邓小平讲得非常清楚，社会主义就是要以三个有利于为标准，一个是有利于社会生产力的发展，一个是有利于国家实力的提高，第三个是有利于人民生活的改善。只要有利于这三条，那我们就大胆地干，抓紧历史机遇干。最后一条是民生问题，人民生活改善，过上他们向往的美好生活。所以邓小平从来讲，我们干任何事情都要问一问人民拥护不拥护？人民支持不支持？最后一条也要问人民：生活有没有改善？

邓小平理论是完整的体系，国家、社会、人民三条，最后一定要落实到人民生活的改善，贫穷就不是社会主义。为什么贫穷呢？就是搞了平均主义，平均主义不是社会主义。速度太慢也不是社会主义，他一连讲了3个不是社会主义。改革开放以后，农民最有体会，改革开放使他们的生活发生了翻天覆地的变化。

问：所以才出现安徽凤阳县小岗村，18个人按手印，冒着坐牢的危险，去搞承包责任制，可以想象当时农民过的是什么生活？

答：小岗村是中国农业改革的发源地，我曾经问过它的村党支部书记沈浩，小岗村的改革基本经验是什么？沈浩同志是个老实人，他说来参观的专家和领导很多，还没人说起过这个话题。

问：不就是8个字吗？包产到户，个人单干。

答：那是改革的内容，不是基本经验，后来我和凤阳县县委书记说，我认为基本经验有三条：第一条是用先进生产力代替落后生产力。为什么？不要以为集体劳动，包括生产队劳动，人民公社劳动就代表先进生产力。工业之所以能代替农业，因为它进行了社会化分工协作，是先进生产力。那为什么说小农经济在当时是先进生产力呢？农民懂得一个简单的道理："树大要分权，儿大要分家。"为什么要分家？就是不吃大锅饭了，劳动生产力提高了。

当时的人民公社体制，不仅父亲跟儿子在一起吃大锅饭，兄弟姐妹一起吃大锅饭，表兄表弟，堂兄堂妹，甚至不认识的隔壁邻居，大家都一起吃大锅饭，这就是落后生产力，所以这种效仿前苏联集体化的人民公社运动，是历史的倒退，而小岗村的农民要恢复的小农经济，反而是以先进的生产力代替落后生产力。

第二条经验是什么？没有一种义无反顾的精神，莫谈改革。要改革，就要跟现行的法令、政策发生根本冲突，所以那18个干部是冒着坐牢的危险来搞这场改革的。

改革者既要有决心，也要善于保护自己。这18个人签了一个生死状，里面讲的很清楚，如果我这个书记、小队长被关进监牢以后，我们其他的人要把他的家养起来。这是第三条基本经验。

问：你年轻时怀有强烈的科学报国的梦想，为此立志当一名红色工程师，可"文革"时被当作现行反革命分子批斗，受到很多折磨和打击；改革开放后，你的一些言论也曾被人误解和攻击，在这些时候，你是否怀疑或动摇过自己的梦想？

答：可以这么说，"文革"把我的强国梦暂时中断了，可这个梦想从来没有动摇过。在受到严重迫害的时候，我当然感到很悲观，但是国家怎么办呢？这个灾难不是我一个人的，是整个国家的。

"文革"以后，李昌同志（"一·二九"运动领导人之一，曾任哈尔滨工业大学首任校长）问我，你本来学汽车工程，为什么研究改革了？我就说，"一·二九"运动的时候，有句有名的话，"华北之大，放不下一张平静的书桌"，我在"文革"十年中，最强烈的感受就是，中国之大，没有一个平静的实验室。今日中国，已经不仅仅是我去当一个工程师的问题，而是要改革社会制度。毛主席解决了政治革命问题，夺取了政权，中国人民站起来了。社会改革才能使中国人民富起来，邓小平的改革开放，就是解决社会改革的问题。

当年中国革命谁最坚决？苦大仇深的贫下中农最坚决。现在谁最坚决改革？在"文革"中受到迫害最深的人，所以，我坚决拥护邓小平。

问：改革目前已经进入深水区，不同利益诉求越来越多元化，近年来一个社会趋势是，一些掌握了社会财富的精英人才开始移民海外，这是否意味着目前社会平等竞争的机会不足？

答：要实现机会均等，最重要的就是把社会主义市场经济改革进行到底。市场经济铁的原则是等价交换，要求自由竞争、法治经济，用法律来保证公平。市场经济也要求优胜劣汰，当然后来还应该化劣为优。社会舆论鼓励自由竞争，"今天不好好工作，明天就要努力找工作。"可一旦端了铁饭碗，优秀的人才就感到不公平了，对不对？他感到才能不能发挥了，他创造的价值，不能够各尽所能，各取所值。好在现在开放了，"此处不留爷，自有留爷处，处处不留爷，我到外国去。"

这个是我们应该反思的，有些政策陷入了中等收入的陷阱，是把小生产的那种不患穷而患不均的意识，在和谐社会的名义之下，又把它张扬起来了，造成社会出现了很多问题。

只有改革才能解决这些问题，也只有改革才能够在发展中解决各种社会矛盾，我们目前还要坚定不移地支持推进邓公发起的这场改革。

《南方周末》记者　朱　强

刘　吉　认真、创新、追求卓越

吴敬琏

[致敬词]

在从计划经济向市场经济转型过程中，吴敬琏是最得力的理论推动者之一，他也是在中国最早提出警惕权贵资本主义的人之一，从"吴市场"到"吴法治"，吴敬琏既是梦想家，又是行动家。

中国还处在艰难转型中

　　吴敬琏，1930年1月24日生于南京。1948年考取金陵大学文学院，因病于1950年正式入学，他放弃了喜欢的电机专业，入学后转入经济系学习。两年后全国高校院系大调整，转到复旦大学。而从那时开始，经济学教材都换成了苏联教科书。再往后两年受到的全部经济学教育都是为了让他们相信，"只要学习苏联的榜样，建立起政府集中管理的计划经济，中国很快就能成为一个繁荣富强的工业强国"。

　　1954年毕业后，吴敬琏被分配到中国科学院经济研究所。然而接触现实经济以后，却发现实际情况和教科书上讲的并不同。不过，这时他仍然深信，"只要按照既定方针，就能超越苏联所取得的成就，创造人间奇迹"。然而，大饥荒和十年"文革"把他从幻梦中拉回现实。

　　1968年，吴敬琏与经济所的同事全部被下放到河南信阳专区的"五七干校"。在这里，他遇到了对他影响深远的顾准。"在干校期间，顾准带领我从研究世界经济史、宗教史、文化史、政治史入手，追问和分析中国为什么会出现'文化大革命'这种倒行逆施现象的经济、政治和文化根源。"

　　1974年底，顾准去世前与吴敬琏进行了一次长谈。顾准送他4个字："待机守时。"并劝他继续研究工作，"总有一天情况会发生变化。那时，要能拿得出东西来报效国家。"

这一天很快到来了，"四人帮"被捕，"文革"结束。"当我们这些经济学者认识到自己掌握的经济学知识完全无法满足建设新体制的需要时，并没有采取固步自封和自暴自弃的态度，而是掀起重新学习经济学的热潮"，吴敬琏说。

市场梦

80年代中期开始，吴敬琏进入了国务院经济研究中心（现国务院发展研究中心）担任研究员，开始参与中国的改革事业。他说，"我个人的生命是与中国的改革事业联系在一起的。"

1989年后半年，关于"计划与市场"的大争论再起。当年11月7日，邓力群在中南海组织召开了总结70天经验教训的座谈会；1990年7月5日，江泽民在中南海勤政殿主持召开了经济问题座谈会。在这两次会上，保守势力反对改革，批评"改革有方向性错误"。参会的吴敬琏针锋相对："原因不是改革的市场取向不对和改革'急于求成'，而是市场取向的改革不够坚决，不够彻底。不彻底的原因是'计划经济与市场调节相结合'这个口号不妥当，应该明确商品经济即市场经济。"会后，从国家计委传出吴敬琏受到批评的消息，他还得了一个在当时明显带有贬义的外号——"吴市场"。

1991年6月，吴敬琏将上述两次会上的讲话内容，合并写成《论作为资源配置方式的计划与市场》一文，文章最后论证了计划经济在当代中国的不可行性。结论是，经济体制改革的目的就是提高资源配置效率，目标就是市场经济体制。1991年底，吴敬琏、刘吉瑞合著的《论竞争性的市场体制》也顺利由中国财经出版社出版。

1992年4月30日和9月5日，吴敬琏两次写信给中央主要领导，建议即将召开的十四大政治报告确立"社会主义市场经济"的提法。他与刘国光等人力主"市场经济"一定要出现在报告的总论部分，同时贯穿于经济建设的其他内容之中。同年10月，中共十四大正式宣布："我国经济体制改革的目标是建立社会主义市场经济体制。"

至此，"吴市场"的含义也由贬而褒。

法治梦

90年代末，吴敬琏就提出了权贵资本主义问题。此后，他不断就此发言或者撰文，呼吁警惕权贵资本主义。

2000年，吴敬琏提出要建立"好的市场经济"，也就是建立在法治基础上的市场经济，警惕滑入"权贵资本主义"的泥坑。

2005年3月，吴敬琏被授予中国经济学杰出贡献奖，授奖理由是：他对中国经济学的理论发展和经济与社会政策制定作出了多方面的贡献。

吴敬琏认为，"权贵资本主义的根源在于不受约束的权力，在于改革不彻底，而非改革本身。能否铲除权贵资本主义存在的经济基础，使公共权力受到法律约束、民众监督，攸关中国未来30年的命运"。

2008年，吴敬琏在接受采访时说："虽然在中国这样一个国家建立民主、宪政和法治三位一体的现代政治体制并非易事，但是世界潮流浩浩荡荡，容不得我们延宕和等待，必须从建立法治起步,加快我国政治体制的改革。通过法治建设在各种权利主体之间正确地配置权力，规范政府的行为,保护公民的基本权利不受侵犯。在此基础上逐步扩大民主，强化民众对政府的控制与监督，才有望稳步地实现宪政、民主和法治的目标。"

在2013年初出版的新著《重启中国改革》序言中，吴敬琏总结道："中国正站在新的历史十字路口上。为了避免社会危机的发生，必须当机立断，痛下决心，重启改革议程，真实地、而非口头上推进市场化、法治化的改革，建立包容性的经济体制和政治体制，实现从威权发展模式到民主法治模式的转型。在我们看来，这是中国唯一可能的出路。"

长达4个多小时的访问结束时，将近晚上8点了，大家都已饥肠辘辘。去外边下馆子？老人家年过八旬，走路不方便，还不如就到学院的食堂就餐。

食堂大厅几乎已空空如也，剩下两三个服务员在忙着打烊。我们的突如其来，或许在他们看来并不是一件值得高兴的事，但他们都熟悉老人家，表现出了分外的热情。像这样到食堂大厅吃饭，在老人家显然不是第一次。

在大厅角落里，拣了张小圆桌坐下。随便点了几个菜。吃完结算，5个人，82元，也就懒得抢单了，让同行的美女结了账。吃的档次不难想见。

半冷不热的大锅菜，老人家却吃得津津有味，安安静静。我突然产生一种错觉，坐在我身边的老人家，不是中国最顶级的经济学家，分明就是我儿时最崇拜的那位民办教师。那么朴素，亲切。

真的，在我的眼里，老人家的显赫和荣耀，其实都不重要。最重要的，是无论怎样的显赫和荣耀，都改变不了他的朴素。后来我带电视台的记者去他家拍片。记者走到楼下就嘀咕：靠，这地儿太平民了吧。进到老人家家里，他们更震撼了，那真的就是北京城最最普通的民居，一套最最普通不过的三居。甚至，几乎一件现代成色的家具都找不出来。

这不是一个偶然的镜头，而是老人家一生行状的真实侧影。他的生活就一直那么简单。在他声誉最隆之时，国家领导人见了他都尊称为老师，那时他仍然一身布衣，天天骑自行车上下班。

在物质上，他几乎完全没有要求。因为，他完全沉浸在精神世界中，对精神生活的追求几乎构成他全部的生命内容。

他历任，国务院发展研究中心研究员，《改革》、《比较》、《洪范评论》杂志主编，1984—1992年，连续五次获得中国"孙冶方经济科学奖"，2005年荣获首届"中国经济学奖杰出贡献奖"……

列举他的名头和他的著述，将是一个很长的篇幅。但如果以他的个人思想史为脉络，其实也很简单。

那就是市场梦，法治梦。总归一个梦，即转型梦。

对这种追逐，胡德平在《南方周末》中国梦践行者致敬盛典上有过精辟的概括：

"虽然吴敬琏老师未必是市场经济最早的提出者，但是不管在什么条件下，不管是在阳光明媚的时候，还是风雨如晦的时候，他都坚持市场经济理论，而且是坚持得最有力、最执着、最坚强的一位。"

认定了真方向，从此不回头。什么叫知识精英？什么叫士？以精神生活为自己生命的主要食粮，毕生为着自己的使命和责任，这才叫知识精英，这才叫士。吴敬琏无疑是这方面的一个标杆，一个榜样。相形于目下惊涛拍岸的物质主义大潮，或许可以说，他更是一个奇迹。

没有法治上的推进，经济改革走不远

《南方周末》（以下简称问）：新世纪头10年，中国经济从GDP来看一直在以10%的速度增长，但即便取得如此不俗的成就，为什么社会上仍有一些不满的声音？

吴敬琏（以下简称答）：我想可能有这么一个问题。现代化的过程往往是各种矛盾被暴露、被释放，而且有时变得激化的一个过程。发展经济学有个可以说是定理性的概括，就是说：在现代性已成为现实的情况下，这个社会趋于稳定；但在这个现代化的过程之中，社会矛盾错综复杂而且容易激化。

旧体制下，虽然整个经济发展水平很低，大众的生活水平也很低，但整个社会是一个冻结的状态，大多数民众也不知道可以有另一种生活。现代化的过程中，人们发现几千年留下来的旧体制可以打破，自己还可以过另一种生活。于是，期望值就变得很高。可这种具有现代性的社会不是一天就能建立的。当这个期望值和现实之间的差距拉得很大时，就蕴藏着一个矛盾激化的危险。我想，现在的中国也是这样。世纪之交，我们的经济总量提升到了一个新的高度，这是前20年改革所积累起来的能量的总释放。但与此同时，各种社会矛盾也越来越尖锐了。

问：有一般的规律起作用，但是不是也有时代的特殊性在起作用？换句话说，90年代的市场经济是向上生长的过程，简单而明快。比较而言，2000年以后是不是更复杂一些？

答：这样说大体上是对的。但90年代固然向上，也不无遗憾。90年代国企改革进展不多，政府改革进展不多，法治进展不多，这都是它的缺陷。事实上，没有政治体制尤其是法治上的推进，经济改革是走不远的。但90年代我们还认识不到这一点。所以，到了2000年以后，缺陷逐步扩大，只是因为经济高速增长，有些缺陷被暂时掩盖了。

政府成市场主体，就不叫市场经济了

问：如果顺着您刚才的逻辑展开，过于强势的政府加市场经济，本来只应该是一种过渡状态。

答：对，只能过渡，而不能一直强化，以致成为常态。市场经济最本质的特点，是自由的、自主的交换，如果上面始终有行政力量在控制，如果强势政府强化到主导经济资源配量的程度，那就不叫市场经济，而叫权贵资本主义了。1988年经济学界讨论过权贵资本主义的一种重要经济现象：权力寻租。大概从1998年开始，我就提出了权贵资本主义问题。

问：有的地方，政府其实已经成了市场主体，资源配置主要是由政府来完成的。

答：应该说是这样的，主要的资源，比如土地资源、信贷资源，相当大程度上是这样。

问：以政府为市场主体的这种形态还叫市场经济吗？

答：这就不叫市场经济了。

问：我注意到您抨击过"重商主义"。是不是当下的情况跟历史上的"重商主义"更接近？

答：是这样，80年代我还用过一个词，叫"原始资本主义"，也就是重商主义。重商主义不能叫市场经济。看亚当·斯密的著作就会明白，整个《国富论》就是批重商主义的。你要强化重商主义，贫富悬殊就不能避免。

现在贫富分化特别严重，有两个原因，一个是增长方式，主要靠投资拉动的增长，一定会造成劳动收入的比重下降，这个问题马克思已经讲清楚了；再一个是体制上的原因，就是重商主义、普遍寻租这么一个体制基础。当然，贫富差别扩大也跟市场经济有关，但扩大到如此程度，则不是市场经济的结果。

问：除了两极分化，重商主义还有一个后果您也谈到过，就是现在普遍的再杠杆化或资产的泡沫化。这给中国经济带来的风险，可能不比美国的金融危机小。

答：不独中国，这在东亚国家和地区是普遍现象。东亚国家和地区受政府主导下的"新重商主义"泡沫化之苦，比发达国家严重得多。无一例外地，都是泡沫一破灭就陷入长期的停滞。当然，如果改革决心很大，客观条件又容许，也不是不能走出停滞。典型的例子是韩国。

国企改革最大的成就是"放小"

问：韩国是怎么走出来的？

答：亚洲金融危机之后，它在经济上完全改弦更张。从跟日本和其他东亚国家完全一样的出口导向，转到以提高效率作为中心任务。

尤其是进入信息时代之后，它马上意识到知识经济的重要性，请了很多外国咨询机构做了一个规划，就是在信息时代韩国应该怎么办。除了讲要提高效率，建设一个新的经济基础之外，还有一个很重要的要求，我印象非常深刻，叫"重新界定政府职能"。应该说它的威权主义政府加市场经济模式一度搞得不错，受到全世界赞誉，搞了八大财团，那是世界级的财团，而且跟政府领导人之间的关系很密切。像朴正熙在地图上画一道线说，我要修一条从首尔到釜山的高速公路，你来修怎么样？郑周永就回应道，好，我来修。朴正熙政府就给他各种各样的政策，他很快就把那条高速公路修起来了。

关键是从这种过度强势的政府主导中走出来。你看韩国八大财团现在剩下什么？就剩下"三星"、LG。"现代"那简直是家破人亡。所以，这个转型并不容易，挺痛苦的，代价挺大的。

问：这正是我们今天如此焦灼的一个重要原因。太难了！

答：但是这个关总要过啊。

回顾90年代初期，那时我们太天真了，以为只要市场经济发展起来，政府就会自动退出，就可以很平滑地过渡到自由市场经济了，不知道这里有一个路径依赖的问题。如果政府有很大的配置资源的权力、干预企业的权力，就会相应产生一个寻租空间。所以，你要政府退出它应该退出的领域，就触及到许多官员的利益了，做起来就很难。

后来的实践也证明了这一点。从近期看，2003年第四季度经济开始出现过热，于是用行政手段加强"宏观调控"。就是开单子，哪几个行业过热，就用各种行政办法去"压缩产能"，这个单子越开越长，政府的手也越伸越长，宏观调控就变成了微观干预。本来90年代最后几年政府审批有少的趋势，虽然减少得不够快，中间还有好多猫腻。比如说把一个项目分解成十个项目，然后就报告砍掉了多少多少个项目，其实没砍掉那么多，原来就有这样的问题。2003年以后，加强所谓"宏观调控"实际上是加强了审批制度，比原来的审批还要厉害，这就扩大了政府权力，扩大了寻租的基础，引起腐败的蔓延和贫富差距的扩大。

但也不能说就是一无是处，有的方面是有进步的。比如我们最近到山西永济考察。茅于轼、汤敏老师在那里做的小额贷款实验就非常令人鼓舞。我们一家家问了，农民都说，3到6个月还了贷款以后，他们的净收入是贷款的100%。我们到他们家里去，他们住的比我们城里人好多了，文化生活也很丰富。从小额贷款覆盖的范围，能够看到一个新农村正在出现，证明只要把金融自由这个基本人权还给农民，民间的力量，市场经济的力量，就能够这样从根本上改变农村的面貌。但那个富平小额贷款公司资本还很少，现在只有一千几百万元，跟中国这么大的一个国家比较起来，还是沧海一粟。如果我们扶贫的资金，还有一些农村的信贷机构都做这样的事，我们就能把这个势头加快，把新农村的面扩大。这对于整个社会的稳定和发展，是一个积极的力量，能够抵制那种走向动乱、走向衰退的力量。

这谈的是农村改革。就国企改革来说，我觉得最大的成就是世纪之交的"放小"。放小问题是1993年十四届三中全会提出来的，可是只有少数地方响应，比如说山东的诸城、广东的顺德。直到1997年"十五大"决定调整所有制结构，放小就变成党中央、国务院的方针，就在世纪之交这几年全部放开了。乡镇企业改制了，一般第一步是改成股份合作制，然后股份流动，形成了比较规范的有限责任公司或股份有限公司。这个意义极其重大，是继农业承包之后一次大的革命，改变了中国经济最基础的结构。广大的中小企业的解放，使整个经济有了前所未有的活力。

有识之士要捐弃小的差异

问：我觉得吴老的思想，最大的魅力之一就是浓厚的人文关怀。您对重商主义的批判，就是从对人的关怀这个人类普遍价值的角度出发的。中国经济学家都有那么一个情怀的话，可能历史对中国经济学家的评价会更高一些。经济学家应该对中国的经济发展推动比较大的，但是在社会上，很多人都以骂经济学家为荣。这有一个妖魔化的问题，但恐怕也有某些经济学家自身的原因。

答：有人群的地方就有左中右，经济学家也不例外，什么样的人都有。但总的讲，不好的比重未必就比别的领域多。我觉得还是要看正面，不能总是文人相轻，互相指责。中国还处在一个非常艰难的转型中，在建设富裕、民主、文明、和谐这个大方向一致的条件下，各个领域的有识之士，不管是"左"一点的，"右"一点的，还是"中间派"，应当捐弃小的差异，要联合，要团结，要合作，致力于共同的事业，才能把中国建设成一个现代国家。

问：除了人文主义，吴老的另一个特征是强烈的理想主义，这超过很多年轻人。您八十多了还在讲台上，还在到处调研的旅途中，那么有激情有劲头，就像您女儿所说的那样，根本停不下来。

答：因为我们这代人盼望能够有所作为盼望得太久了，现在真的是可以有所作为了。

问题在于政府权力太大，而非管得不够

问：您最早而且一直坚持不懈地呼吁社会公正，呼吁警惕权贵资本主义，这会得罪很多人吧？

答：我个人不重要，重要的是国家的发展方向不能出错。新世纪以来，我们社会有两个愈演愈烈的趋势值得特别警惕。一个是腐败的趋势。新世纪以来的城市化过程，出现了一个新的寻租空间即政府垄断的土地资源。据农口专家说，因为土地被征用，农民损失的价值，换句话说政府能够拿到的土地价值是20万至35万亿，这么大规模的财富被政府

控制，可见寻租空间有多大。所以跟土地有关的一些不良官员，腐败是前仆后继。另一个是贫富悬殊的趋势愈演愈烈。我们现在的基尼系数，大致在0.5左右，这样的贫富悬殊在世界上都是前列了。

但这两个趋势的愈演愈烈还不是最可怕的。社会问题如果能够认真、理性地讨论，我们应该能够找到理性解决的办法，不会没有出路。但是又碰到了另一个不好的势头，即在两个愈演愈烈出现之后，一些人并不认为问题的症结是政府权力太大，反而认为是政府管得不够，希望用扩大政府权力的办法去解决矛盾。问题越多越强化政府权力，政府权力越强化问题越多。这样的恶性循环就愈演愈烈，直到最后出现国进民退这套东西，路径依赖就到了一个死胡同里面。但我们现在还来得及，要上下同心来解决问题。

问：也是您现在最大的担心。您强调的转型，首先就是从这种锁定状态中退出来？

答：所以我在90年代提出，我们处在一个赛跑的过程中，结果要看腐败和法治的市场经济哪一个跑得更快。

问：如果说我们处于转型时期，那么转型的拐点在哪里？应该用怎样的尺度来评估？

答：从传统社会到现代社会的转型，经济上的转折就是蔡昉教授讲的"刘易斯拐点"，就是说农村剩余劳动力无限供给的情况已经改变，劳动力供给从最高点下来了。人的价值因此得到空前提升，经济的增长不能再主要靠资本和资源的投入，而主要靠人力资本（人的知识和技能）的投入来推动了。

问：用这个尺度来衡量，我们离经济转型的拐点还很远。好比看到了彼岸，也离开了原来的岸，我们在水中间。

答：你说的这个是一种不进则退的状态。如果总是不进，演化到一定程度之后可能是整个往后退。

问：您作为这一代经济学家的代表，超额完成了您的使命，现在这个市场经济的路会更多依靠中青年经济学家以及其他学科的互动来完成，您放眼看去，对他们有多大的信任，有什么期待或者是告诫？

答：对于新一代经济学家来说，他们的条件比我们好得多，学术上的训练和素养应该说是比我们要强多了，所以应该给他们寄予更大的希望。但是现在也有问题，一方面是客观存在的体制问题，另一方面，是主观上的精神状态问题，现在的年轻学者，可能缺乏80年代知识分子的追求。我们那一代知识人实在被压抑得太久了，所以憋着一股劲，努力实现我们民族的希望。

《南方周末》记者　笑　蜀

梦的接力：顾准的思考，吴敬琏的答案

易中天：吴先生，我谨以我个人的名义向您致敬。我要谈一谈我致敬的理由。

为什么代表我自己？第一，我的女儿是您的学生。第二，您的老师顾准先生是我的精神导师。我看《顾准全传》里有一小段，说顾准先生弥留之际是您在旁边。顾准先生留下的最后一句遗言，是让您打开行军床休息。我想问您，在那个乌云蔽日的日子里，顾准先生和您谈到过中国梦吗？

吴敬琏：从在干校改造一直到他生命的终点，我们讨论过不止一次。顾准先生从他的青年时代说起。应该说，他的革命历程经过了两个阶段。第一个阶段，是他在抗战以前参加共产党的革命队伍，到延安整风，一直到中华人民共和国成立。他基本的心态应该说是愉快的，是昂扬的。

易中天：就是说顾准先生是有中国梦的，那他的中国梦是什么呢？

吴敬琏：当时的中国梦，抽象地说当然是共产主义的理想。但具体来说，是作为革命的第一步。这个革命的第一步，就是建立一个新民主主义的社会。当时党的领导人，比如说毛泽东和中共代表团在重庆谈判，旧政协里所揭示的中国共产党的梦也是这个梦——自由、民主、富强，还有独立。可是，后来这个情况就发生了变化。曾经有过一场不现实的、希望很快建立"地上的天国"的运动。这时候顾准就陷入了苦闷。

易中天：我读顾准先生的书感触特别深。当我们在这里探讨中国梦的时候，顾准先生想的是梦醒了以后有没有路可走。那么我想问吴先

中国梦——38个践行者的故事

生，您提出的好的市场经济、法治的市场经济，是不是我们梦醒了以后可以走的路呢？

吴敬琏：是的。而且当时顾准已经从世界历史的发展、各国的对比，提出来近代世界的两个潮流，一个潮流是走激进的、理想主义的，所谓1789年的法国革命到1871年的巴黎公社，到1917年的俄国革命这么一条路。另外一条道路是英国式的经验主义的。他已经意识到，而且认为总有一天中国会有自己的梦，但不会像我们现在这样清楚。当时他对我的告诫就是，我们要做好准备，做好研究工作，做学问弄清楚什么才是一条现实的、实现我们年轻时代梦想的道路。现在经过30年改革，我看这条道路已经越来越清楚。

易中天：那就是通过好的市场经济、法治的市场经济，走向一个富强、民主、文明、和谐的社会。

刘道玉

[致敬词]

担任武汉大学校长期间，刘道玉大力倡导自由开放校风，大刀阔斧改革高等教育，领风气之先；卸职之后，他矢志不渝探索理想教育，抨击教育积弊，呼唤创造性人才培养，言论振聋发聩。他是当代中国最值得记取的大学校长之一，也是最没有权力却最有影响力的教育家。

十年树木，百年树人

刘道玉，1933年出生于湖北枣阳一个普通的农民家庭，从小就对发明创造感兴趣的刘道玉儿时的梦想是成为中国的诺贝尔。功夫不负有心人，20岁时，刘道玉考入武汉大学化学系，学业出众的他本科毕业后师从曾昭抡先生从事化学研究，随后留校任教，取得了具有国际先进水平的科研成果。

在中苏论战白热化的1962年，刘道玉作为唯一的代表被派到苏联留学。然而，在苏联学习了一年半后，刘道玉应积极参与中苏论战被苏联政府宣布成为"不受欢迎的人"，驱逐回国。回国后的刘道玉作为"反修战士"受到周恩来、陈毅的隆重接见，周总理推荐他去中国军事科学院工作，刘道玉婉拒，执意要回母校武大教书。

1963年，30岁的刘道玉来到武大化学系任讲师，又先后任武汉大学副教务长、校党委副书记等职务。在"文革"期间他被打成反革命分子，甚至被质疑为"苏修派遣来的特务"。受审查批斗、历经磨难的刘道玉在"文革"结束后平反，被借调北京，任为教育部高教司司长。任职期间，他对全国高校的拨乱反正、恢复高考、恢复研究生招生制度等教育问题起到了非常重要的作用。做了两年的司长，他以"水土不服"为由辞职南归。

就在全国恢复高考的关口，刘道玉回到了武汉大学，被任命为党委副书记，1981年又被任命为武汉大学校长。那一年，他48岁，被誉为"我国解放后自己培养的大学生中第一个担任校长的人，也是全国重点大学中最年轻的校长"。他认识到了自己肩上的重任，当时的武汉大学长期受到"左倾"思想的影响，已经到了触目惊心的地步：全国科技发明成果、重大基础理论研究成果、获得重大发明奖的研究成果统统为零，连有影响的学术专著都屈指可数……他年轻，却正是气盛的时候，拍胸脯立下了豪言壮语："卧薪尝胆，十年雪耻！"

他开始大刀阔斧地改革，推行导师制、学分制、主辅修制、插班生制、贷学金制等多项创新制度，让这所排名跌到谷底的百年老校重新焕发生机。他鼓励学生挑战权威、积极思考。给予他们平台抒发自己的观点，与同学辩论，与校长对话；他鼓励老师挑战自我、献身科研，给老师们放"学术假"，举办学术研讨与沙龙，培养年轻的学术带头人……一时间，武汉大学成为全国各地学生和老师的向往之地，平等、自由、民主之风盛行，屡获国际奖项。

刘道玉立誓十年雪耻，可现实是他在校长的岗位上只待了7年多。他耿直的性格、超前的改革注定他不能适应"官场"，被免职的那一年，他刚满54岁，刘道玉自嘲是"任职超前，免职也超前"。

被免职后，海南大学、暨南大学、厦门大学等高校邀请刘道玉去当校长，可他一一谢绝，坚决不走，继续留在武汉大学，同时痛下决心，要"绝缘官场"，专心创造教育的改革研究。

他想创办亚洲高等管理学院未果，想办中国实验大学又没有成功，想在海南办中国教育试验城，海南省支持，可教育部却不批……1995年，刘道玉参与创办了新世纪外国语学校，一手制定了学校的教育方针、教育理念和校训，还亲自给学生上了3年创新思维方式训练的课程。这所学校办了6年，培养出来的学生参加各类比赛都是名列前茅，只可惜最后因投资人卷款而逃被迫关门。

2009年，刘道玉发表《彻底整顿高等教育十意见书》，在网上掀起了舆论狂潮，反响热烈，却至今没有听到教育部的任何反馈。

"十年树木，百年树人。"刘道玉先生是真正的教育改革家，他是为教育改革奋斗终生的战士，面对打击，一往无前，"当时校长，几人能够？"而如今，先生老了，除了呐喊，他已无办法，不知老先生的呐喊何时能成为划破中国教育改革的一把利剑？

在武汉大学的校园里散步时，老校长刘道玉依然会被许多年轻的学生认出来。虽然他在珞珈山下担任校长已经是30年前的事情了，但这位"永远的校长"留下的武大改革故事在一代代学生中口口相传。

11月24日，刘道玉在武汉过了80岁生日。大家为他举办了庆祝活动，老校长却又将它变成了一次为教育改革呼喊的机会。在这场以"创造教育"为主题的论坛上，他介绍了自己设计的创新体系。就像他自己所说的，80年代主政武大期间，他是改革实践的拓荒牛；离开校长职位后，他就成了为中国教育改革昼夜啼叫的杜鹃鸟。

作家野夫是刘道玉在职期间通过插班制度进入武大中文系的学生。他曾在一篇文章中这样写道："武大有先生，实天下学子之幸也。武大无先生，亦后世史家之哀也。先生盛年见弃于浊世，道德文章，几成绝响。……相信先生之伟岸，早已塑像于万千学子之心，而后世之武大，终将被先生之光芒所烛照也。"

校长没有部长权大，但可以做事

《南方周末》（以下简称问）：您的教育理想是从什么时候开始生根的？

刘道玉（以下简称答）：我在中学时代读过一本书，叫做《炸药大王诺贝尔的故事》，那时我就希望自己未来能成为一个诺贝尔式的发明家。但是在32岁的时候，我被任命为武汉大学的副教务长，39岁被任命为党委副书记，48岁被任命为武汉大学校长。这就意味着我将失去一个化学家的舞台——化学实验室。

这时我的想法就在转变，从自己要做一个诺贝尔式的发明家，转化为培养更多的发明创造人才。所以我研究创造教育，通过创造教育能培养更多的学生成为发明家，这比我个人成为发明家的意义更大。

问：在武汉大学任职期间，您曾被借调至教育部工作，出任党组成员和高等教育司司长。但您在工作了一两年之后，坚决要求回到武大，为什么不愿意在教育部继续工作？

答：当时很多人也感到很惋惜，我担任教育部党组成员、高教司综合司司长时才45岁，被认为是年轻有为，提拔副部长指日可待。但我知道，我的性格不适合做官，平生也留下了一个志愿，不想做官，更不愿意做京官——京官难当，"皇帝跟前难做事"。你走快了，说你冒进；走慢了，说你保守。所以京城养了很多饱食终日、无所事事的官僚。

当校长当然没有当部长、省长权力大，但是我可以扎扎实实地做一番我想做的事业。

问：但是您有没有想过，如果您留在教育部当上部长，甚至做到更高层，那就可以更好地推动教育改革，有没有这个可能？

答：的确有人质疑我：你要当了教育部长，就有更大的舞台，能够领导全国教育改革。我认为这是理想状态，在中国的现实中是不行的。教育部长也没有自主权，相对于更高级的官员来讲，部长也只是一个办事员。中国的官本位很严重，一级压一级，所以就算我当上了教育部长，也不可能放开手大张旗鼓地在全国搞改革。

问：所以还不如在一个大学里面，好好地把这个大学给改好？

答：对。为什么在一个大学能够做一些改革的尝试，而在全国不行呢？这就是管理学上的"空隙理论"，在两个圆圈的交汇处一定有个空白，这个空白就是你的创业机会。我正是在教育部和地方政府这两个"圆圈"之间找到了这样一所大学，可以做我想做的事情，成就了我的改革理想。

自由是教育的灵魂

问：在武大任职的7年多时间里，您做的最令自己满意的事情是什么？

答：第一件事就是贯彻了我的自由教育理念，营造了武汉大学民主自由的校园文化。自由是教育的灵魂。我那个时候允许学生不上课，允许学生自由选专业，允许学生跳级，允许学生留长发，穿喇叭裤，允许跳交谊舞，谈恋爱。很多学校晚上十点钟要把电闸拉掉，学生统一作息——都大学生了，干嘛还统一关电？学生有的喜欢早睡，有的喜欢晚睡，统一关灯的结果是那些夜猫子躺在床上睡不着。所以我不同意统一关灯，一切都由学生自己决定。

当时有清华大学、中国科技大学、上海同济大学的学生转到武汉大学来，真自由。连北京大学的几个院士都要调到武大工作。

第二件事，我创建了一系列新的教学制度：学分制、插班生制度、双学位制、主辅修制、导师制、转学制等等，这些制度，至今还没有人超越，也被别的学校所效仿。

特别是，我还取消了辅导员，你说这个胆大不胆大？政治辅导员被认为是加强政治思想工作的根本保证，我为什么敢取消？因为我了解情况，政治辅导员年轻没有威望，学生不服他们，而且有贪腐问题——那个时候还是毕业分配，你只要巴结辅导员，给他送礼，他可以把你分到一个好单位。辅导员制度产生于1962年，"千万不要忘记阶级斗争"的时候，反修、防止和平演变的时候。我取消了辅导员，并不是忽视思想工作，而是以导师制代替了。每一个教师带10个学生，包括他们的政治思想，包括他们选专业、选课指导，帮他们解决任何思想问题。学生很欢迎，他们有家庭问题、婚恋问题、同学之间的矛盾隔阂等各种问题，都跟导师讲。

另外，我在武汉大学的时候，始终抓本科教学不放松。为什么？因为本科教育培养的是大量要走向社会的人才，如果本科教育抓不好，我们为社会提供的就是不合格的产品，甚至是废品。本科教育是大学教育永久的中心任务，也是永久的短板，我们用多大的力气来抓都不为过。

可是，我们的重点大学不重视本科教学，有几个大师、几个院士教本科课程的？这就是所谓的"教学是支出，科学研究是收入"。去年云南大学有一个副教授说，我才不会去全心全意地搞教学，那样是"照亮了别人，毁灭了自己"。说出这种话的人是个别的，但是重科研轻教学的思想在大学是普遍的。这个问题不解决，我们大学质量是提不高的。

问：反过来，有没有失败的教训？

答：我最大的失败和损失，就是没有处理好与教育部及省委的关系。我的个性太强，观点太强硬，缺乏灵活性，缺乏策略和方式方法。

我曾经跟教育部领导进行了3次辩论，当面拍桌子，指责对方无知、浅薄、偏见。你说有校长对上司这样吗？我跟省委书记也曾拍桌子。虽然老百姓很拥护我，但是有些官员不这么看，说刘道玉太狂妄。

我的这些性格可能是导致我在校长这个职位上不能持久的重要原因。其实，我个人被免职是小事，因为我本来不想当官，免职了，我没有任何遗憾，无官一身轻。但是，武汉大学正在热火朝天进行的改革事业，也戛然而止，很可惜。

问：您曾在领导人面前说教育战线是最保守的？

答：是的。1988年8月10日，当时的国家教委主任李铁映在北戴河专门接见我，我当着他的面说：教育是最保守的一个战线，他们不学习，不调查研究，不深入基层，不了解情况，高高在上，发号施令，一举手一投足都做错，当然我这话都说得很绝对，这跟我的个性有关。我这个人说话不留有余地，办事不留有后路。说话就要说得明明白白，不像有些人说话拐弯抹角，认为让对方不知所云是最高明的"艺术境界"，这样不管什么时候你都抓不住他的问题。我不是这样，我说话要说得明明白白，做事就要勇往直前，不留后路。

发展≠改革

问：离开武大校长的职位后，您又进行了其他的教育改革尝试。

答：我办过一个新世纪外国语学校，办了6年，想要推行创造教育，因为创造教育要从幼儿开始，这是教育学家、心理学家共同得出的研究结论。有人不理解一个大学校长去办一个中小学，但我是把这所学校作为改革的试验田。

六年的实验，确实获得了丰收。可惜，投资人最初骗我说，他赚了很多钱要投资教育，我信了。结果他是利用教育，空手套白狼赚钱，到了最后入不敷出，学校被迫关门了。这使我很成功的改革实践又戛然而止了，当然令我痛心。

问：没有了施展理念的舞台，您就专心从事教育研究工作了。

答：没有舞台了，我就大量写文章，从理论上研究，发现教育改革中的一些问题，提出个人见解。我出版过一本自传《一个大学校长的自白》，最近新修订，改名为《拓荒与呐喊》。我说我在任就是一头拓荒牛，埋头耕耘开拓；被免职以后，我没有舞台了，就变成一只杜鹃鸟，昼夜地啼叫呐喊。

问：您在教育研究工作中自认为最重要的成果是什么？

答：我正在写《理想大学》这本书，它是我付出全心全力，最想写的一本书，也是我最想留给后世的一本书。我用5个月的时间写了大纲，过了元旦，我可能将进入到忘我的程度写作成本书。这本书会反映我对未来教育的理想。

未来大学到底是什么样子？我设计了一个教育仓储模式。就像仓储超市一样，那里应有尽有，顾客可以任意挑选，不受任何限制。我想未来的学生进入这个教育超市，就是自由选购。我们的领导者就是组织这个仓储超市的各种资源，规定仓储的游戏规则。我们的教师是这个超级教育超市的导购。这是我异想天开的想法，我会把这个教育仓储超市详细地加以描述。

问：您如何评价近20年来的教育改革成果？

答：应该说我们的教育有发展，办学的条件有提高，教育经费有很大的增长，硬件设备有很大的改善。这是这20多年教育发展的成就，我们有目共睹。

但是从改革上来说，没有改变。改革和发展不是一个概念。发展是数量的增加，规模的扩大，条件的改善；而改革是质的改变。原教育部长周济曾说，我们国家的"两基"达标率都超过95%是教育改革成功的表现，这就混淆了改革和发展的界限。

另外，高等教育质量下降了。举一个简单的例子，现在大学学制是4年，8个学期。第8个学期，绝大数大学都不上课了。我80年代当校长时，第8个学期，不到7月15日，拿不到毕业证，现在是3月份都放羊了，美其名曰是去找工作，实际上都是旅游、回家了。你说怎么能保证质量呢？用产业上的话，就是偷工减料了。所以行家们认为，现在的硕士不如80年代的本科毕业生，现在的本科生不如解放初期的高中生。

那么，当然可能很多人不同意我这个观点，特别是体制内的。你看看报纸上，我们体制内的校长们、教授们，一天到晚就在赞颂现在教育的大好形势，大好成绩，巨大成就，这就是看问题不同。17世纪法国有一个艺术家，叫夏尔丹，你们可能知道，一个法国很著名的画家。他说了一句话，观察事物是重要的，观察事物的角度同样重要。对同样一个事情，对同样一个现象，看法的不同，得到的是完全迥然不同的结论，原因就是我们看问题的角度不同。

因为我们现在的领导，大学领导，我们现在体制内的教授们，当然他们要肯定自己的成绩，是不是？他们不能够否定，否则就是否定自己看问题的角度。所谓的旁观者清，我们这些体制外的人，我们没有顾虑，我们也没有政绩可以去追求。我们也不怕掉了乌纱帽，所以我们能够看到问题的真相。比如说教育不公，教育的腐败，教育质量下降。

改革者的意义

问：您有没有想过，回顾这一辈子，如果没有选择教育，您会是什么样的一种人生状态？

答：当然想过。如果我没有回武汉大学，而是在留苏回国之后接受周总理的建议进入军事科学院，那么我会成为一名将军。如果我没有被任命为武汉大学的校长，而是在学校从事化学教学研究工作，我可能会成为一个比较有成就的化学家。

我这一生，离不开一个苦字，从小在农村受苦，读大学又是十年寒窗苦读，被历史推到大学岗位上，又是埋头苦干。我的书房虽然不大，但还有个书斋的名称，叫"寒宬斋"。寒就是寒冬，梅花香自苦寒来。宬，就是藏书的房子。书房当然是要藏书的，但是我这里用这个"宬"字，别有一番用意——它反映了人的成功道路，你要想成，就必须掀掉头上的盖子。如果掀不掉，你就是奴隶。

问：可不可以说，如果教育改革要成功，也得掀掉一个盖子才行？

答：那当然。

问：那么这个盖子具体是什么？

答：盖子就是教育部的大一统领导。中国的教育主管部门几乎垄断了国家的一切教育资源，招生指标、出国留学指标、科研课题经费、名师评定等等都是教育部掌握的，它垄断了一切教育的决策和管理权，大学的自主权非常有限。

问：您曾说自己这一辈子"什么都超前"：32岁当副校务长，44岁当教育部高教司司长，48岁当武大校长，54岁被免除了校长职务。那么，您认为自己现在所提的很多教育改革建议是不是也"超前"了？

答：我自认为是一个超前的人，认知也超前，思想超前。现在很多校长54岁才正式出任，而我就已经被免职了。

我觉得改革者和保守者的最重要区别，或者是理想主义者和务实主义者最大的区别就是，理想主义者对现实的很多东西总认为不完美、不满意，总要想改它，追求事物最完美的状态。而保守者、现实派认为现成的东西都是合理的，没有必要去改变它。培根有一句名言：新东西再好，人们也会因为不适应它而反对它；旧事物尽管有很多问题，因为人们适应它，所以愿意保护它。所以，改革者往往没有好下场。

但是改革者和理想主义者的意义是什么？我有一个学生范恒山，现在是国家发改委地区经济司司长。我曾经听他讲了三句话：第一，改革者没有好下场；第二，改革是一个艰难困苦的过程；第三，历史必将沿着改革者的足迹前进。我觉得这话说得很有水平，也富有辩证法。理想主义者存在的价值，就是让后人沿着他们的足迹前进。他们可能看不到自己的成果，他们可能还没有看到曙光的时候就已经被浪潮淹没了，但是后人会沿着他们的足迹前进。

问：现在中国有几个大学校长经常成为新闻追逐的对象，比如北大校长周其凤，您对他怎么看？

答：周其凤校长我并不了解，只是从媒体上看到一些报道。他之前在北大担任过一些领导职务，后来到吉林大学当校长，又回到北京大学，对教育应该是熟悉的。可是他有一些讲话，令人感到不解或者遗憾。他曾经说美国教育一塌糊涂。这种说法不符合实际情况，至少是片面的。美国教育当然不是十全十美，有它的问题，但是至今世界各地的青年人都还是向往美国，希望去美国留学，是不是？世界各个国家的大学，基本上还是以美国的大学作为标杆，这也是事实。中国现在建研究性大学，建一流大学，也都是模仿美国。那怎么说美国教育一塌糊涂呢？说这样的话，有失校长身份。

校长需要进入教育的角色，要阅读教育的著作，不是你作为一个教授，一个院士，当了校长，就可以成为天然的教育家，不可能。教育家要学习，如果不读懂三五十本古今中外的教育经典名著，你就谈不上是教育家。就我的观察，现在为数不少的校长，恐怕都没有很好的阅读。

周其凤校长去年还为国际化学年写了一首"化学歌"，被拿到中央电视台播出。但是他在歌词说"父母生下的你我，是化学过程的结果"，这就混淆了化学过程和生理过程的区别。一个院士把这个过程混淆了，不太严谨。

问：您认为中国是否会有新一代的教育家出现？

答：会有的。我的信念是物极必反，这是事物发展的规律。我寄希望于未来的教育家，寄希望于未来的青年人。实际上跟我通信的青年人很多，他们都是很有思想的，只是条件还不具备。他们人微言轻，冒不出来。我相信一旦条件具备了，这一批优秀的青年当中，会冒出许多优秀的教育家。时势造英雄，物极必反，我就相信这两条。

《南方周末》记者　方可成

刘道玉　十年树木，百年树人

胡祖六 [致敬词]

在利益至上的国际资本市场上，胡祖六扮演了一个现代士大夫的或者说人文主义者的角色。30年来中国从全球体系中的边缘人逐渐成为主角之一，在这个进程中，胡祖六起到了不可替代的作用。

他从湖南乡村走到哈佛大学，此后20多年，在国际一流专业机构中，他始终在以西方通用的分析方法和工具研究、诠释中国的经济和改革，帮助中国学习西方，帮助西方了解变化中的中国。

在中国与西方之间

胡祖六，1963年出生于湖南汨罗县。1978年，正逢恢复高考，胡祖六考上了洛阳工学院（2002年更名为河南科技大学），之后又在清华取得了工学硕士学位。原本从清华毕业之后，胡祖六很可能会成为一名工程师，但他从清华毕业前又考取了公派美国哈佛大学学习的名额，远赴美国哈佛大学学习经济学，师从萨默斯。在选择博士研究方向时，他选择了宏观经济。

哈佛大学是贯穿胡祖六早期职业生涯的一根主线，他跨越的每一步都有哈佛大学的助力，他甚至声称"哈佛是我的伊甸园"。

1991年，胡祖六从哈佛毕业后就加入了国际货币基金组织（IMF）。当时的中国正处在改革开放的关键时期，邓小平南巡之后，中国进入了高速发展期，与此同时宏观经济问题接踵而至。1993和1995年，胡祖六参与了IMF和世界银行与中国政府的宏观经济磋商，紧密跟踪中国当时的宏观经济趋势和政府采取的一系列治理经济过热的宏观调控措施。此外，他还参与了对中国财政税收体制改革与外汇制度改革方案的评估论证、政策咨询、技术援助和人员的培训工作。

1996年，胡祖六成为瑞士达沃斯世界经济论坛经济学家。在世界经济论坛任职期间，他和杰弗里·萨克斯以及迈克尔·波特一起推出了在全球产生较大影响力的《全球竞争力报告》。

1996年4月，胡祖六还与李稻葵、钱颖一等哈佛大学同学一起在清华大学经管学院创办了中国经济研究中心，并由他担任主任至今。

高盛生涯

1997年，在校友推荐下，胡祖六加盟了高盛集团，担任大中华区首席经济学家，开始了13年的高盛生涯。

同年亚洲金融危机，当时在全球经济学界，看空中国经济的声音占据主流。胡祖六研究的结论是，亚洲金融危机虽对中国出口和外商直接投资有较大的负面影响，但人民币贬值无助于增加外部需求，中国无需也不会采取人民币贬值的政策，应该做的是施行扩大财政支出等刺激内需的政策。

他的观点在海外受到很多质疑，甚至在高盛内部也有很多人怀疑。胡祖六说："每次国际会议中，我的声音总是孤独的。"但是，亚洲金融危机最终变成了胡祖六的机遇，他的观点与中国政府后来执行的应对策略非常一致。胡祖六的声誉得到了极大提升，赢得了全球客户和同事的信任和尊敬。自此之后，胡祖六频繁地成为各大会议、论坛的座上宾。

2000年，"中国威胁论"出现。胡祖六和当时的同事乔纳森·安德森率领一个研究小组对这些问题进行了深入研究，发表了一系列的报告和论文，"帮助人们正确认识中国的崛起对世界经济的正面影响"。罗纳德·麦金农教授则评价说，这是他读过的最高水平的投资银行经济研究的报告。

2001年A股上证综指年中达到了历史高位2245点。胡祖六认为，中国股市出现了投资泡沫的症状，估值严重偏离基本面。在公开演讲中，他警告内地股价过高，透明度低，真正有长线持有价值的股票不超过一打，内地的散户尤其需要谨慎。这就是被媒体广为报道的所谓"12支股票风波"。后来发上证综指一路下行，直到历史大底998点。

由于胡祖六在中国的影响力和人脉，高盛集团董事长汉克·保尔森将他推到了高盛亚洲区投行部联席主管的位置，希望他能帮助高盛开发中国资本市场的金矿。据说，2004年12月高盛与高华证券的合资方案最初正是出自胡祖六之手。

从2004年开始，高盛在中国企业海外上市及其他方式融资的大潮中出尽风头，中国石油、中国石化、中国网通、中国银行、中国铝业……几乎所有的国字头的大国企都成为了高盛的客户。其中影响最大的是2006年1月27日高盛投资工商银行25.8亿美元，占6.05%股份。这笔投资至今仍然在为高盛带来丰厚的回报。作为投行部的高管，胡祖六的作用显然不容忽视。

出色的业绩让胡祖六成功跻身合伙人之列，这是高盛职位金字塔的塔尖。2008年，胡祖六被任命为高盛大中华区主席。

2010年初，胡祖六离开高盛的消息不胫而走，沸沸扬扬。3月16日，高盛证实47岁的胡祖六将从高盛退休。

进军 PE

"投资银行是高强度的行业，做了13年，是时候稍稍从紧张的节奏中放松一下。……当然不会离开金融大领域，虽然工作时间很长，压力很大，每天都筋疲力尽，但从来没觉得非常乏味和无聊。"胡祖六说，"我也有很多梦想，比如要有时间我想写小说，这是我的爱好。当然，趁年富力强还是要做点有实际意义和影响的事。"

对于胡祖六的去向当时有两个版本，一个是担任中国人民银行副行长，主管外汇业务；另一个版本是加入了汹涌的"全民PE"大潮中，成立一家私募基金。不久后，谜底揭晓：胡祖六成立了春华资本，骨干力量来自于前高盛同事。

在度过了离开高盛的那段敏感期后，他又开始奔波于国内外各大高端财经会议和论坛，但他很少谈及春华资本的业务，仍以一个经济学家的口吻发表对中国经济的看法。

胡祖六曾经对媒体说，如果不搞经济学，他希望自己能够成为他的老乡左宗棠那样冲锋陷阵的大将军。湘学的传统就是经世济民，胡祖六深受浸染，他说："经济学就是入世的。"

胡祖六自述人生

从事经济学的人，不只是出于单纯的智力上的好奇心，而是确实要把社会和民众的福祉也装进去。

20世纪80年代中期我出去留学，学习经济学，是因为当时中国处于改革开放的早期，在多年的闭关锁国和实施苏联式的计划经济制度后，中国对现代经济，尤其市场经济，需要更多了解。我有一种很大的使命感，有很强烈的求知欲和好奇心。

哈佛毫无疑问，可能今天还是世界上最重要的学习中心，不只在理论上很有建树，而且在美国，乃至对国际上的宏观经济政策，影响力也非常巨大。比如马丁·菲尔德，他当时是里根总统的经济顾问，还有我个人比较接近的老师拉里·萨默斯，他很年轻，就已经是政府的一个重要智囊。

能够在非常宽松、自由的学习环境下，接触到名师，又能够去探讨很多当代经济学最前沿、最尖端的一些问题，同时有机会观察全球最发达、最有效率的市场经济——也就是美国经济——的具体运行，是一个非常难得的机会。哈佛，应该说是我个人的伊甸园，对我的专业生涯，对我人生的成长，都是非常重要的一段岁月。

从中国人来说，经济这个名词的来历，就是经世济民，不仅仅是为了自娱，满足智力上的好奇心，而是要能够解决现实的问题。我从事经济学的学习和研究，首先当然是出于求知欲和好奇心，其次是因为经济学能够解决很多现实中活生生的问题。萨默斯就说，他在很年轻的时候，每做一项研究，都是跟现实世界紧密联系——比如说税收政策，怎么样能够刺激就业，或者刺激研发的投资，或者说提高国民的福利。

我相信比起更多社会科学和人文科学，经济学有它本身的研究对象和特点，就是要通过提高资源配置的效率，使经济能够发展，能够创造更多的财富，提高国民的福利。这个学科本身的研究对象和目的，就决定从事经济学的人，不只是出于单纯的一种智力上的好奇心，而是确实要把社会和民众的福利也装进去。

IMF 生涯

90年代初期到中期，一些重大的结构改革，规模之大、魄力之大，而且执行之快，绝不是所谓的缓慢、渐进的方式。

我感到，我们要把现代西方经济——不止是理论，还有实践，包括运作的模式、制度、经验——全数介绍引进到中国来，所以毕业之后就去了国际货币基金组织（IMF）。国际性的经济组织，而且中国是成员国，那是非常理想的一个专业平台。对我来说，这是一种学习，更多是一种实习、能够得到第一手经验的一种机会。

我去的时候，正好是拉美债务危机进入尾声，但还没有完全平息。同时柏林墙倒塌，前苏联和东欧转型搞自由市场经济，但是因为政府不稳定，以及很多经济决策失误，导致恶性通货膨胀，再到经济衰退，成了非常严重的问题。IMF为这些麻烦中的国家提供技术援助，包括金融的援助，来帮助他们稳定经济，实现转型。

同时，中国是IMF很重要的成员国。90年代初，中国也处在非常特殊的一个时期——邓小平南巡以后，中国进入新一轮的高速发展，但当时通货膨胀的压力非常大——这时候，IMF作为一个国际上最重要的宏观经济机构，向中国政府提供宏观经济政策的磋商和技术援助，包括官员培训。

90年代初，在IMF，我作为少数的中国籍的经济学家，参与了这些宏观经济政策的磋商、官员培训，特别是中国当时正在酝酿的一些重要的改革，比如说税制改革、财政体制改革、外汇改革……这是非常激动人心、非常难得的一种经历。

整个经济学界都把中国的改革模式区别于东欧苏联，说我们是渐进的，而他们是所谓震荡疗法、休克疗法。其实这种说法有失偏颇。90年代初期到中期，一些重大的结构改革，规模之大、魄力之大，而且执行之快，绝不是所谓的缓慢、渐进的方式。那是非常大手笔的，非常非常有气魄的一种重大的改革。

比如说像税制改革，其实国际上税制改革，往往是高度复杂、高度敏感，如果在一个民主国家，往往会导致政府垮台和社会不稳定这样一些高风险，要推行财税改革，那是一个非常有勇气、高瞻远瞩的政治决定。但令人惊叹的是，这么复杂，这么高风险，中国决策、执行都这么快，而且实践证明是非常非常成功的。这是世界上罕见的成功的税制改革之一，而且因为那次改革，给中国未来的宏观经济，后来的长治久安，奠定了一个非常雄厚的基础。

回顾90年代的那些改革，中国由一个中央计划经济向市场模式的过渡，从饱受通货膨胀困扰、高度不稳定、大起大落这样的经济结构，过渡到宏观经济能够保持比较稳定的结构，经过了亚洲经济危机的检验和洗礼，我觉得是与当时的改革打下的一个非常重要的基础分不开的。

当时中国的改革者、中国政府，有一种非常开放的胸襟，目标就是要改革开放，要吸收国际的先进经验和最佳惯例，所以他们对世界银行和IMF这些国际组织的建议非常重视，也派出了很多代表团，到世界各地去看各种模式，非常饥渴地吸取建议和教训。萨默斯那时候在世界银行当首席经济学家，他对我说，这么多发展中国家，他发现中国人是学习能力最强的。

我在IMF工作这么多年，看到很多新型市场国家，少有这么成功的案例。我觉得非常非常幸运，也更加坚定我对中国的经济未来的信心。

达沃斯论坛：为中国辩护

我是一个外国的独立的经济学家，作出这样一个判断，而且要用西方能够看得懂的分析框架、分析手段去证明，为什么人民币不会贬值，也不应该贬值，我是第一次感到这么大压力。

IMF之后，我在达沃斯经济论坛做了一年多的首席经济学家。论坛是一个非政府机构，成员中有很多全球大企业，所以跟企业贴得更近一些。

1997年亚洲金融危机爆发以后，当时全世界都把目光聚焦于中国，有各种议论，很多将金融危机归咎于中国。

我写了很多文章，来说明亚洲金融危机，是这些国家自身经济不平衡，外债尤其是短期外债太多，以及自身银行体系的一些问题所引起的，跟中国没什么关系。

对当时国际社会普遍担心的人民币贬值问题，我做了很多研究。中国确实有面临内需不振、外需消失这么一种挑战，但刺激内需是靠扩张性的，那时候叫积极的财政政策，还有结构改革，比如说住房的改革（当时确实对推动中国经济起了决定性的一种作用），而不是靠人民币贬值。当时外贸下滑，是因为危机导致亚洲地区经济衰退、没有外需，仅仅依靠货币贬值，达不到刺激出口的效果，反而会加重人心惶惶，使已经饱受重创的亚洲经济雪上加霜。

说明了人民币不应该贬值，也没有必要贬值，但是能不能保证不贬值呢？中国政府，比如说朱镕基总理做了郑重的承诺，三大承诺之一就是人民币不贬值。但是市场还是非常怀疑，而且市场有种奇怪的心理，觉得往往政治家说不贬值，最后结果都会贬值。

当时我好几次在国际会议上都碰到克鲁格曼，都争论同一个问题——人民币会不会贬值。

像这样的争论中，要用西方能够看得懂的分析框架、分析手段去证明，为什么人民币不会贬值，也不应该贬值。那时候真是写了很多很多文章，很多很多报告，虽然事后证明我坚持了一个正确的判断，但当时我是第一次感到这么大压力——平常做研究，比较自由，你讲什么观点都是可以的，也不一定怕什么责任。但这次你处在众目睽睽下，处在市场的最前沿，对和错，对个人声誉都是考验，压力非常之大，我本来就神经衰弱，那时更是经常失眠。

做了这么一个判断，对我当然也是一种洗礼。

当初中国政府做的维持人民币稳定的决策，是中国的一个独立决策，我只是在外围，我的判断与之应该没有什么直接关系。但对帮助公众，包括国际投资者，去理解这个政策，我想我的很多分析和研究，还是能够有所帮助的。当时我有这个机会，也确实是这么做的。

我很佩服中国政府，应对亚洲金融危机的时候，表现出的清醒和智慧。亚洲金融危机平息之后，中国是最大的赢家。中国经济不但是成功地接受考验和洗礼，而且经济越走越强，越来越有实力和影响，我觉得这真的是一幅波澜壮阔的历史画卷。如果未来历史学家寻找中国经济发展的轨迹和历程的话，我想90年代是重头戏。因为这种情结——你希望中国好，希望帮助克服对中国的很多怀疑、很多偏见，当时肯定有这种使命感、责任感；但同时，你是受过西方教育的知识分子，知道光做中国政府的传声筒或者辩护士是没用的——比如新华社、《人民日报》发评论，再怎么样，人家会自动打折扣——所以，首先我觉得我是一个专业人士，一个经济学家，但是我关注中国，了解中国，我的分析方法、手段，是一种公认的、经典的现代经济学的分析方法。而且我是用实证的手段，而非价值判断，我不是说应该是什么，而是把很多宏观、微观的数据拿来分析、比较，这样的话，才可以建立一种可信度和专业的声誉。如果没有这个，你再想为中国做事情，为中国去辩护，那是无济于事的，甚至可能适得其反。

那时，我过去的同学和老师，比如萨默斯，也和我保持联系。萨默斯当时是美国财政部负责国际事务的副财长，整个亚洲金融危机中，他和财长鲁宾、联储主席格林斯潘，被视为拯救世界经济的三驾马车。他经常与我通电邮和电话。有一次，新闻报道说，中国准备重新评估一些经济政策，包括汇率政策，萨默斯第一个就打电话给我，向我了解情况。有这么一种渠道能够进行交流，我觉得还是能够起一定的帮助作用。

高盛时代

利用高盛的专业平台和全球网络，把国际资本包括技术和经验介绍到中国来；另一方面，因为高盛的品牌和全球性地位，我可以向跨国公司、全球机构投资者、国际社会，去推荐中国经济的成长故事。

如果能够了解现代金融市场的运作，取得第一手经验，那么能加深对整个经济运行规律的认识，尤其对宏观经济的决策。这是我想到高盛去很重要的一点考虑。

当然，我的兴趣和最爱是研究中国和亚洲，所以在高盛很自然地关注亚洲，尤其中国。

我在高盛里面，可以为中国政府、企业特别是国企的重组、改革、上市，提供很多建议、咨询，帮助中国引进很多国际资本、技术和管理经验，就是利用高盛的专业平台和全球网络，把国际资本包括技术和经验介绍到中国来；另一方面，因为高盛的品牌和全球性地位，我可以向跨国公司、全球机构投资者、国际社会，去推荐中国经济的成长故事，帮助国际经济界、金融市场更好地认识到中国，参与中国的改革发展、现代化的建设。

高盛是专业的投资银行金融机构，毫无疑问以盈利为目标。而中国从90年代初和中期开始推动大型国企改革，当时并没有经验把一个传统的国有企业蜕变成为现代企业，而且推上国际资本市场。利用像高盛这样全球投资银行的经验、专业平台和制度，来帮助推进改革目标，是相辅相成的，并没有什么冲突。

当然，在不同的具体事情上，还需要靠判断力去化解一些矛盾。生活是充满冲突的，关键是怎么利用判断力，最好地处理这些问题。但基本上，在IMF也好，在高盛也好，在中国改革开放的关键时期，我们需要西方、国际的经验，需要国际资本，需要技术、信息，那么你有这个平台可以提供中国正好需要的资源，我觉得这两点是没有本质冲突的。

全球金融危机后

在全球经济同步衰退之时，中国经济能继续健康稳定地增长，这将进一步显示中国与众不同、非常独特的成长故事。

因为中国现在非常外向型的经济、全球同步性的衰退、金融动荡不安，对中国经济是严峻的挑战，但同时也是一种非常好的机会。这时候我们推行四万亿财政刺激、宽松的货币政策，在全球经济同步衰退的时候，能够保证中国经济继续健康、稳定地增长。中国的成长故事是与众不同、非常独特的。

与10年前相比，这次中国应该处于更有利的位置。原因有好几方面：

第一，中国的财政实力已经显著提高，预算平衡，甚至略有赢余，国债占GDP的比重非常之低，所以中国有能力去进行财政刺激，这和美国、欧洲、日本情况很不一样。第二，中国的银行体系非常稳健。这次危机中，西方国家，甚至包括一些新兴国家，都是因为流动性干枯，信用紧缩，导致持续性衰退。但是中国经过大力的银行改革，现在银行资本充足率很高，资产质量很高，流动性充足，中国的金融体系，有条件去扩大信贷，来支持经济成长，这也是中国相对于任何一个主要经济体最显著的一个优势。第三点，我想要强调，经过亚洲危机之后，中国政府整个在国际社会和市场上的可信度、公信力大大提升，现在人们不轻易怀疑中国政府。所以说从基本面来说跟10年前完全今非昔比。

尽管这次挑战非常严峻，但是我相信中国这次更有条件、更有资源，能够去通过非常好的政策设计，来最大程度地减缓、减少全球金融危机对中国的负冲击，能够继续保证中国经济健康高速地成长。

现在，中国已经是全球成长最快的主要经济体，是全球第三大经济、第三大贸易国，外汇储备全球第一。中国能不能继续保持比较强劲的成长，能够担当稳定世界经济的领头羊角色，大家都很关心。但我个人感觉，恐怕在很多时候，这个期望还显得过高。毕竟我们还是一个发展中国家，经济规模和实力，跟美国、日本还是有差距。所以我们的当务之急，就是通过刺激内需，保证我们的经济比较稳定地成长，这恐怕是对全球最大的贡献。

中国要加快和升华金融改革。这次我们之所以安然无恙，就是因为我们过去推动改革，特别是银行改革取得了突破性成果，这个成就来之不易。如果没有改革，在这么大的冲击下，我们的银行体系根本是不堪一击的。尽管出现了危机，美国仍毫无疑问还拥有今天全球最发达、最成熟、最有效率的金融体系，它确实犯了一个大错误，栽了一个大跟头，但并不是说它们的金融体系就完蛋、崩溃，就一无可取了。恰恰相反，我觉得美国的经济还有很多值得中国学习、参照和借鉴的地方。

我们的经济尽管有过去巨大的进步和成就，但还不够成熟，不够有效率，还处在早期。所以我们不可以闭关。如果封闭地发展我们的金融，不再向西方学习，也不再改革，我觉得那是非常错误，也还是非常危险的。

我的中国梦

我所走过、经历过的人生，都是靠幸运，靠能够生活在中国改革开放的时代，生活在中国正好腾飞崛起的时代。

我出生在动乱时期，长在困难时期，但是还是非常幸运，因为赶上中国开始改革开放，能够有机会作为最早的一批学生接受正规高等教育，比较早地出国留学，也能在全球一流的机构工作，也非常紧密地结合中国的改革和发展，所以我是生逢盛世。我个人如果说在事业上有所发展，有任何成就的话，应该归功幸运，特别是邓小平启动改革开放，如果没他的英明决策的话，我不能想象我是什么，或者能做什么。我所走过、经历过的人生，都是靠幸运，靠能够生活在中国改革开放的时代，生活在中国正好腾飞崛起的时代。

我自己受湖湘文化影响很大。湖湘文化有非常浓的民族情结，以天下为己任。在近代史上，湖南层出不穷的先贤，对我可以说是一种激励。湖湘以曾国藩、左宗棠为代表的士大夫们，都是以自己的知识或才华为国家、社会所需要。今天中国处于和平时期、改革开放的年代，国家需要很多专业人士。我曾经学工程，希望能够科技救国，后来发现经济、金融对国家非常重要，也比较稀缺。一个经济学家，可以在大学、研究所、政府，或是金融机构，在很多不同的平台工作。但不论在哪个地方，作为专业人士，我相信自己的技能、知识和经验，是中国非常需要的，我能够为国家服务。

我们现在幸逢盛世，所处的时代，正好是中国波澜壮阔的改革开放的年代，也是中国经济起飞，走向全球化的时代。我最大的中国梦，这也应该说是过去几百年来，所有我崇敬的先辈们的一个梦，就是要实行中华民族的伟大复兴。

从西方工业革命以来，中国就由于政治的昏庸腐败，科技、经济的落后，一直积弱、挨打，整整几百年。从1978年改革开放，中国开始了现代化的旅程。我觉得，可能在我们的有生之年，能够看到中国崛起，重新屹立于世界先进民族之林。就是说结束过去几百年中国的贫穷、自闭、落后局面，要弘扬中国几千年来一直是先进民族的非常辉煌的地位和影响力。

我梦想的理想中国，是一个富强的中国，民主的中国，也是一个文明的中国，一个非常和平的中国。

回顾我们几百年的历史进程，当我们变得富强的时候，我们有更强的自信心、民族自豪感，但是我们也应该警惕盲目的民族主义。回顾历史，每一个大国的崛起，德国也好，日本也好，都是经过非常不幸的战争，我们应该避免重蹈覆辙，实行和平的崛起。随着我们国家的经济实力越来越强，军事实力越来越强，科技实力越来越强，我们能够作为一个全球领袖，推动世界的繁荣和和平，而不是成为一种不稳定因素。

《南方周末》记者　余　力

胡祖六　在中国与西方之间

2011 中国

践行者

袁隆平

[致敬词]

袁隆平演绎了一流科学家的应有形象：用技术创新解决人类最根本的需求。吃饱饭是最朴实、最恒久、最颠扑不破的中国梦。经历过大跃进、大饥饿的袁隆平，以他长达半个世纪的卓绝努力，不断改进其培育的杂交水稻，圆了这个中国梦。他所创造的奇迹，不仅普惠了中国人，也造福于仍在饥饿阴影中的地球村。

上了船就要划到对岸

1930年9月7日，袁隆平出生在北京的一个书香世家，父亲袁兴烈是北平高等小学的校长，母亲华静是该校的一名教师。得幸父母都是知识分子，让成长在动荡年代的袁隆平依然受到了良好的教育。

袁隆平在家中排行老二，故得乳名"二毛"。父亲希望他从政，不料二毛却对农田感兴趣，最终成为"杂交水稻之父"。

小学时，一次参观园艺场，袁隆平对地上花草、树上水果产生了兴趣。1949年考入重庆相辉学院，主修遗传教育学。在校时，他爱睡懒觉、不整理铺盖、还偏科，尤其喜欢地理和外语。

1953年，袁隆平大学毕业，被分配到湖南的安江农校任教，这时他开始看孟德尔、摩尔根。1960年大饥荒爆发，他目睹了人被活活饿死的惨状，尝到了吃不饱的苦头，暗想一定要解决中国粮食增产问题。

1961年，袁隆平因一株偶然发现的"鹤立鸡群"稻株，开始对天然杂交稻的研究。就在他醉心这个世界难题的当口，他遇见了一生的伴侣——邓哲。邓哲是袁隆平的学生，在同学的牵线和袁隆平的坚持下，两人喜结连理。当时，男方33岁，女方25岁。

1964年，袁隆平在稻田中得到一雄性不育株。经过两年试验、数据分析，他写下《水稻的雄性不孕性》，文中关于通过培育雄性不育系、保持系和恢复系来培育杂交水稻的论点，引起了广泛关注。

之后，杂交水稻技术开始突破难关、加速发展。1972年，"二九南1号"育成，次年三系配套成功；1976年杂交水稻在全国推广，粮食产量实现重大飞跃。

其间，袁父病逝，身在海南的袁隆平没有见到父亲的最后一面；邓哲母亲走时，袁隆平在国外访问，对于这些年邓哲的付出，袁隆平很是感谢。

1987年，袁隆平提出了杂交水稻从三系过渡到一系的新战略设想；1995年，两系法杂交水稻研究成功；2011年，袁隆平团队的超级稻已实现亩产900公斤。

这么多年，袁隆平始终信奉"实践出真知"，因为光凭书本和电脑换不来水稻。如今年过八十的他，依然怀揣不退休的心。他说："我不在家，就在试验田；不在试验田，就在去试验田的路上。"

袁隆平一直有一个"禾下乘凉梦"，他希望有那么一天，水稻能够长过高粱，谷粒能够大过花生，而他的团队，能够在满是瀑布状的稻穗下，安心乘凉。

爱好"自由"，特长"散漫"

袁隆平的大学同学给他做过一个"鉴定"：爱好——自由，特长——散漫。"哈！说实在话，我到现在也还是这样。我不爱拘礼节，不喜欢古板，不愿意一本正经，不想受到拘束。"他自己说。

这话看起来一点不假。2011年9月，在亩产900公斤被攻克之后，记者走进袁隆平在湖南杂交水稻研究中心的办公室，总觉得眼前的老先生与四四方方的办公室多少有点格格不入。

袁隆平说过，"顶着太阳，趟着泥水，下田，实干，实践出真知。培育新品种是应用科学，书本上、电脑里种不出水稻！"

关在屋子里他会感到手脚发痒，下田搞实验才有乐趣。过去走路下田，后来骑自行车，再后来骑摩托车，而现在可以开着小汽车下田了。袁隆平说，下田好啊，看绿色，晒太阳，呼吸新鲜空气，这样不会缺钙。

1980年，根据对外技术转让合同，袁隆平与另外两名中方人员陈一吾、杜慎余前往美国洛杉矶进行技术指导。接机的是美国圆环种子公司总经理威尔其，由于双方此前从未谋面，威尔其见到中方一行人时，只是跟又黑又瘦的袁隆平简单握了下手，而与大腹便便、具有学者风度的陈一吾又是贴脸，又是拥抱。原来威尔其是把陈一吾错当成了袁隆平。

他一生喜欢自由自在，不过现在已经很难，去旅游想不被人认出来都做不到。到哪个地方，当地领导一定会做接待。"很别扭，不自由。""签名啊，照相啊，都来了，你还不能翘尾巴，你还要有礼貌……媒体来了，也不敢得罪……这些事太多了，很有点儿烦人。"

袁隆平说对他一生影响最大的是他的母亲，"母亲是知书达理、贤惠慈爱的人"。她是那个时候少有的知识女性，袁隆平最初学习英语就是由母亲教授的。然而，让袁隆平感到无比痛惜和遗憾的是，母亲和父亲去世前，他都没能见上最后一面。父亲病重弥留之际，袁隆平正在三亚处于杂交水稻制种的攻关时刻，未能返家。母亲病危，他正在长沙做一个杂交水稻现场会的主持人，等到会议结束赶回安江时，在路上就得到了母亲过世的消息。

小学一年级时，袁隆平在汉口读书。6月份的时候老师带着去郊游，走到了一个私人办的园艺场，袁隆平说那里的花圃很漂亮，桃子结得满满的，葡萄一串串的。"第一次给我很深的印象，学农是这样的东西，所以这样才学农的。"他说。

而袁隆平真正深入农村是1952年土改，住到农户家里去。"现在可以说说我的真实想法，如果读小学的时候老师带我们去的不是那个园艺场，而是带我们到真正的农村，是这样又苦又脏又累又穷的地方，恐怕我就不会立志学农了。"袁隆平在他的口述自传中说道。

上了船你就要划到彼岸去

水稻是一种自花授粉作物。袁隆平早年间在学校教书时，学术界普遍认为，异花授粉的作物自交会出现退化现象，因而杂交会有优势现象；自花授粉的作物自交不会出现退化，那么杂交也就不会有优势。这样的说法具有相当大的迷惑性，但袁隆平能感到这个说法有问题，因为它只是形式逻辑的推理，不是实验中得到的结果。

袁隆平倾向于认为杂交优势是生物间的普遍规律。60年代初，他在田里面看到一株穗大粒多、很饱满的水稻。"我们叫鹤立鸡群一株稻，我好高兴啊！如获至宝，我就把它留下来了，第二年种下去。"那时候讲亩产可以上1000斤，袁隆平也在做着这个梦。然而，"鹤立鸡群一株稻"的后代却高的高，矮的矮，没有一株能够像原来那么好。

这让袁隆平很泄气，但也就是在这个时候，灵感突然间就来了。袁隆平想到，他选的那株鹤立鸡群的一定是杂交稻，否则不会出现性状分离。那么反过来说，杂交稻确实是具有优势的。

认准了这一条之后，袁隆平就没有动摇过。用他的话说，"上了船你就要划到彼岸去"。在很长的一段时间里，他像候鸟一样往返于湖南和海南之间，用空间换时间，让水稻在短时间内能多长几代，加快杂交稻研究的速度。通常情况下需要8年才能完成的杂交育种过程，他和助手们用3年就做完了。

60年代到70年代，袁隆平和助手们去海南，坐火车，倒汽车，也没有卧铺。"我们背起一床棉絮，上面横一卷草席；提个桶，里面放种子，就这样赶车赶船下海南。"他在回忆录中说。吃的也都是自己从长沙带的，腊猪头、腊肉、腊香肠、辣椒。腊肉到了温度高的海南就会滴油，有时过了一天分量就会少二两。

直到1972年，袁隆平还在试图向学术界正面水稻是有杂交优势的。那一年夏天，他和助手们在湖南省农科院的田里做了个试验。他们种下的杂交稻长势喜人，远远超出了对照组的水稻。

同事罗孝和"就吹牛皮，说这是'三超'杂交稻。"袁隆平回忆说，"政委就问什么叫做'三超'杂交稻？"罗孝和就回答说，产量超副本、超母本、还超标准品种。"那个政委好高兴。"

然而，到了验收的时候，事情却出现了逆转。稻草增产了百分之六十多，稻谷反倒减产了百分之几。"结果人们就传负面话了，'可惜人不吃草，要是吃草的话你这个杂交稻就大有发展前途。'"袁隆平说。

"最后开会的时候说到底杂交稻还搞不搞呢？我那个吹牛皮的同事低着头不敢讲，是他惹的祸。"袁隆平回忆，"后来我认真考虑了一下，我一句话就说服了政委和大家：从表面上看，我们这个试验是失败的，因为稻谷减了产，稻草增了产，但是本质上它是成功的，为什么？现在争论的焦点是水稻有没有杂种优势。现在经过实践证明，水稻有强大的杂种优势，至于这个优势表现在稻谷上还是稻草上，那是技术问题，是我们配种不当。可以改进技术，优势可以发挥在稻谷上。那个政委说老袁讲的还是有道理的，技术支持。"

袁隆平认为杂种优势不光在生物中有体现，在人的创造力上也有相似的规律。他擅长游泳，爱好小提琴，"有爱好，不但让你的世界更丰富，还可以在知识、文化、精神层面上相互'杂交'，互相启发"。

独创"两系法"

1968年，动荡的岁月里出现过一次严重的毁苗案。袁隆平从南方带回的种子种在试验田里，刚刚长出小苗，就在一天夜里被人拔光了。袁隆平非常心痛，四处寻找，最后在一口井里打捞上来五棵幸存的幼苗。如果没有这五棵苗，他前面4年的工作就全部白干了。

他抢救的是雄性不育试验秧苗。当初袁隆平和助手们是下了很大力气才在数以万计的水稻里找出了一个雄性不育株。这种先天不育的株没有办法自己给自己授粉，因而可以异花授粉，从而让本是自花授粉的水稻实现杂交。

也就是在这个基础上，袁隆平提出了水稻三系的方法来培育杂交

中国梦——38个践行者的故事

水稻。三系指的是雄性不育系、保持系和恢复系。实现所谓"三系配套"，就是要首先培育出水稻雄性不育系，然后用保持系让这个不育系繁殖下去，最后再用恢复系让不育系的育性得到恢复，产生杂种优势，用于生产。

后来他们在海南找到一个野生的雄性不育株，并命名为"野败"，这成了杂交水稻研究的一个突破口。他们把野败的不育基因导入栽培稻，进而培育出不育系，雄性不育株100%遗传。不过野败不育株在其他性状上并没有优势，所以后来全国的科技工作者筛选了很久，才找到合适的恢复系品种，终于在1973年实现三系配套成功。

三系法是从理论上容易得到的"经典的方法"，而后来袁隆平等人发展出的两系法，则完全是从田里面发现的独创办法。1973年，湖北省的农业技术员石明松在田里面发现了一种很特别的雄性不育株。它们在夏天时是雄性不育的，到了秋天就变成正常了。后来经过鉴定，这种水稻属于光敏不育型。

在夏天，这种水稻不育的时候，可以用其他水稻（也就是"恢复系"）给它授粉，生产杂交稻种子。到了秋天，它恢复正常了，可以自己繁殖，生产出下一代的不育系。这样，省去了保持系，只需要两系水稻就可以实现杂交水稻的生产了。

当然，说起来容易，做起来却遇到过各种困难，两系杂交稻经过了9年努力才取得成功，也就是1995年。

研究的过程中，人们发明了一些土办法，比如"赶粉"。就是两个人各拉绳子的一头，从稻穗上扫过去，人为地把花粉振出来，促进授粉。后来袁隆平到美国去传授技术时，看到他们是用直升机低空飞过，通过机翼振动的气流来"赶粉"的。

现在，研究人员们还在探索"一系法"，但进展缓慢。袁隆平认为，通过常规手段很难搞成一系，必须与分子生物学结合起来。"看起来就是要把那个基因从野生植物中克隆出来，然后导入水稻里才有可能成功。这有很长的路要走，不是那么简单的，但并不是不能实现。"

分子技术培育水稻

只要是讲起杂交水稻的事情，袁隆平就会神采飞扬。中国的超级稻计划开始于1996年，到2000年就实现了第一期目标。

"日本是个先进国家，它的水稻面积大概是两千五百万亩，它的平均产量是450公斤，我们的第一期超级稻是550公斤，也有两千万亩，比日本高了100公斤。"袁隆平说，"印度是个发展中国家，它的产量是多少呢？200多公斤，不到300公斤。"

到了2005年，第二期的目标就实现了，达到了800公斤。袁隆平计算出中国种植的杂交稻可以多养活7000万人口。他还做了这样的计算：现在世界上水稻的面积大概有22亿多亩，如果其中拿一半种上杂交稻，按每一亩增产一百四五十公斤来算，可以多养活4至5亿人口。

2004年两会期间，袁隆平提交报告，提出要进行第三期超级杂交稻的攻关。第三期的攻关指标是大面积亩产900公斤。他意识到，与第一期和第二期运用常规手段不同，要达到亩产900公斤的目标，必须要将分子技术与常规育种结合起来搞。

他们利用分子技术，发现了野生稻里的两个增产基因，并把它们导入到栽培稻里。还将水田里长势凶猛的稗草的DNA导入水稻，以提高水稻的长势。他们还跟香港中文大学合作，把C4植物的四个关键酶基因转到了超级杂交稻亲本里去。C4指的是光合作用的暗反应过程中，首先形成含四个碳原子的有机酸。

"植物可以分为两类，一类是C4植物、一类是C3植物。水稻、小麦属于C3植物，玉米、高粱、甘蔗属于C4植物，C4植物的光合效率比C3植物高30%至50%。我们现在已经把玉米的C4基因转到水稻上来，提高它的光合效率。"袁隆平说。

"我们花了7年时间，最后攻克了，今年实现了108亩平均产量达到了900公斤以上，实现了第三期的目标。"袁隆平在湖南杂交水稻研究中心的办公室里对记者说，"推广之后我估计大面积跟示范田不同，它是有差距的。大面积千百万亩，不可能有示范田一百亩、两百亩那么好的条件，一般是打八折，900公斤打八折，大部分可以搞到700公斤，这不得了。"

国际上最早启动杂交水稻研究计划的国家是日本，在1981年。后来1989年国际水稻研究所也立下了超级稻项目，但它们亩产800多公斤的目标至今都没有实现。"我们是1996年才启动的，我们是后来居上，所以说我们在水稻方面、特别是杂交水稻是远远领先于世界的。"袁隆平说。

现在的关键是良田

在袁隆平的超级稻达到亩产900公斤之前，其他一些地方也出现过"超级稻"。比如2006年，云南出了一个叫"协优107"，亩产达到了1287公斤；2009年出现的"楚粳28号"亩产也超过1000公斤。

袁隆平去考察过云南盛产水稻的永胜县涛源乡，那里低纬高海拔，日照很丰富，水稻的生长期很长，特别适合水稻生长。在平原地区130多天生长期的品种，在那里是270天，病虫也非常少。在这些因素的作用下，当地创造了高产记录。"在那个地方可以，但没有办法推广。"袁隆平说，"主要是生态环境特别好。"

袁隆平的第三期超级稻之所以能够高产，其中一个原因也是使用了特殊的肥料。"这种肥料富含多种元素，有纳米技术在里面。我们一般的肥料主要就是氮肥，它的利用率只有30%左右，70%都浪费掉了、流失了，而这个肥料利用率达到了50%左右。"袁隆平说。

"农民很现实的，比如说我在这块地投入100块钱的肥料，我能够赚到120块他就干了；如果投入100块，还是100块他就不会干了。"袁隆平继续说，"现在专用肥还处于中间生产阶段，没有大规模生产。中间生产和研究期间，它的费用肯定高一些，真正大规模生产的话，估计不会比现在的肥料高。"

亩产达到800公斤、900公斤需要有3个基本条件：良种（优良的品种）、良法（栽培技术、方法）、良田。"现在（推广的）关键在于良田。"袁隆平说，"就湖南省来讲，大概2/3是中低产田，真正称得上是良田的只有1/3。"

"所以国家加大了力度,要改造中低产田。"他继续说,"首先水一定要过关,不要涝也不要旱。然后土壤要改良,土壤比较疏松、有机质比较多、有害物质比较少,等等。良田有良田的指标。现在品种有了,方法也在不断改进,关键要大面积提高中低产田的改造。"

亩产 1500 公斤或更多

农民仅仅靠种粮食还是致不了富的,袁隆平想了一个"种三产四"的曲线致富方法。"曲线致富是什么意思呢?比如说原来我家要种4亩地,得两千斤粮食可以满足要求,我现在提高单产,3亩地可以得两千斤粮食,我就腾出1亩地搞其他效益高的,比如说养鱼、种蔬菜等等,这就是曲线致富。"他解释说。

有人说袁隆平是中国最富有的农民。"隆平高科"是2000年开始发行A股的上市公司,曾经去请袁隆平任董事长,但他不乐意。"我是精神首富。"他说,"股票涨了与我一点关系都没有。我从来不炒股,我占5%的股份,只是象征性的。"

袁隆平有一辆1.6排量的赛欧车,是用于下试验田的。"我也有驾驶证,我这是荣誉驾驶证,不年检的,但是我从来不上街,就在我们院里面、还有到试验田开。"他说。

他给记者看,身上穿的Polo衫是45块钱买的,脚上的鞋是200块钱的。"高楼大厦有压抑感,一天到晚都是金钱的世界,没有什么意思。"他也这样说过。

"现在人民生活水平提高了,七八十年代那时候搞杂交稻那是解决温饱问题,大家没有饭吃,吃饱饭就很满足了。现在老百姓不满足于吃饱,他要吃好,所以说我们也做了战略调整,既要高产,也要优质。(口感)好得很,我不是吹牛皮,你们拿去尝尝。"袁隆平表示超级稻已经把优质和高产协调起来了。他还讲过,以前香港记者来研究中心访问时试吃米饭,原先吃饭只吃一碗半碗的人,都吃了三四碗。

达到了900公斤，袁隆平还想向1000公斤奋斗。年过八旬的袁隆平表示只要体力、脑力允许，就要争取在2020年实现第四期超级杂交稻亩产1000公斤。在理论上，他认为这样的亩产是可以达到的。他还根据水稻光合作用的利用率来计算，认为1500公斤都不无可能。

"我讲的1500公斤还是C3的，要是C4就更不得了。"他对记者说。

《南方周末》记者　黄永明

袁隆平　上了船就要划到对岸

曲格平

曲格平是中文"环境保护"概念的确认者，中国环保事业的开山人，中国环保法律法规的推动器。他以宝贵的献身精神和卓越的动员能力，用整个后半生的不懈努力，推动环保成为中国国策，使环保成为举国公认的文明观念和时尚行为。这位悲剧英雄开启了环保的中国道路，使之成为保护人类共同家园的不可分割的一部分。他是当仁不让的中国环保之父，最具国际声望的中国环保人。

四十年环保"锥心之痛"

曲格平承载着多项"第一":中国第一位常驻联合国环境规划署首席代表,第一任国家环保局局长,第一任人大环资委主任委员。

有意思的是,这位"中华环保第一人"的环保事业竟起源于一项临时性的分工。1969年,中国处于"文革"动荡之中,为考虑国民经济计划安排和与各地的联系,中央成立了国务院计划起草小组这一临时机构,曲格平调至小组工作。因分管的燃料化学工业部由煤炭部、石油部、化工部合并而成,其与环境污染关系最大,他被要求注意"公害"问题。

曲格平的环保故事就此开始。20世纪70年代,那是中国甚至世界环保故事的起点。

1972年6月5日,联合国人类环境会议在斯德哥尔摩召开,标志着人类环境意识的觉醒。虽然动乱中的中国认为环境污染是西方世界的不治之症,社会主义制度不可能产生环境污染,但在周恩来总理推动下,中国仍派团参会,曲格平正是参会者之一。

斯德哥尔摩会议期间,示威者抬着身患残疾的环境污染受害者,这种场面让曲格平久久难以忘怀,他突然意识到了中国环境问题的严重性。会后向周恩来总理汇报时,曲格平总结道:中国城市和江河污染的程度并不亚于西方国家，而自然生态破坏的程度却远在西方国家之上。

这种认识取得了共识。1973年，全国第一次环境保护会议召开。国家计划委员会向各省、直辖市、自治区革命委员会和国务院各部门转发了12期会议简报，虽然通知上注明"请注意保密"，但却是公开的"秘密"——向全国通报环境污染和生态破坏的情况。一年后，国务院环境保护领导小组成立。

2013年12月14日，83岁的曲格平从口袋里拿出为"沃尔沃2013中国梦践行者致敬盛典"准备的讲稿。讲稿写了一个故事：20世纪70年代初，国务院环境保护领导小组发布了一个10年环境污染治理规划：用5年时间控制环境污染，用10年时间解决环境污染问题。"这个事儿我后来没有公开说过。"他对记者说。

10年过去了，40年过去了，目标不仅未能实现，环境污染却愈演愈烈。曲格平认为中国当下的各项指标和70年代初期的日本很相似，但没有吸取教训，没能摆脱"先污染后治理"的老路，有些方面甚至更为严峻。"世界范围内还没有哪个国家面临着这么严重的环境污染。"曲格平将之喻为"第一代环保人的锥心之痛"。

锥心之痛非后悔不作为，而是难作为。其实，在曲格平这一代环保人的推动下，我国的环境管理制度并不落后。

1972年联合国人类环境会议开完后，联合国环境规划署成立。1976年，"选了半天没找到合适的人"，曲格平最终成为中国常驻联合国环境规划署首席代表。他也就此系统地请教并学习了各国的环保经验。

回国后，曲格平开始呼吁尽快出台环保法。1979年，国家恢复法治建设后，《环境保护法（试行）》颁布，从美国环保局学来的环评制度被列入；1983年，继计划生育之后，环境保护被确立为基本国策。1988年，国家环保局从城乡建设环境保护部独立出来，成为国务院的直属局，曲格平任首任局长。

如何落实基本国策，曲格平提出了经济建设、城乡建设、环境建设要同步规划、同步实施、同步发展的方针，并确立了"谁污染谁治理"等8项环境制度，奠定了我国环境管理的基础。1992年，联合国环境与发展大会在里约热内卢召开，曲格平被授予国际环境领域中的最高奖项——联合国环境大奖。

此后的10年间，身为人大环资委主任委员，曲格平参与修订或起草了20多部环境与资源保护方面的法律。由此，在我国现行的两百多部法律中，涉及生态保护、污染防治等大环保领域的法律最多。

其中最受曲格平关注的是环境影响评价法。当时多个部门联名反对，认为这一"抄来的、超前的法律"会"阻碍中国经济发展"，甚至有委员说："按照这部法律的规定，环保局的权力在所有部门之上了，成了第二国务院了！"

2003年，历经10年、停止审议又重新通过的环境影响评价法开始施行。可惜，这一旨在从源头控制环境污染的法律在当下被诟病为"走过场"。虽然仍感痛心，曲格平依然认为"依法行政，环保部门的腰杆应该更硬一点"。甚至在较为完善的环境法律体系下，"环保应成为依法治国的优先突破口"。

退休的曲格平现常住京郊，空气比城区略好一些，侍弄花草，练练书法。他很少去市区，客人也不多。曲格平觉得自己开始糊涂了，写东西特别慢，写着写着字就忘了，就查字典。眼镜刚刚摘下放在手边，一会儿就忘了，楼上楼下满屋子寻找。

但他依然紧跟环保热点，飞快地计算着数据间的契合性，"我担心这些数字的准确性"。对于迟迟未能公布的土壤污染普查数据，曲格平感叹自己"也看不到这个数据"。

这两年大气污染突然受到重视，曲格平又开始忙碌了，官员、记者频繁造访。一次，他和北京市领导长谈到深夜，爱之深恨之切的曲格平，当着北京市领导的面，毫不忌言批评，"主要责任还是你们地方政府，但是国家也有推托不掉的领导责任。中国就一个首都，污染到这个程度，现在才想起来，为什么不早做？！"

曲格平时常记起周恩来总理当年的担忧——别让北京成为伦敦那样的"雾都"。"糟糕透顶，我说这四个字用得比较好，不能再糟糕了。"他没打算给北京留一点面子。10年前美国专家研究PM2.5时，他在美国考察就已得知PM2.5的危害。

不过，曲格平感到欣慰的是，2013年，国务院发布了《大气污染防治行动计划》：经过5年努力，全国空气质量总体改善，重污染天气较大幅度减少；力争再用5年或更长时间，逐步消除重污染天气，全国空气质量明显改善。相较20世纪70年代的那个没有公开的"十年环境污染治理"，40年后的新计划，几乎用类似的语气提出了类似的节点，能否实现，一切有待时间检验。

《南方周末》记者 汪 韬

曲格平 四十年环保「锥心之痛」

中国『蛟龙号』团队 [致敬词]

"蛟龙号"将五星红旗插进3000米海底、将科研的触角深入到海面下7000多米，创造了人类征服海洋极限的新纪录。和中国航天人一样，中国蛟龙号团队，在另一个维度和空间，演绎着同一曲中国力量的强音。他们是中国人海洋强国梦的卓越先锋。

蛟龙号团队代表：胡震、彭利生、李向阳、唐嘉陵

寂寞深海路："蛟龙号"只是起点

　　与太空探索、登月竞争，乃至极地开发相仿，深海一直是国际社会关注的另一处资源战场。在由美国、德国、英国、法国、日本、俄罗斯等国组成的深海资源勘探"富人俱乐部"之外，中国的身影正日渐清晰，并且来势迅猛。

　　"蛟龙号"潜海，挺进大洋，不为主权宣示，不为军事探索，究竟为什么？

中国来势迅猛

中国的深海探索将继续深化，"大洋一号"会继续挺进三大洋。

　　一场事先并不张扬的深潜实验震惊了世界，也掀开了大洋深处国际资源争夺战的冰山一角。

　　2010年7月13日，3名中国科学家驾驶"蛟龙号"载人探测器潜至南海海底3759米处，将五星红旗插在了海底，这一举动旋即被西方舆论渲染成中国威胁论，比如主权宣示说，比如军事探索说。

他们并不愿意正视的却是另一层事实，从这一刻开始，中国深潜装备及技术迈入国际第一阵营，真正掌握了开掘大洋资源的钥匙，深海宝库将不再专属于传统的海上强国。

与太空探索、登月竞争，乃至极地开发相仿，深海一直是国际社会关注的另一处资源战场，只是鲜为人知而已。

按照1982年《联合国海洋法公约》规定，世界海洋划分为各沿海国管辖海域、公海和国际海底区域，而后两者统称为国际海域，即俗称的深海大洋，它占据了地球表面的49%，其间不乏价值"万亿美元"的金属矿产和油气资源。按照国际惯例，深海勘探奉行"平行开发"原则，即为了保证海底资源人类共同享有的公平性，勘探发现者需返矿区面积的一半，交由国际海底管理局托管。同时为了保证先驱投资者的权益，勘探发现者享有剩下50%矿区面积的专属勘探权和优先商业开发权。

8年前就开始研制的"蛟龙号"，其最终深潜目标是海底7000米，这一深度将使中国可以触及地球上99.8%的海底。

与"蛟龙号"相伴的是，近年来，中国自主研发的大洋调查技术装备发展迅速，如深海机器人、电视抓斗、深海潜钻等，都已经大展拳脚。

近五年来，中国深海探索动作频频。2005年，"大洋一号"科考船完成了首次全球航行，这艘中国大洋科考船一年有300多天漂在海上，出没于太平洋、大西洋和印度洋之间。

2007年，中国科学家首次在西南印度洋洋中脊，成功发现海底多金属硫化物活动区（俗称海底黑烟囱），并成功抓取样品。此后短短几年内，中国发现的海底热液区高达16处，几乎占世界发现数量的1/10。

20世纪90年代，中国大洋矿产资源研究开发协会（以下简称"大洋协会"）就向国际海底管理局提出申请，并在东太平洋获得了一块75000平方公里的多金属结核海底勘探区域。这块海底矿区，可以在未来满足开采20年，年采300万吨的需求。

除此之外，大洋协会还对中、西太平洋及其他海域进行了调查，根据国际海底区域活动形势和国际海底游戏规则的进展，随时准备开展新区和相关资源的调查。

中国在深海资源版图上的地盘正稳步扩张，国家海洋局政策法规与规划司司长王殿昌在接受记者采访时并不讳言，"中国的深海探索将继续深化，'大洋一号'会继续挺进三大洋。"

在由美国、德国、英国、法国、日本、俄罗斯等国组成的深海资源勘探"富人俱乐部"外，中国的身影正日渐清晰，并且来势汹汹。

艰难时事

每一次试验都是一次突破，只是从未对外公布。

然而，相当长的时间内，中国一度对深海资源望尘莫及。最具说服力的事实是从1968年到2003年，全球深海钻探和大洋钻探两项计划共实施了203个航次，其中由中国科学家提出并主持的只有一次。

中国是个不折不扣的后来者，直到1998年，才作为"参与成员"，正式加入大洋钻探计划，此前则长期被排斥在"富人俱乐部"之外。

而部分发达国家早就捷足先登，屡屡攻城略地。1987年，前苏联即提出了全世界第一个国际海底矿区申请。随后，日本、法国、印度等国家，也先后提出了矿区申请。等到中国后发参与时，遭遇的第一个问题就是矿区重叠。当时，被戏称为"八国联军"的几个发达国家，不断在联合国体制下找中国谈判，要求签署谅解备忘录，以保证矿区不相互重叠。

大洋协会提供的一张国际海底矿区分布图亦清晰显示，中国90年代享有的专属勘探权和优先商业开采权的75000平方公里矿区，被先行者们的区域重重包围。

中国大洋协会秘书长金建才，亲身见证并参与了国际海底资源分配游戏规则的重新建立，其间冷暖一言难尽。

1990年，中国大洋协会成立，意味着中国正式以积极的姿态加入了国际海底资源的勘探与开发。回想当时参加国际海底管理局会议，因为中国弱小的声音，金建才"憋了一肚子火"。1994年，《联合国海洋公约法》生效，组建国际海底管理局，其理事会是实际的执行部门，各国一时无不瞄准理事会中的重要席位。当时，理事会有36个成员国，分为5个组。其中，地位和作用最重要的A组和B组，被美国、英国、俄罗斯、德国等发达国家把持，美国当时开出条件，让中国和印度两个发展中大国"内讧"，二者择其一进入B组。

金建才一直"咽不下这口气"。在1996、2000年的两次席位竞选中，经过努力，中国作为最大投资国取得B组席位。到了2004年，由于中国对国际海底所含金属的消费持续上升和勘探能力的提高，终于进入了A组，挤走了英国。2008年选举前一年，金建才表示，"中国对国际海底所含金属的消费量越来越大，留在A组才能确保我们的利益，我们不可能离开A组。"至今中国仍占着A组的一个席位。

"我们在国际游戏规则制定中不断提高我们的话语权，说明我们背后的国力日益强大，我们担负的国际责任也日益增重。"金建才慨言。

而没有深潜器就好比没有伸向大洋的触角，这一度成为横亘在中国走向大洋的最大障碍。

美国曾是载人深潜器领域的领头羊，早在1960年，就先后触及了海底深处。近半世纪以来，法国、俄罗斯和日本纷纷加入深潜俱乐部。中国的载人深潜器研发整整迟到了40余年，直到2002年才艰难地迈开第一步，8年的研发试验过程一直保持低调。

由于基础工业落后，中国不得不从俄罗斯、美国购进有关材料和部件，"蛟龙号40%的设备仍依赖进口"。甚至年轻首席潜航员叶聪的经验，也多赖于国外的锻炼，2005年，他受大洋协会委派参加了美国人的几次"阿尔文号"的深潜试验。

3759米也不是一天就练成的，甚至是从50米起步，经历了300米、1000米、2000米、3000米的艰难跋涉。8年里，大洋协会会同国内多家科研院所，"攻克了中国在深海技术领域的一系列难关"，金建才说，每一次试验都是一次突破，只是从未对外公布。

内忧外患

我们现在在做前期勘探，八字还没一撇。

现在，相比于深海石油，中国的深海探索目标更多限于金属矿产，如多金属结核体、热液硫化物，"这些金属矿产距离商业化开发的前景尚远，有实力参与的国家并不多。"国家海洋局国际司司长张占海向记者表示。

幸运之神似乎也更为眷顾"大洋一号"上的中国人。

从2007年实现海底热液硫化物"零的突破"后，国家海洋局第二海洋研究所的科学家陶春辉和他的同事韩喜球，就从未空手而归过。

而早在20世纪80年代就加入深海勘探行列的印度，到现在也没能成功找到一处。中国在西南印度洋发现的一处海底黑烟囱区域，之前法国人曾几番勘探而无所得。

"我们有一套找烟囱的诀窍。"陶春辉也不讳言，深海探矿是一场刺激的输赢决战，"要么成功，要么失败，没有别的结果。"

他被称作寻找"海底黑烟囱"的"福将"，在担任中国大洋考察首席科学家期间，带领大洋考察队共发现6个海底热液活动区和10多个海底烟囱，"在茫茫海洋中寻找一个直径不过百米的热液喷射口，难度大于大海捞针。"而海况瞬息万变，稍有不慎，甚至连回收设备都有去无回。

"大洋一号"科考船实行24小时工作制，除去抓取海底矿物样本的暂时的喜悦，大多数时候，是繁重的考察任务和永远不够用的时间。自2000年起就在"大洋一号"工作的现任船长甄松刚，总结大洋调查工作是"高科技手段、高作业风险、高调查难度、高艰苦条件、高精度定位"。

幸运之神的屡屡眷顾，正让传统的海上强国对中国频生忧虑。2005年，"大洋一号"才首次全球航行，恰逢郑和下西洋600周年。美国《国家地理》就冠之以"被遗忘的中国舰队"，而美国另一份时事双月刊《美国利益》则以"中国起锚"作比，警示中国正发展为海洋强国。

西方记者则是时常追问金建才，"中国什么时候开采海底矿产？""我们现在在做探矿和前期勘探，八字还没一撇。"金建才总是如是回应。

而就在中国被反复追问和揣度时，发达国家早已开始了商业开采的实际行动。加拿大一家公司计划在巴布亚新几内亚附近的马内斯海盆地，进行海底金和铜金属的商业开采。日本亦着手部分海域的稀有金属"海底热水矿床"调查，计划到2020年实现产业化。

中国通向真正深海资源强国的路，依旧漫长而坎坷。

陶春辉也承认，在追求资源的勘探发现阶段，科学家的心态难免"急功近利"，而等到发现数量积累到一定程度时，更应启动仔细周密的分析研究，"像美国、俄罗斯的同行那样"。

与今天中国大洋探索的种种荣光不相符的是，深海考察能力依旧显得不足。迄今，中国的大洋科考船只有一条"大洋一号"，常年处于满负荷运转状态，与美、日、俄等发达国家的科考船队相比，相形见绌。

更深层次的隐忧，来自国家层面海洋战略的空缺。为了适应新世纪的战略需要，许多海洋国家纷纷制定了自己的海洋战略，如《美国海洋行动计划》、《俄罗斯联邦至2020年海洋政策》，日本也有"21世纪日本海洋政策"。

"中国不缺乏具体的海洋政策，甚至在用海管理上是全球先进的，"国家海洋局海洋战略研究所副所长贾宇坦承，"但并没有一个国家层面的海洋战略。"在国家海洋局政策法规和规划司司长王殿昌看来，海洋战略是国家战略的组成部分，其实不需讳言。实施国家海洋战略已成为世界海洋国家的共识。他认为，一个国家层面的海洋战略，必须涵盖维护海洋权益，保障国家安全，科学开发海洋资源，保护海洋生态环境，促进海洋经济发展和海洋可持续发展等内容。

《南方周末》记者　冯　洁

三代蛟龙人的中国梦

4岁的中国"蛟龙号"没能来到"中国梦"庆典现场，它庞大的身躯正躺在无锡太湖边的一处科研车间里，征服马里亚纳海沟7062米的人类作业极限新记录后，它的使命暂告一段落了。

中船重工702所的科学家们正小心翼翼地拆解着它的每一个部件，观察着深海归来后，蛟龙身上每个参数的细微变化。它的下一个目标已经锁定10000米，这将是人类能够抵达的地球表面的最底处。

但它的主人们，却难得地在全国各地聚首在"中国梦"的旗帜下。近80岁高龄的徐芑南总设计师，亲身参与并推动了蛟龙号艰难的孕育过程；80年代的大学生，副总设计师胡震，为了期待蛟龙，他和同伴忍受了长达10年海洋科研寂寥的时光，最年轻的则是80后的潜航员唐嘉陵，年轻的小伙子最初对IT感兴趣，在为毕业前途焦灼的时候，应征成为了中国第一代潜航员。

他们上一次的相聚，要追溯到半年前，2012年6月，中国"蛟龙号"载人深潜器太平洋海试现场，这座有着鲨鱼外形的庞然大物，在母船向阳红的支持下，三度穿越了马里亚纳海沟7000米的深海，新纪录最终定格在7062米。

这个深度意味着中国人有能力到达全球99.9%的海洋深处进行科学勘查。中国也成为继美、法、俄、日之后第5个掌握极限深潜技术的国家，向海洋强国的梦想迈进了最具实质性的一步。从这点上说，它的标志性意义毫不逊于中国航天团队，只是传奇发生在不同的纬度和空间里。

至少从1968年到2003年，全球深海钻探和大洋钻探两项计划共实施了203个航次，其中由中国科学家提出并主持的只有一次。中国是个不折不扣的后来者，直到1998年，才作为"参与成员"，正式加入大洋钻探计划。而今天，只消十几年的光阴，那些被戏称为"八国联军"的几个发达国家，已不得不在联合国体制下找中国谈判，要求签署谅解备忘录，以保证远洋海底的矿区勘探不致相互重叠。

这一刻承载着蛟龙团队数十年的努力。20世纪90年代初，中国的海洋人就提出了大深度深潜的计划。但因为种种原因，该计划未被国家立项，此后10年间，壮志未酬的遗憾，始终困扰着他们。一些人选择了离开，但另一些人选择了为梦想坚守。

2002年，国家终于确定了向深海进发的目标，在国家海洋局、中国大洋协会的协调组织下，包括中船重工702所，中科院声学所等在内的100多家科研机构和企业，千余名工作人员集结了一起，启动了打造中国深海蛟龙的计划。

6年后，中国自主设计研发的蛟龙号载人深潜器诞生，在随后数十次的深潜经历里，它先后刷新了3000米、5000米、7000米的纪录，10000米只在咫尺。

如今，徐芑南说，自己真的老了，未必能亲自见证10000米的时刻了。早先去马里亚纳海沟的时候，他的身体已经不堪远洋风浪，只能在远程视频前屏息等待。胡震养成了每次远洋深潜写"海试日记"的习惯，但笔记本上还有大量的纸页等待着去填补。潜航员唐嘉凌，从没打算停下，在青岛的国家海洋局北海基地，小伙子的梦想是，和蛟龙号，无数次深潜，深潜，深潜下去。

近80岁老人、80年代大学生、80后青年，几代海洋人传承接力着这深蓝色的中国梦，他们的生动讲述也是中国梦的最好注脚。

《南方周末》记者　朱红军

中国『蛟龙号』团队　寂寞深海路：『蛟龙号』只是起点

阿拉善SEE生态协会

[致敬词]

阿拉善SEE生态协会成员属于崛起的中国企业家共同体，是中国经济奇迹的重要贡献者。7年来，他们以阿拉善为支点，不仅以自我的力量推进绿色事业，恪尽社会责任，还不遗余力地探索社会组织的自我治理，为中国民间公益组织树立了榜样。

阿拉善SEE生态协会代表：任志强、冯 仑

减缓沙漠蔓延速度的NGO

阿拉善SEE生态协会，一个旨在保护生态环境的NGO，它与其他非政府组织的区别在于，它的成员是中国上百名知名企业家。

阿拉善位于内蒙古最西部，那里多沙漠戈壁，巴丹吉林、腾格里、乌兰布和组成了阿拉善沙漠，它正是近年肆虐北京的沙尘暴发源地。

事情缘起于2001年，宋军斥巨资在阿拉善投建了"月亮湖"生态旅游度假村，邀来众多企业家一起体验与反思。2004年6月5日，阿拉善SEE生态协会正式成立，包括王石、张朝阳、任志强、潘石屹、汪延在内的80位企业家作为发起人，共聚腾格里，每人出资10万，用于治理沙漠。第一任协会会长是首创集团的总经理刘晓光。

SEE，是Society of Entrepreneurs & Ecology中，3个英文单词的缩写，揭示的是社会、企业家和生态三者的关系，企业家希望通过他们的努力，把慈善变成事业，从延缓沙漠蔓延开始，让中国的环境和社会都变得更好。

保护梭梭林是协会成立后的第一批项目。梭梭林是荒漠地区的"固沙之王"，而阿拉善地区因为过度开垦和过度放牧，梭梭林面积在60多年来急速减少。协会将舍饲养殖的方式推广给牧民，让居民使用太阳能，引进膜下滴灌节水技术等改善居民的生活方式，成功保护了吉兰泰地区的38万梭梭林。2008年，协会又展开对科泊尔野生梭梭林的一系列保护。

SEE在项目建设中，强调的是百姓当家作主。由百姓的诉求决定协会出资方向；项目启动前，需政府、协会、百姓三方认可；为了让百姓有归属感、自觉性，他们也必须投入一定资金，最后三方出资的公共资金，交给村民选举产生的"村民项目委员会"管理，项目建设也由村民自行组织，协会起到的更多是制度完善及监督作用。

现在，阿拉善SEE将触角伸向了更多方面，除了"荒漠化基础研究"、"植被保护"、"地下水保护"，也开始涉及传统文化的保存，设立助学项目、志愿者服务队，发展乡村干事、拍摄纪录片。SEE力求在系列活动中，把环保意识融入阿拉善人的生活中。

协会刚成立时，第一任监事长马蔚华说过，协会宗旨有三条，"第一目标是治沙，第二是透明的钱袋子，第三是维持信誉"。

NGO这些年来为人称道的"业绩"体现在两个领域：一是把沙漠每年蔓延的速度逼退了近20公里；二是在内部实行并坚持了"民选"——身为创始人，刘晓光第一次开会时，拿着一张草拟的理事会名单就上台了，没想到给轰了下来："阿拉善"不是你家的，这里也不是你的"首创"，凭什么理事会名单由你定？

阿拉善SEE生态协会的入门门槛对企业家来说很简单，每年缴纳10万元即可入会；连续10年，可成为终身会员。它从一开始就集中了一大批来自香港、台湾、新加坡等地的企业家，在他们的带动下，协会搞起了直选。拉票、竞选演说成为公开的手段，大佬们的环保游戏，最终成了有规则的游戏。

阿拉善SEE生态协会捧得2011年"中国梦践行者"致敬杯，任志强和冯仑代领了致敬杯。企业家任志强是阿拉善的成员之一，曾经在竞选中惨遭落败。对于"中国梦"，他阐述了自己的理解。

任志强：拉票不是你投我一票，我就投你一票

阿拉善到后来就不用拉票了，每次都是竞选宣言，每个人都得上去

练一下，但是作为创始会长只能任一届，然后你就得下来。

我担任过监事长，现在担任这一届的章程委员会主席，监事长就要代表所有会员对执行理事会的活动以及如何花钱进行监事，也包括如何按照宪章的规定履行职责。章程委员会要根据各个片区出现的情况对章程进行修改，我是想通过两年的时间，把我们的章程按照未来的发展趋势来进行修改，当然不是我们改，而是我们提出修改意见，经所有会员共同表决以后才能进行修改。

我们这个组织最初有20来家企业，接近1/4来自海外，包括台湾、香港、新加坡等地的企业家，这些国家或地区已经实现了民主，所以他们对民主选举有着非常清楚的想法和意识，台湾企业家就进行公开拉票，我们没有觉得这会有什么问题，于是后来所有的人都去拉票，但拉票的过程一定是公开透明的。拉票不是你投我一票，我就投你一票，而是要解释为什么我要投你一票，这可以让本来素不相识的人相互了解。

我们还有竞选过程。在竞选过程中，你要说出自己的主张，我们有一个特殊的要求，你要明确说明你能拿出多少时间来投入到环保中？因为每个企业家都会有自己企业的事情要做，如果不能拿出固定的时间，大家不会投你的票，再怎么拉票也是没有用的。

我们保护了大片的胡杨林，保护了相当一批的绿色植物。以前，每年沙漠挺进速度大概是30公里，现在我们有一些治沙投入，当然，国家也有大力投入，现在已经退到了每年大概10公里左右，基本上处于不再迅速蔓延，而是很缓慢的蔓延过程，这是非常显著的成效。

我们曾经算过，如果没有保护，奥运会的时候，沙漠就蔓延到贺兰山了，而现在离贺兰山还有很远的距离。当然，仅凭阿拉善这点钱去治沙是不可能的，我们起到的是宣传、鼓动、种子基金的作用，还要靠政府和社会各方面投入大量资金。国家投入在治沙的资金是不少的，每年可能有几十个亿。但是它可能不如拿钱去购买公共服务，可能一些地方漏掉了或者存在不够科学的可能，所以应当请专家来进行评估，用种子基金的办法带动当地的人。理想的状态是，我们（NGO）投一部分、政府投一部分，然后老百姓投一部分，这样才能共同带动起来。

我们完全是对外开放的，任何人都可以申请加入，条件是你要坚持

中
国
梦
——
38
个
践
行
者
的
故
事

做环保事业，而不是为了买个名字，做一年会员就完了，它要有很多实际的投入，比如说要到现场去考察，要参与、组织、评审或指导各种公益活动，你一定得拿出更多时间来参与。

我们这个组织里面有一个被联合国评为地球卫士，就是远大的张越，他是一个环保组织者，每年不光投入大量的钱，而且非常注重于环境质量的监测。他做了专门的手机，今年好像已经上市了，叫做生命手机，其中一个功能就是测比PM2.5还细微的单位空气质量，已经造了很多年了。我们国家目前的生活质量和标准还达不到这种情况，所以我们只测PM10以上单位的含量。

按照张越的说法，实际上我们现在的生活质量是非常差的，因为整个空气质量非常差，他的生命手机实际上可以比美国现在已经公布的数据要更严格。

很多人是第一次才开始接触到PM2.5，好像PM2.5这种颗粒就多严重了，其实早就很严重了，只是人们没有用科学的方法去认识它。好像因为美国大使馆我们才发现空气质量问题，其实不是，我们的生活质量比较差，所以没有更多注重和解决好空气质量问题，而它和沙尘暴不一样，沙尘暴是比较大的颗粒随风传播而来，现在空气污染的微型颗粒主要是因为城市环境问题造成的，比如尾气排放、车辆来回运行过程当中带起来的土，所以仅仅靠治理沙尘暴是解决不了环境质量的根本问题的。

人们不能没有美好的理想，中国因为经过"五四"运动、解放战争、"文化大革命"、批林批孔、反右派，把文化已经变得混乱了，或者说没有从头到尾能够传承下来的文化，比如说过去儒家的文化已经被破坏掉了，社会道德问题破坏了，因为"文化大革命"的时候可以出现儿子把父母打死、父母和儿子脱离关系等现象。但是今天我们还没有想好用什么样的办法重建，国外的普世价值观念就开始逐渐影响到我们，更多的人希望民主、自由、公平，这些可能都是我们生活中遇到的问题。但这些恰恰是共产主义所提倡的。可怎么实现它？有人说用公有制的方法可以实现，有的人说用私有制，它有一个逐步的演练过程，人们的思想、方法都在改变，到目前为止还没有找到一个最好的办法实现目标，但是自由、公平、民主已经成了社会的共识。

虽然很多人想实现民主、提倡民主，但是他们可能并不知道民主的真正含义是什么，真正要把普世价值的观念被政府、执政党及民众接受，要有一个很长的过程，台湾的民主也经历了很长的接受过程，美国也一样。从法国大革命开始各个国家都走过很多的弯路，美国的民主也是用了几百年的时间才逐渐完善，而中国提倡民主到现在为止还不到100年，要实现这样的目标还有很多波折。

过去10年是相对复杂的，而再往前数10年，改革占第一位，是统一的，目标是要让一部分人先富起来从而实现共同富裕，但是最近10年大家看到的不是共同富裕，而是一部分人富起来之后怎样利用权贵来让他们自己获得更多收益。美国梦是说要有一栋房子、要有一辆车、要有好的教育，而前提条件是他已经获得这些权益了，已经有充分自由了，然后才可以在这种环境和条件下实现某一个物质需求，因为精神需求的保护已经有了，产权保护已经解决好了。而中国不一样，我们在这些基础建设上还差很远，而没有这些制度作为作为去追求物质上的梦，几乎是不可能的。为什么会有那么多人移民？就是因为它没有自有产权的保护。所以，我们谈"梦"的时候，要说我们的社会基础、制度保障。

我个人的梦想就是实现共产主义。我们的家庭教育从小就告诉我们要实现共产主义。为什么我一直在国有企业？就是我的父母告诉我，你要在国有企业里面为人民服务，要不然我就干个体户了，凭我的能力的话，干个体户要比现在挣的钱多多了。我们的国有企业现在并不能把所有的改革推进得更好，也产生了国有企业和市场民营主体之间的竞争问题，但是传统的国有企业和新兴的国有企业之间是有差别的。我们一说国有企业很多人都会想到中石油、中国移动、中国电信、中国银行这些垄断型的，其实国有企业在现实中不是这样，一批老的国有企业大部分都是被下岗的，而这些被下岗的国有企业之所以能够坚持下来，是因为它要抚养很多的退休工人，这是历史上更长的时期造成的。一直到朱　基时期才有了一些社会保障，而这些社会保障的提出把下岗职工和退休工人转移到社会中去。而过去不是，如果没有这些，国有企业是背不动这些人的，这些退休抚养怎么办？有更多的人会贫困。第二类国有企业是属于改革初期单独成立的，比如说联想，联想过去也应该是科学院国有企业的一部分，都是按照市场化的办法和民营的方式生存的，他们没有垄断，也没有上级拨钱，和民营企业是一样的。但是这些国有企业按照政府要求去承担公益事业的工作，比如说作为地铁四号线的股东，没有一分钱的收益，都是白给的。等于拿企业的利润去填补公共事业的空白。

另外一类是国有企业破产下岗以后保留下来的带有国家垄断企业性质的国有企业。不要一说国有企业都是一样的，要细分起来可以分成很多类，有完全不同的类别。有很多国有企业是承担了大量社会责任的，这些工人都往哪去？你说这些国有企业都垮了，那些老的退休职工都怎么办啊？一个区里可能有几十万的退休工人，都靠这些国有企业养着呢。

很多年轻人不了解这段历史，不知道一部分国有企业破产工人下岗以后是谁背了这一块，其实还是传统的国有企业在背。我说国有企业在承担社会责任问题上大家会有很多反对意见，你看，中石油、中石化如何如何，他们是少数，你能数出个数来，央企不就管了100多个企业吗？再往下数国有企业相当多是背着历史包袱的，而且要承担社会责任的。我觉得是因为少数国有企业导致社会对国有企业有误解，以为他们只有垄断才能生存下来，其实绝不是如此。一定要分类、分行业和发展情况来区别这些国有企业。

阿拉善里的很多企业家已经证明了，通过自己的努力很成功。比如有一批是改革开放初期就直接下海的，这一批人实际上真正成功的不是太多，留下来的也不是太多，像大浪淘沙一样。1992年邓小平南巡讲话之后起来的企业家，我们称为"92派"，像郭广昌他们基本上都属于这批。此后的改革中，我们现在看到的是更多的人愿意去考公务员，他们已经失去了希望在市场经济情况下独立创业或者真正实现自己的梦想。

还有一些人在改革过程中赶到了一个好的机会，比如说我进入到一个好的企业，或者说我进入到一个好的行业，有些人也实现了自己的梦想。我们看到很多人是从网络公司分出来的，如果刚开始他没有进入别人的网络公司的话，可能自己也没有再创业的机会，也学不到那些东西。但是他通过实践获得了一些经验以后，自己分立了，然后单独成立了公司，这类人也有很多，其中很多人很成功，比如李彦宏、马云他们都是后一代比较成功的企业家。而"92"时的一大批机关干部、研究人员或者是文职人员下岗以后也有一大批，也可以说出了一大批，再往前数就是1984年左右改革开放初期的这一批，比如说联想等等。每个时代都有这样的典型，我们整个的企业家论坛里面就有相当一批这样的人，亚布力论坛和阿拉善里面有些人是重合的。

阿拉善有的人管了几千亿资产，我们大概有60000多亿的资产在阿拉善这边管辖着。有的人只有几百万，但是我们是同样的地位，比如说马蔚华作为招商银行的董事长，但是他在选举中也失败过，也被选掉了，大家都有对等的权利，都有实现自己"梦"的想法与可能性。"梦"有很多种，每个人都可能按照自己的想法去实现自己的理想。

《南方周末》记者　黄永明　姜　弘

阿拉善SEE生态协会代表对话嘉宾白岩松

王石

【致敬词】

王石以自己的言行创造了财富中国的当代传奇，创造了新商人的健康形象，传达了商业文明的核心价值观。成为中国奇迹和中国故事的生动代言人。

攀登第八峰——王石的梦

王石，1951年生于广西柳州。父亲是老红军，后任柳州铁路局局长。母亲姓石，锡伯族人，祖上曾是清朝的高官。17岁初中毕业后，他依照父母意愿参军，做了5年运输兵。复员后到郑州铁路局的水电段做锅炉大修车间的工人，后被铁路局推荐上了兰州交通大学给排水专业就读。

大学毕业后，王石被分配到广州铁路局工程段工作，做了3年的工程段技术员，负责铁路沿线的土建工程项目。1980年，他通过考试进入了广东省外经委，负责招商引资工作。之后到深圳发展，通过做饲料中介，赚得了第一桶金。

1984年，王石组建深圳现代科教仪器展销中心（万科企业股份有限公司前身），任总经理；1988年起任万科企业股份有限公司董事长兼总经理，1999年辞去公司总经理一职，现任公司董事长。1988年12月，万科发行中国大陆第一份《招股通函》，发行股票2800万股，集资2800万元，开始涉足房地产业。

王石不仅是一个成功的企业家，还十分关注社会和公共事务。他善于把握机会，在各种场合表达自己的观念。他觉得作为一个企业家，最重要的信条是"社会责任"。他喜欢攀登、滑雪等户外活动，就把登山和慈善等公益内容链接起来，称为"公益攀登"。

2003年，王石以52岁的年龄登上了珠穆拉玛峰，这件事不仅为他和万科赚得无数眼球，也再次引发了人们对企业领袖生活方式的思考。他成了中国年纪最大的探险家，"中国最具传奇色彩的企业领袖"。

王石一手创办的万科曾经连续两年被福布斯评为"世界最佳小企业"，连续3年当选"中国最具发展潜力上市公司"，被誉为"中国房地产业领跑者"。他本人也与2003年被中国企业家协会授予"中国创业企业家"称号。

他热衷于公益慈善活动，关心中国房地产业的健康发展。从商至今，讲究商业伦理，不行贿不受贿，老实做人踏实干事；践行公司善治，免亲疏罢权谋，制度为纲文化为本。事业有成之际，释放自我，或忘情山水，或著书传世。2005年心生顿悟，推己及人，投身公益。2008年遭人误解，千夫所指，化压力为动力，视祸为福，激励前行。

时代决定了我的梦

《南方周末》（以下简称问）：您人生中有过哪些梦想？

王石（以下简称答）：不同的年纪、经历的梦想不一样。今天觉得很好笑，我四五岁时候的梦想就是期望能拥有一块吸铁石，吸铁石能隔着桌板让铁屑来回抖动，我当时觉得太神奇了。

上学之后每年寒假暑假都回老家，老家在辽西山区，那时候梦想就是在农村生活，我记得有一次暑假到期了就赖着不走，我姥姥好说歹说才把我劝回来了。

上中学之后当然梦想就很多了，给我印象很深刻的是《海底两万里》、《鲁宾逊漂流记》、《野性的呼唤》、《海狼》这些小说中主人公的生活，我期望有一天能像他们一样天马行空。

要说现实点，我当时就特别想当一个外科医生，实际上这个理想也就在这几年才慢慢过去。这个时代可能注定是成就企业家的时代，我也就成了一个办企业的人。毕竟，个人梦想的实现和时代背景是分不开的。

问：到深圳之后是不是您的梦想有一些改变？

答：到深圳之后就是创业，因为那个时候只有做生意，当商人。自己干什么不大清楚，想先赚点钱，既然是干了做买卖的行当，便开始学经营、学管理，就这样一年一年走下来。等企业做得有一点规模的时候，想着自己少年时代的一些理想，就去探险，去冒险，到野外去。

1997年一个契机去了西藏，到了比较艰苦的青藏高原后，呕吐，头疼，睡不着觉。反而这种特别的人生经历，唤起了我少年时代的梦想，那就开始登山，一直到现在。

我当兵的时候是在汽车团，汽车团旁边就是航校，看着一架架飞机起飞就特别羡慕，到了1998年我又开始学飞滑翔伞，到现在也飞了10年。两年前又开始改飞滑翔机，到现在就觉得梦想在一步步地实现，还想着去航海，虽然职业不是自己特别想要做的，但觉得能得到社会承认，我也很心安。

2003年登上珠峰是一个转折。我记得很清楚，那年的3月底进珠峰大本营，到5月22日早上一点钟就开始登顶，在这之前就一直很有信心登顶是没问题的，但真的那天就要冲顶了，整个在到达顶峰的过程当中我都不相信——我现在是在向珠峰的顶峰上迈进，在8700米高度的第二台阶，正好那个台阶上去比较难，就在那阻塞住了，前面七八个队员，有的队员20多分钟才能上去，所以我们在后面等着。当时我印象很清楚，前面有一个队员扭头往回走，我跟着咬咬牙往前走，当时确实有点恐惧，当你感到生命随时可能都要丧失时，这时你会把生命看得更重一些，而那时候前面大家可能都在等着谁先往后退，但是都没后退，所以后面就跟着上去了。从珠峰下来之后当然你的梦想就不一样了，面对困难，心态就完全不一样。

做企业家并非初衷

问：2005年之后您的梦想是什么？

答：就是承担社会责任，做更多有益社会的事情，珠峰再高是海拔8844米，七大洲也都有一个尺度的限度，但作为公益活动尽社会的责任，这个是无限的。2005年我出了本书，书名叫做《第八峰》，七大洲最高峰我登完了，但是我心中还有一座梦想的高峰，这座峰是没有尺度

中国梦——38个践行者的故事

的，这个就是如何把我的能力和尽社会责任结合起来。

问：接下来呢？

答：现在全球变暖，一个个人，一个企业应该扮演什么角色？简单来说，过去30年发展到现在，是想不到的，未来30年还有很多不确定性。作为企业家，在这个不确定当中要尽到责任，这个责任能尽到多大，自己还是不清楚，但觉得应该是把它当成梦想继续去努力。

问：您曾经想过自己要成为一个企业家吗？

答：没有，从来没有，我刚才讲曾经梦想成为医生，曾经梦想成为侦探，也曾经梦想成为一个远洋世界的海员，也曾经想成为一个战地记者，我的梦想有很多，但从来没有梦想成为一个企业家，当企业家完全是时代使然。

问：您觉得自己梦想成真了吗？

答：有一些梦想成真，有一些只是一个梦想，实际上人的梦想有很多，一种是职业上希望成为什么，再一个就是生活中的状态。

就我来讲生活状态只能说还可以。我觉得，梦想的本身就是一种没法实现的愿望，它又可以使你处于一种状态，这种状态又和梦想有千丝万缕的联系，不太现实的，但是你又在想着它。

问：如何让梦想变成现实呢？请您总结一下。

答：我觉得第一个是要有理想主义，你可能当外科医生，可能当侦探，可能当企业家，但是一定要有理想主义；第二个要有现实主义，要面对现实；第三个要脚踏实地。

问：那么个人努力和时代变迁对于实现梦想来说，分别有多大作用呢？

答：我觉得当然是时代造英雄，时代的变迁和我个人努力是九比一的关系，90%是时代的变迁，10%是个人的努力。

比如，如果我早出生20年，那在1956年的时候恰好是30岁不到，也就是刚大学毕业，那时候正好是反右运动，根据我个人的性格来讲，无论我怎么努力，反正我是两种人，我不会是中间派，我要不就是打右派的人，要不就是被打成右派，所以我个人努力和时代的关系是哪个大？

到了80年代改革开放，我去了深圳，那个时代给我们这样一些机会，我抓住了我努力了，也正是这个时代的变迁给我这样的机会，所以我觉得是9：1的关系，所以不要以为自己太了不起。

问：刚才很有意思的是，您为什么这么肯定自己不会成为中间派呢？

答：我是很努力想做一番事业，想出人头地，这是人类竞争使然，可能有的人比较随和就愿意随大流，我是不会随大流的，所以那样一个时代当中我怎么可能成为一个中间派？

精彩才刚开始

问：我们已经度过经济危机这种说法您同意吗？

答：从2008年第四季度中国的货币政策、经济政策的刺激效果是不错的，当然从局部来讲的确是不错的，尤其房地产今年一季度就开始反弹，但是也应该看到2000万民工的下岗带来了的影响，农村的影响现在还不能说像房地产那么明显，经济可以说是在复苏，也不能排除可能这样的货币政策对之后会带来一些问题。

问：那中华文明的伟大复兴是否已经实现了？

答：过去的30年改革开放是经济复兴。现在谈中华文明的复兴为时尚早，虽然中国经济在世界上很有影响力，但是提到中华文明可能更多想到的是中国菜、中国京剧、中国的方块文字。我感觉中国文化的影响力可能还不如韩国，现在谈中华文明或者文化的伟大复兴还为时尚早，可能还得再看30年。

问：在您心目当中中国的价值观和中国梦应该怎么样去形容？

答：我只能说中国现在的现状，改革开放30年创造了巨大的物质财富，生活水平明显提高，现在就基本价值观来讲就是经济主义。就我个人的价值观和梦来讲，应该靠自己的勇敢，自我不满足，智慧汗水创造自己美好的生活，这是我的价值观。我的梦想就是：在社会当中为个人、为社会创造财富，做自己愿意做的事情。

问：从您个人对于国家的期盼来说，您认为您生活在什么样的国家里，您的祖国有什么样的价值观，什么样的梦想才是一个让您特别自豪的事？

答：这个价值观是由每个公民来组成的，就现在来讲我们还是缺少公民意识，就是如何追求个人的幸福、个人的权利、维护个人权利的公共意识。从某种角度来讲，中国现在缺少现代的企业。我记得在改革开放的时候提出四个现代化，叫工业现代化、农业现代化、国防现代化，还有一个什么现代化我不记得了，但缺少观念现代化、文化现代化。我觉得我们是需要补这一课的。

问：如果给您选择一个标签，您会选择一个什么样的标签来代表自己？

答：我觉得是不行贿，把不行贿当个标识，对我来讲更有现实意义，因为这个社会比较流行行贿，大家不相信在社会上不行贿也可以把企业做得很好，我是这样说的，我也是这样做的。

问：您这一两年思考最多的东西是什么？

答：2008年对我个人、对万科团队都是很特别的一年；我相信对我们国家、对全球也是很特别的一年。但是具体说到我自己，简单来说给我打回了原形。我以为我已经很成功了，我以为我已经不说了不起吧，也和了不起接近了。结果给我骂了，骂的一个什么都不是。这会让你冷静，而且觉得确实在这样不可琢磨、不可确定的年代，我们确实有点，当然我们指的主要是我，有点头脑发热，有点夸大自己。我本来以为除了登山、探险、做点公益活动，好像企业也就这样了。但是2008年之后，我才知道精彩的才真正开始。

如果说我想什么呢，就想到了——像我们国家一样，在国际上有了影响，大家在乎你，当然你不仅要更多地显示你的力量，更要显示你的责任。无论作为一个企业，还是作为一个个人，都是一样。从2008年对我的评价可以看到，实际上是希望我承担更多的责任。

王石语录

● 在80年代成功的企业家有一大批，很多人问我成功的企业家有什么不一样，为什么很多失败了，也有很多退休了，但为什么王石仍然存在？我说很简单，第一我比他们年轻，第二我比他们好学。

● 从前我的字典里面是没有"妥协"这两个字的，现在我们要严肃地问，万科能不能学习妥协？因此在这样的一个网络时代，资源整合不是说听谁的，或谁对谁错，它就是一个互相妥协的场合，如果万科学不会妥协，这种整合能力是不具备的。

● 我从来不培养接班人，我是培养团队，我是建立制度，我是树立品牌。这个团队怎么建立？我觉得团队是综合性的。团队建设当中，需要把握的第一点是制度；第二，透明不黑箱；第三，规范不权谋；第四，要讲责任。

● 第一次登山时，特别担心自己一旦睡着了就醒不过来……这时候你就开始考虑家庭、公司的事情，人生的终极目的到底是什么。考虑的结果就是：你慢慢地把过去不能直接面对的东西现在直接面对；而且你面对了并不是说你不怕死，而是你更珍惜，即"我思故我在"；我怎么样来好好地度过我存在的现在，回来之后，你会更加珍惜你原来所忽略的东西。到了2005年，当时觉得挺好，觉得事业上很成功，个人英雄主义色彩的探险也很成功。后来去了北极，由于一个契机知道了一个人在社会上他的能力和责任应该是结合起来的，既然你的企业很成功，个人探险很成功，应该在社会上的责任更大一些，做公益活动，做对社会有益的事情，这个梦想应该是2005年之后才形成的。

《南方周末》特约撰稿　洪　海

王石与与嘉宾徐冰愉快交流

郁亮

[致敬词]

当创业的英雄时代过去，郁亮这个根深蒂固的市场派，用规则之治和新生活运动，探索一个千亿级公司的转型及其可持续发展的动力模式，是职业经理人的出色典范。在贪多求快、GDP为王的时代，郁亮拒绝速度的诱惑，将健康列入企业的发展指数。他正在书写一个新型企业领袖的可能。

"一个农民老老实实把田种好了，未来就是你的"

——专访万科总裁郁亮

"我反对计划，反对预算"

《南方周末》（以下简称问）：1984年你考上北大国际经济系的那一年，是中国城市改革的开端；1988年你从北大毕业那一年，中央在尝试"价格闯关"。那是中国经济市场化发端的年代，你在经济方面的理念，是不是当时形成的？

郁亮（以下简称答）：我亲身经历了当时所有制改革的争论。那段时间北大天天有讲座，两个不同流派之间你来我往的，比如厉以宁老师觉得必须进行所有制改革。

问：你没有去相信哪一个？

答：不要迷信权威，不要迷信任何东西，这是北大教会我的，是北大对我最重要的影响。当然，具体到那些争论，我更相信我们北大的老师。到现在为止，我都是坚决的市场派。

比如，在万科，我反对计划，反对预算。缺乏管理手段才用计划和预算去管，我不喜欢这种做法。照理说，现在年底了，我应该特别忙，但我没有。

问：但是万科有销售目标？

答：我没有定过目标，一千亿、两千亿都是别人说的，不是我说的。我只研究用什么机制能让他们自己做好。首先我定一个标准，不管你发展快还是慢，把质量放在第一位，质量有问题扣奖金；然后，你们自己选择。

问：对于外包员工来说，也是一样？听说外包员工的福利待遇不同，你也做了一些调整？

答：几年前我知道了这个问题。号称我们是罗马公民，外包叫希腊奴隶。罗马公民主要是讨论国家大事跟打仗，希腊奴隶给他们照顾孩子、理财等等。活他们干，荣誉归公民，我觉得这件事情很不公平，应该解决。但是现在还没有彻底解决。

问：为什么？

答：深圳马拉松那天，一个外包员工在微博上晒"全马"成绩，没人给他祝贺，没有奖励，也不算在我们跑马拉松的人数里面。后来被我看到了，我问，为什么外包员工连跑个马拉松都不算是我们的人了？

对我来说，中午在万科食堂吃饭的就叫万科员工。我觉得公司这个问题要改，但还没有找到更好更彻底的方法。既得利益太强大了。

问：刚才你提到了公平、平等，这是你个人的价值观吗？

答：当然是我个人的。也是万科的价值观。

问：2014年万科30岁了，不同的市场环境不同的企业规模下，万科的价值观有没有发生什么改变？

答：核心价值观不会改变，万科健康丰盛的价值观不会改变，就是每一个人都应该是以健康丰盛为自己的人生目标和追求，而不是事业成功等等。

问：核心的没有变，有没有发生变化的？

答：健康因素被放大了。还有，更平等的观念。搬到大梅沙的总部之前，我和王石主席有自己的固定停车位，现在没有了。

我一直希望，能够平等的地方更加平等，比如体检项目的多少不按职位来，而是按照年龄来。再比如推广跑步这项运动，也是全体员工可以平等分享的。

能做到这一点，也是因为大梅沙总部这里有了足够的停车位，很多事情是在物质充裕之后才能做到。

万科千亿之后

问：3年前你决定登珠峰时，没敢跟员工说，觉得说了他们也不相信。2013年真的去登顶了，有没有提前说？

答：当然，我要写好授权。遗嘱可以不写，授权得写。

问：这两个月期间，您就没有再处理过任何公司的事务？

答：应该说，10年前，王石主席可以有两个月的时间去登珠峰，但是总裁还不行；现在，万科成熟到连总裁也可以这么做了。

问：能不能谈谈万科的组织结构？

答：最大的组织架构变化在3年前，当时是到千亿了，以前区域就像总部的一个派出机构，只是参谋而已，3年前开始我们逐步让它做得更加实在一些。

我们始终保持一点，就是总部不能太强势。2010年万科实现千亿，我做了一个决定，把总部人数减少40%。现在总部只有两百人。

问：你去登珠峰，在公司推广健康文化等等，都发生在万科千亿之后，为什么？

答：千亿之前我们努力达到千亿，证明自己，做到之后想的东西就比较多了。

第一，千亿之前，我们相当于奔小康，团结大家、凝聚大家很容易。千亿之后呢，员工都吃饱饭了，加班多拿钱很重要，但没那么重要了。前几天我去徐州，一个木工一个月拿到8000，就说他现在不加班了，有这个收入之后不想加班了。

第二，千亿之后，很多人觉得可以松口气了。我觉得我自己需要改变，然后才能激励员工来改变。

问：对于一家房地产行业的千亿公司来说，最大的难题是什么？

答：给公司确立未来的发展方向。这时候如果走错路了，很难调头，越大越难调头。接下来就是怎么让员工团结往这个确立的方向去努力。

世界上为什么没有超过180米的大树？不被砍也被自重压垮了。万科就是一棵大树，已经长得很高了，未来还能长得多高？再找一棵大树，还是培养出一片森林来？这是我们正在琢磨的事情，是现在最大的挑战。第三个10年快结束的时候我们想明白了万科未来的方向。

问：想明白的方向是什么？

答：城市配套服务商。我们还在做论证，但基本上会往这边走。如果继续坚持只做传统住宅，越来越拿不到地了。

我发现，只要城市有工地，我们就有发展机会，只是这个工地就不一样了，不只是住宅了。如果跟着城市发展，为城市提供配套服务，召开全运会来了，就盖全运会场馆；大城市人太多了，就去建卫星城。那么，万科未来10年、20年还会有发展机会。

问：住宅还是商业，万科内部是否一直有PK？

答：从来没有PK过。之前不需要想，因为之前很清楚做住宅就可以了。千亿之后，发现只做传统住宅不适应现在的发展阶段了。前一阵我跟王石主席说城市配套服务商，他认为这个概念特别好。没有分歧。很多人非要找分歧，猜测我们之间有分歧。

榜样：汇丰、腾讯、铁狮门

问：在不同的发展阶段，我们看到万科在学习不同的公司，早年是索尼，接下来帕尔迪，现在学什么？

答：第一，学汇丰银行，他们的公司治理特别好。汇丰和我们一样，是内部人员驱动的公司，股东很分散，但这100多年来，任凭风高浪急都能适应，这很难得。

第二，学习腾讯，建立生态系统，自己革自己的命。上个月我带队去了阿里巴巴，约好了下个月再去马化腾那边，未来IT要深刻改变我们人类社会，所以我们要去看看是怎么回事。

第三，跟美国铁狮门合作之后，发现它可以告诉我们怎么通过金融化手段去做房地产。

不同的时期，我们始终在针对自己的短板和未来的需要，去找不同的标杆。

问：看来金融也是万科未来的考虑方向之一，所以参股徽商银行是为了牌照吗？

答：肯定不是为了牌照，是8%的股份。我们就想在社区金融方面做一些尝试。前段时间在讨论做住宅银行，后来发现真的成立一个银行至少要3年，而且不知道能不能成功。这种方式反而更好，合得来走下去，合不来就当作投资。

问：你也一直说，万科从来不做预测。不预测政策变化，不预测房价，只是去应对。可是盖房子需要一个周期，来不及应对怎么办。

答：一个农民老老实实把田种好了，未来就是你的。大家都不种地，就你家有粮食，你就活下来了。花工夫在预测上，会越来越迷信自己的预测，别的能力就荒废了，天气好了之后你也不会插秧了。

市场好的时候，不要因为卖大房子赚钱多就改成盖大房子，而是要始终保持主流住宅的定位。这就是我们的应对，用最老实的方法来应对，不是用最聪明的方法来应对。

登珠峰、跑马拉松和六块腹肌

问：3年前决定去登珠峰，你的解释是为了挑战自我。

答：我觉得45岁之前，没有认真挑战过自己。大学很顺利，工作也很顺利。我不是开玩笑，我自己吹牛高三一年没看过数学最后考满分都可以，你说我是不是学习很好。

问：这次是真正地挑战自己？

答：当时我45岁，人生近半百了，压力很大。我想给自己一个50岁生日的礼物，证明自己还有很多潜能，还可以成为运动健将，这是我年轻时候都没有达到过的目标。

问：这个念头是怎么产生的？

答：3年前，当时在尼泊尔，王石主席刚从珠峰登山回来，我正好跟中城联盟的一些成员单位去接他。忽然就想，我是不是也可以试试这件事情，于是跟一些人组了一个登山菜鸟队。

问：你一直说自己是一个相对平静的人，登顶那一刻是什么状态？

答：还真有一点冲动想哭，尤其拿出女儿照片的时候，但是我没哭出来。我觉得万一哭出来，眼泪变成冰不好看，消耗力气。

问：为什么你总在前一刻有一种冲动，后一刻马上又会有一个很理性的想法？

答：因为我要活着回来，这压力很大，我要把我每一份力气都用在回来这件事情上。我还要带着全队安全回来，责任重大。

问：没有产生过"放弃"的念头？

答：3年前定这个目标的时候，我给自己留了后路，而且不止一条，是两条。我是希望在50岁之前登珠峰，我会尝试两次，两次都失败的话，我绝不做下去了，就跑马拉松。马拉松万一也跑不下来呢？我又留了后路，练出6块腹肌来。然后还达不到，那是跟我没缘。生命比登山更可爱，所以放弃也是一种美。我不是为了要刻意成为英雄去做一件事，我就是想成为一个更健全、更健康的人，一个普通人。基于一个目标去做事，全力以赴的努力，适当的时候放弃。这是我人生态度。

问：你一直说，登珠峰之前你几乎不运动，决定登珠峰了，为了减重开始跑步。

答：登珠峰之前，我跑步是为了登珠峰，为了活着回来。开始跑步之后，我的想法变了。因为看到经过一年推广，整个公司运动气氛起来后，万科的管理团队没有脂肪肝了，生活工作比以前更平衡了，负面情绪少了。我开始觉得有必要、有责任推广跑步。

问：你的中国梦是什么？

答：我希望每一个中国人都健康起来……太大了，这不像我的梦。我希望我认识的每一个人都健康起来，这更像我的梦。每个人都实现自己的梦想，中国梦也就不远了。

问：那你个人的梦想是什么？

答：45岁的梦想，是50岁时完成登珠峰或者跑马拉松，再练出6块腹肌来，这个梦想大部分都实现了。我现在又树立了新的梦想，能够在60岁的时候，还跑全程马拉松。

我就是个普通人，希望别人可以从我身上意识到，这些改变你也能做到。大家很崇拜王石主席，但是很难学习，他是英雄。我希望大家能够照着我的经历去做，去实现自己的梦想，这是我的定位。

《南方周末》记者　王小乔

郁亮　「一个农民老老实实把田种好了，未来就是你的」

冯仑

[致敬词]

冯仑是思想型地产商、顽主型企业家。他用立体城市概念为解决中国大城市病开路；他秉持一以贯之的信念，为人生和企业寻找社会增量，将现代治理引入公益事业。冯仑以社会为己任，以企业为本位，在中国再改革时代探索改造社会的新支点，示范民营企业家如何扮演建设性力量。

理想，顺便赚钱

在中国地产界，少有人有冯仑这样的学历背景——本科在西北大学读经济，研究生跑到中央党校钻研马列，所创立的企业走上正轨后，他又去社科院拿了个博士学位。

冯仑还被打上"92派"企业家的标签。1992年，一批在政府机构、科研院所的知识分子受邓小平南巡讲话的感召，纷纷下海创业，成为今天中国商界的中坚力量。创立万通之前，冯仑就先后在中央党校、中宣部、体改委这三个体制内单位工作过6年。"92派"的代表中，还有当年的万通六君子——潘石屹、易小迪等等。

冯仑爱讲段子，尤其喜欢用男女关系来阐述他对企业和政府关系的思考，比如"政府不要到企业的怀里乱摸"，这也是他给公众和朋友留下印象最深刻的性格特点。某场论坛上，冯仑没有讲段子，同场的嘉宾、复星集团的梁信军还有些不习惯，演讲中数次提及。

"我这个人本身就比较粗俗，后来发现这样更容易被人理解和记住，就慢慢形成了这样的说话风格。"冯仑说。

另一位以说话风格犀利而知名的思想型地产商任志强，卸任后开始创办书院，试图对民众进行启蒙。相比而言，冯仑自言暂时还没有"布道"的欲望，他现在的重点，还是做好万通，参与各种公益事业，并且试图用一个"立体城市"的概念来改变大城市病的现状。

2013年12月7日，在那间摆满了线装书的办公室内，冯仑接受记者专访，谈论自己对于房地产行业、大城市病以及企业家身份定位的思考。

"转型很累，但可能成为行业领导者"

《南方周末》（以下简称问）：10年前，为什么会想到去纽约的世贸新址上做一个"中国中心"，当时的万通已经发展到需要海外布局了吗？

冯仑（以下简称答）："中国中心"是我对房地产企业的一个梦想，不是为了海外布局。"9·11"事件发生后半年，世贸中心的重建方案出来了，极有想象力的一个设计，远看是展开了裙摆的自由女神，标志着美国的自由精神不垮。

第一次知道这个设计，是我在北大上课时听美国哥伦比亚大学一个教授说的，当时我就有一种冲动，想参与这个地球上最具挑战性的房地产重建项目。

第二年去美国哥伦比亚大学读书时，我找到了纽约合作组织，跟他们说想买5万到10万平方米做中国中心，随后就开始了漫长的谈判。

问：这是一个梦想和挑战，但并不一定赚钱？

答：赚钱不赚钱固然很重要，更重要的是，借着做"中国中心"，我们得以研究房地产在经济成长的过程中商业模式的变化规律。纽约是人均GDP60000美元的市场，当时北京的人均GDP才5000美元。在5000到60000美元之间，到底房地产都发生了哪些故事和变化，怎么提升和进步？我把这个路径找出来，就能知道万通未来应该怎么走了。

回国之后，我开始提美国模式，推动万通从住宅向商用不动产、工业地产的转型，就是从价值链的下游制造业，更多地向价值链的中游和上游聚集。传统的房地产是用开发来推动销售，万通的转型是由服务业带动开发和销售。

所以说，这等于是完成了我在房地产行业中的一个梦想。房地产

冯仑　理想，顺便赚钱

终极的路线图是什么，通过中国中心，我完全搞清楚了。这样的尝试对万通的未来也起到了一个路牌的作用。在这个过程中，我去了50多次纽约。

问：当时的万通发展很顺利，是需要一些挑战，还是遇到了瓶颈，需要进行模式的改变？

答：不是瓶颈，我是在做一个选择。做企业永远面临两种选择：追赶或转型。如果做跟随性的决策，那么企业家很轻松；转型很累，并且有风险，但可能成为行业领导者。马云当时完全也可以做个庸俗的中介公司，那叫跟随；但是他转型做电子商务，就成了今天的领导者。

跟随并不等于错。住宅这几年在中国的发展依然很好，如果万通和我把所有的精力都放在住宅上，我们在住宅领域的规模肯定要比现在大很多。但是有没有未来呢？我放弃住宅，去做转型，是一种牺牲，但我拥有了未来。能不能成功，概率一半一半。这就是企业家。

当年马云找投资的时候，我们投了他的竞争对手ebay易趣，当时确实是易趣强、马云弱，结果最后看走眼了。所以我说风险一半一半。我们现在选择的这个转型，成功率也是一半一半，但是企业家就要做这个决定。

问：这几年中国房地产企业纷纷去海外盖房子，跟国内的商业环境和房地产发展有关系吗？万通又是基于什么考虑的？

答：这是一个偏见。我一直说，做房地产，中国是天堂，因为中国的市场巨大，人多而且有钱人越来越多，中国人又特别喜欢房子。为什么不在中国本土市场做，非要跑海外做？我们就两个理由，第一，是我刚才讲过的，在海外做一个小的项目，做成标杆来引导国内市场，搞清楚本土房地产的未来模式和增长路径。

第二，本土的客户有要求。比如我的客户想去台湾，我就在台湾做了一个；他想度假，我就给他做个度假产品。我只是为中国的客户提供服务而已，不是抽象地说非要做海外业务。我们又不是新加坡，本土业务太小，做大了就必须发展到海外。中国房地产企业做海外业务只有这两种可能是赢的，其他赢的概率都比较小。

"立体城市的核心是就业机会，而不是居住"

问：最近5年，你的工作重心转到了"立体城市"的构建方面，从设想到落地，你用了"墙上的美人和炕上的媳妇儿"来形容。

答：5年前，一个朋友送我一本非公开出版物《中国梦》，其中有一个超级想象，是做一个系统的巨构建筑，来改变现有城市的问题。

后来跟这个作者见面沟通，我提出来巨构建筑做不了，做垂直向上的城市，倒是有可能实现。巨构建筑这个想法给我的启发是，城市实际上是可以提高密度的，在有限的土地资源上更有效地利用空间，这可以说是人类共同的愿景。

按照这个想法，把城市立起来之后，农业可以在顶层，办公室可以在30层，警察局在20层，医院在10层，所有相关产业和社会机构纵向存在。生活在这种城市中，节省下来的时间成本以及交通工具减少带来的环境改善，使人更有幸福感。

过去的模式是错误的，圈地、卖住宅，是在摊大饼，结果是大家离幸福生活就越来越远。

问：您为什么用自己和企业家朋友的钱做立体城市，而不是放在万通集团的架构里？是因为相对而言，这个项目风险更大吗？

答：从一开始做立体城市，我就说了，是追求理想、顺便赚钱。我把利润排在了第二位，第一位的是靠使命感去驱使。

正因为这样，股东们起初觉得不一定能赚钱，所以不愿意投资。这也没关系，我自己拿钱做。等到商业层面上有点眉目了，刘永好他们也进来了，成为我的合作伙伴。做到今天，在西安和温州都落地之后，万通股东们的看法开始改变了，未来这个项目应该还是会纳入万通集团。

2012年一年我飞200次，这么费力折腾，还自己掏钱冒险，是为了我自己吗？没有强大的使命驱动和价值观牵引，根本不可能做到这些。

问：立体城市要解决的是大城市病，应该在北京、上海、广州这样超大城市做才更有价值。但是目前落地的都是二线城市，这是"曲线救国"吗？

答：梦想落地的时候，我们面临着3个成本：财务成本，这是硬成本；制度成本，这是软成本；还有我个人的机会成本。

制度成本看的是哪里适合创新。北京的市场很大，财务成本肯定是合适的，但是北京的体制比较复杂。在北京做创新要面临的制度成本是巨大的。所以我们先选在西安这样的二线城市做，制度成本低。

第三个是机会成本，做了立体城市之后，跟万通的人交流的时间就少了很多。也有股东批评我，说我把精力都放在立体城市了。但我只能去衡量，等立体城市变成一个成熟的模式。

每天我都在算这3个成本，也正是因为这3个成本的存在，我首选二线城市，但是未来一定会在北京和上海做。

二线城市为什么选择在新区做？因为新区用的是新规划，制度成本更低，老区的规划冲突就多。先在新区做，我们找到了跟传统规划模式相磨合的办法，做成了一个规划导则，现在即便在老城区做，也能说服城市管理者们接受了。

问：听起来，这些制度的突破和创新，还是少不了一个愿意接受新鲜事物和变革的地方领导。

答：关于这个问题，我举个例子，立体城市如何在温州落地的呢？非常偶然。我一个朋友，有一次坐飞机恰好跟当地一个官员邻座，朋友手里拿着我那本《理想丰满》的样书。两个小时的飞行途中，这位官员看完了样书，就说要找我去温州坐一坐。

中国正好处在改革年代，改革最大的好处就是人们在本能上认为有些事是可以改的。所有的官员、企业家、民众都对未来的美好生活充满期待，对于变革又不拒绝，所以总会有机会。

问：把工作、生活、居住都放在这样一个立体城市里，是避免睡城的好办法，但是如果有的人就是希望孩子能去北京四中读书，老人能去协和医院看病，而这些最好的资源又都在市中心，怎么办？

答：睡城是平铺直叙的低密度居住区，而且不具备城市的大部分功能。一个建筑综合体最多是7种功能，城市有120多种功能，立体城市现在的规划是能实现60多种功能。

在立体城市，核心是就业机会而不是居住。我选了医疗健康产业，以这个为核心来展开城市的规划、设计和发展。为什么选这个行业，因为医疗行业的就业系数高，一张病床就可以带来4到6个就业机会。

至于"北京四中"和"协和医院"这样的需求，我们会想办法引进尽量匹配的品牌，要求实在太高的极少数人，我们就不管了。我们能做的是尽量把生活配套的品牌做到，能够把多数人留在这儿。

"守本分，有期待"

问：2013年6月份，柳传志在"正和岛"表达的"在商言商"的说法，引发了关于"企业家该不该谈政治"的热议，你站在哪一边？

答：2013年年初的亚布力论坛上，我就讲了6个字："守本分，有期待。"当时大家调侃我，其实这个事我想了很久，直到今天，这6个字依然是我在这个问题上的基本立场。

企业家首先要守本分。企业家的本分是什么？代表所有的投资人经营好你的公司，创造利润、扩大就业、完成税收，提供更好的产品和服务。

所谓有期待，是指我们期待社会更法治、更好地保护所有人的权利，包括公民的财产权、人身安全、发展的权利和自由呼吸的权利。

另外，期待政府转型，加快改革。把市场的东西还给市场，政府不要在市场的怀里乱摸。

问：光期待不行动，有用吗？

答：民营企业家的期待，我觉得很重要。我们的期待得让政府听得见，并且有回应。比如十八届三中全会说要让市场在资源配置中起决定作用，要处理好政府和企业、市场的关系。这方面的期待有回应，我们就高兴，就鼓掌，然后再去期待别的事。比如现在雾霾严重，大家又发牢骚，政府回应说要治理空气，这就是企业跟社会及政府的良性互动。

期待不等于我要行动。我也期待法治民主，但只是期待而已。期待了不来，那也没办法。我又不是政治家，又不是专做社会活动的。

问：期待有两种，一种是内心默默期待，还有一种是把期待表达出来。

答：表达是对的。企业家有期待就要表达，我们觉得政府对于微观活动管理太多，就要表达；政府管制太多、审批太多，我们也要表达。但我们的表达得有个范围和前提，就是守本分，跟你本分有关的，你表达；越过本分，尽量不表达。

比如很多公知讨论的话题，我跟企业家朋友聊天的时候，就一再说，这事我们不表达。因为，第一，我们不专业。不专业就不要说话。第二，公知要生活在媒体中，这是他们的本分。我们生活在市场上，买卖是我们的本分，我们不能到别人的地界上去守他们的本分。假如我老站在妇女的角度表达，你们肯定觉得挺怪。

问：所以您所说的表达，是一个有尺度的表达。善于把握尺度，这跟您在中央党校读研究生，后来还在体改委工作过有关系吗？

答：那倒没关系。企业家究竟应该在社会中扮演什么角色，是我这几年的一个重要的反省和思考。反省到2013年年初的结果，就是"守本分，有期待"。

过去20多年来，我的本分就是做生意。如果哪天我不做生意，又回大学教书了，可能会跟他们论一论，但是现在不会。

延伸一下，应该是3句话：守本分，有期待，善于表达或者正确表达。民营企业家如果把这个问题处理好，就是进步和成熟。十八届三中全会说要提升国家治理能力和体系的现代化水平，这事情就该由党中央、国务院管，这就是他的角色。如果说他不管这个事，老管企业赚不赚钱，角色扮演就错位了。一个成熟的社会，就是政府管好政府，政党管好政党，企业家管好企业，公民遵纪守法。

问：你先写了一本《野蛮生长》，然后才写《理想丰满》，是不是说"野蛮生长"之后才能"理想丰满"？

答：我所讲的"野蛮生长"特指的是1993年之前。对于今天创业的人来说，我认为"理想丰满"不应该是"野蛮生长"之后的事情，而是从创业第一天开始就理想丰满。因为创业者所面临的法治环境已经比我们那个时候不知道好了多少。

问：你曾经采访过公司的两个80后，问他们20年之后的中国梦，你自己怎么回答这个问题？

答：非常简单，希望中国有一个建立在法治基础上充满竞争、富有活力的市场经济体系，这是企业生存的一个最重要的环境。如果说再有期待，当然是希望法治成为社会秩序，成为人与人之间最大的一个安全保障。第三，希望天更蓝，水更好，生活的自然环境也要有安全感。

《南方周末》记者　王小乔

冯仑　理想，顺便赚钱

雷军

[致敬词]

在小平南巡那一年，雷军带着创业失败的记录加入金山公司；此后，他以独到的眼光和高超的技艺预测并驾驭着一次又一次大浪潮。他是"民族软件"旗帜公司的CEO；他凭借信任理念，成为中国最成功的天使投资人之一；他以互联网思维，颠覆了硬件行业的游戏规则。这个"不服周"的楚人，不断彰显出挑战世界第一的野心和实力。

为发烧而生

如果6年前不辞任金山总裁兼CEO，雷军可能仍是一个职业经理人。此前，他在金山待了16年。

离开金山，成了雷军人生的一个转折点。此后，他在移动互联、社交网络和电子商务三大领域，投资了近20家公司，并一手打造了畅销不衰的小米智能手机。小米公司的估值在2010年创立短短3年后就已经达到了100亿美元。

从18岁在武汉大学图书馆看了《硅谷之火》一书后，雷军的创业梦想怀揣了22年。四十不惑之时，他才开始完成角色的转换，成为一个出色的创业者和投资人。

雷军的个性也在这一过程中发生了深刻变化。他在金山曾经是一个强势的管理者，但创业之后，他变得更加懂得尊重个人。

尽管雷军常以乔布斯的经典造型亮相，但他并不愿意被人称为乔布斯的中国版，他说："乔布斯是神，我们是人，干点人干的事。"

"你是否会飞不重要，重要的是有台风"

南方周末（以下简称问）：你从武汉大学毕业，进入金山，用了15

年的时间从普通员工做到公司总裁。你如何评价金山的经历对你创办小米的帮助？

雷军（以下简称答）：我1992年1月加入金山，是金山第6名员工。我加入金山的时候是个程序员，1993年就成了金山的常务副总裁。

1996年，前有微软，后有盗版，做国产软件开始遇到困难。金山1997年开始第二次创业，1998年我担任金山总经理。2007年金山上市之后离开，退休了3年多，2010年4月6日创办了小米。

金山对我最大的帮助是让我在战术层面完成了修炼。无论是作为软件工程管理，还是市场营销、企业管理以及带队伍，都修炼得比较完善。

金山的成功有我的功劳，金山不那么好，也有我的责任。金山选择的领域很艰难，战略上有它为难的地方。这些经历对我来说是很好的历练。

问：金山25年了，每年的营收还不及创办仅3年小米一个月的营收。参与金山创业和小米创业的最大不同是什么？

答：20世纪80年代的创业和今天的创业很不一样。

经过20多年的历练，我再办小米时的想法不一样了。做金山的时候很自信。我们相信聪明加勤奋天下无敌，相信明天更美好。现在我最大的感受是要顺势而为。大势是第一位的。台风来了，猪都会飞起来。你是否会飞不重要，重要的是有台风。

我在金山想的是人定胜天。40岁的时候，不惑了，看清楚了自己的能力和时势。战略是在对的时候做对的事情。做早了，死在半路上，做晚了你追不上。这些把握和拿捏很难。

第二个变化是，金山的人都是我从大学毕业生中招聘的，一干就是十几二十年，整个思想比较统一。我自己做小米的时候，坚持找有经验的人，这些人思想统一难度偏高，但执行力和理解力强。所以我的人才观变了，觉得自己没那么能干，要找比自己优秀的人一起干。

问：金山曾经喊过一个口号，叫做"扛起民族软件的大旗"。小米的口号是"为发烧而生"。可以说雷军从一个理想主义者变成了一个现实主义者吗？

答：我觉得是时代变了。我们在80年代创业和90年代创业，谈理想比较多。那个时代的年轻人，容易被这些目标所感召。今天的年轻人，更关心身边的事情，更关心触手可及的目标，反感口号。

我们这群人，平均年龄三十四五岁。如果没有一点理想干不到今天的规模。过去的理想是挂在墙上。我2011年重新接手金山时，金山的企业文化变成了志存高远和脚踏实地，更强调的是脚踏实地。

消费者可能过去关心是否是世界第一，今天关注的是你是否好玩。我至今对世界第一的公司，怀抱着很崇敬的心，但我觉得消费者不会为这个鼓掌和激动。大部分消费者还是在乎事情本身。有理想是好事，但不要把理想挂在嘴上当口号，更重要的是实践。

你看到小米，更多的标语是和用户交朋友，为发烧而生。我做3年小米就是这两句话。大的目标没有。企业理念上，是去管理层，去KPI（Key Performance Indicator，企业关键绩效指标），克制贪婪。很多问题都是贪婪引起的，只要做你能做得了的事情就行，要克制一些。

"我自己创业如果输了，面子上可能挂不住"

问：你在金山最光鲜的时候（上市成功）离开，在金山最低落（业绩触底）的时候回来。当时必须离开吗？

答：金山是一个传统软件公司，在互联网局面下已经举步维艰。互联网是一次产业革命，首先革掉的是传统软件公司。我们最先感觉到痛。觉得不顺势，你在逆风飞行，上上下下都很累。我觉得这是一个很要命的问题。

我们上市时，创办了19年，积累了很多历史问题。我开玩笑说金山像是个国营企业，有人在吃大锅饭。在那个时间点，到底是否应该改革，董事会意见不一致。我觉得外部因素变了，内部不变，会越走越累。

虽然上市了，打了一针强心剂，但能持续多久？董事会对于长期发展的思路缺少共识，我觉得到了一个顶端。自己干了16年，也算对员工、股东和对提拔自己的求伯君求老板和张旋龙张老板有了个交代。爬坡的时候不干不合适，到了山顶，公司上市，员工也分了点钱，开开心心的，我觉得不改革不行，就离开了。后来的确金山遇到了问题。

我回去的时候，我们的业务在下滑。你知道在今天不增长已经很可怕了，更别说下滑。公司士气不行，很迷茫。不知道该做什么。

问：你回金山担任董事长后做了哪些改变？

答：一是关停并转，突出主业，把不相关的停掉。二是包产到户，把权力下放到子公司，利润给子公司和员工分享。你看西山居和金山网络，很生猛。三是放水养鱼，不要在乎KPI，大投入大胆干。四是引进人才。几板斧下来，我觉得在过去两年半，金山年增长超过50%以上。可能大家觉得没什么。但你要知道，金山有些业务在下滑，但我关注的核心业务都在百分之百增长。

我们金山股价最低时只有两块七（港币），最高的时候23块，这几天18块左右。

问：从金山离开后去做了天使投资人。做天使投资人和创业者有什么不同？

答：做好都不容易。我自己更喜欢做创业者。做投资者要帮忙不添乱，要克制，看他掉到沟里了，也要让他掉。但你在旁边看着很着急。

小米跟以前的创业不一样，更单纯。以前创业有各种各样的目标和压力，小米是开心做自己喜欢的事情。打得赢就打，打不赢就闪人，做事情很爽快，不纠结，也不需要怎么开会统一思想。

问：2010年你创办小米时正好40岁。当时想过失败吗？

答：我做天使投资，被他们叫做创业导师，自己创业如果输了，面子上可能挂不住。我想了很久，还是决定做小米，但对团队提了一个要求，即绝对保密。先干两年，看老同志是否还干得动。干砸了不承认就行了。我看到很多成功者在创业时输得一塌糊涂。我创业很低调，很务实。刚开始从来没有接受任何采访。每天在会议室，要么谈产品，要么面试。那一年半，大家干得很开心，也没什么压力。

问：为什么最后锁定手机行业？

答：卖掉卓越给亚马逊后我就在想，我们这么努力，为什么在互联网浪潮里没有成为主流？想了快一年，到了2006年才明白，未来的10年是移动互联网的10年。

2006年到2008年，我投了UC等移动互联网公司，算是第一波移动互联网投资人，一度成为移动互联网行业代言人。

在我开始大力做移动互联网的时候，手机行业第一个大事件发生了。2007年苹果手机发布，我买了20部送给朋友，3个月后只有我和另外一个朋友在用，其他人觉得很难用，还是觉得诺基亚好。但我觉得手机行业开始了巨大革命。

2008年，第二个大事件爆发，安卓发布了。我开始琢磨做安卓手机，于是找手机公司来谈，发现大家对互联网手机没概念。到了2010年，我提出做"铁人三项"的互联网手机，要把软件、硬件和互联网结合在一起来做手机。要融汇在一起很难，但我们幸运地用6个月组建了团队，在2011年10月份上市了小米手机。两年时间过去了，虽然中间遇到了一些沟沟坎坎，总体上还比较顺利，现在我们一个月营收在30亿至40亿元之间。

"粉丝希望我们做豆浆机，我们就做"

问：小米2013年上半年销售703万台，营收132.7亿元，2013年全年预计营收能有多少？能否用最简单的几个数字来说明你们在手机行业的地位？

答：2013全年99.9%的可能性会过300亿元的营业额，这意味着我们应该是全球最快突破300亿元的公司，也是全球第一个创业后最快突破100亿元营收的公司。小米不到4000人，按照现在每个月30到40亿元的营收，小米员工人均产值1000万元，这可能算是全球最高的吧。

问：小米目前多少人？盈利情况如何？

答：盈利情况不便披露。小米到现在为止不到4000人。电商和呼叫中心1300人左右，18个城市的小米之家、仓储、物流的同事，小1000人。剩下的1500人，有1400人属于产品和研发。

2012年时小米总共1000人。对于早期的员工，无论小米还是金山，我基本都能叫出名字，现在不行了。我甚至连很多主管都不认识。小米的层次很扁平，我只能叫出一两百个人的名字。

问：从米1到米3，配置在提升，但元器件的价格其实变化不大。而你们的定价策略也没有变化，这是刻意为之吗？

答：小米手机对营收的贡献占据到95%以上，但不便公布利润曲线。

手机行业特别像PC，以前买家用电脑，无论什么时候买都要四五千元。因为配置差不多，成本几乎一样。小米手机最早是双核1.5G，全球最快。后来四核1.5G，也是全球最快。2013年是四核1.8G和2.3G，还是全球最快。这些CPU的价格出来时几乎相等。看着元器件便宜了，但实际上配置变高了。我们这个行业其实水深火热，除了苹果、三星好一点，诺基亚、HTC都在苦海中，不容易。上季度苹果、三星拿到全球109%的手机利润，这意味着其他手机企业基本都在亏损。包括国内上市公司手机公司的财报，压力也很大。小米不错，是因为开创了新的模式，不依赖于硬件利润。

在手机刚上市时，我们的定价是接近成本价，我们依托的是大规模的销售。量大后，成本一步步得以控制，然后来获取利润。这是第一块利润。二是手机相关配件的利润。三是加载的移动互联网的利润。

问：小米今天的产品线已经很广。这几天发布了路由器，听说还要做豆浆机。小米产品线的扩张边界在哪里？

答：产品类型可能挺多，但小米其实没有几款产品。目前只做了小米手机、红米、小米盒子和小米电视。还要发布小米路由器。但我跟很多电视机厂商聊，他们一年做100个产品。我们很专注。别的公司主要交给产品经理来做，我们小米是老同志自己做。我自己亲手设计了很多产品。

边界就是粉丝喜欢，同时我们有精力。忙得过来就做，忙不过来就不做。我们内部有个口号是克制贪婪。最近大家呼吁我们做豆浆机。我还没想好，但人民群众呼声很高，也许是可以做豆浆机的。我们忙得过来的话就会做。

小米是做客户群的公司，主要围绕粉丝展开。他们希望我们做豆浆机，我们就做。做豆浆机的公司还找我们来谈，说能否一起来做豆浆机。我觉得豆浆机如果要做好，也许还是有机会的。

问：凡客也是用互联网做自有品牌，在扩充边界之后遇到库存等难题。小米没有库存，是不是意味着跨界扩充品类的风险就小了？

答：我比较了解凡客，我是它的天使投资者。我觉得凡客跟小米的最大不同是，不管小米跨多远，十个手指数得出来。凡客有点失控。我

雷
军
为
发
烧
而
生

们要求做的每个东西我自己都用过，我都自己参与设计，很多都是我亲自设计的。

我们规模很大，但结构上很像一个工作室，很精心地打磨每个小东西，很少谈宏伟的口号和跨越式的KPI设计。我们最关注的是怎么做出让用户尖叫的产品。我们今天的业绩是做出来的结果，不是目的。是做着做着就做成这样了。我们做用户发烧友喜欢的东西，每件事情要能管得过来。

问：小米扩充品类挺快的，产品出笼的时间越来越短。能保证质量吗？

答：小米电视是我们2012年年初就开始做的，时间挺长。我们找的是很有经验的牛人，比如手机我找的是周光平（小米联合创始人），他1995年就是美国摩托罗拉手机总部核心设计组核心专家工程师。

多一个产品并不带来太多营业额和利润，而是多一些酷的产品。只要是小米出品，必为精品。小米的信誉比产品重要，如果过不了质量关，不会上市的。做红米的时候，我们实验室有过代号叫做H1和H2的两款产品，后来H1过不了质量关，放弃了，损失很大，几千万直接打了水漂。但小米就是这样一个很变态的公司。

做手机之前，我想了好多年。做路由器，也是好多年前就开始琢磨的。当时我一个好朋友李学凌（YY创始人）一天到晚劝我做路由器。

问：对于小米饥饿营销的质疑，你在多个场合解释成产能需要爬坡。小米已经爬了3年了，为什么还是一机难求？产能问题无解吗？

答：我们从2011年10月开始卖手机，那个月总共卖了10000台，今年这个月大概卖了300万台。24个月，翻了300倍，但你还是买不到。刚上来的时候，知道小米的人、想买小米的人很少，我们产能少。后来知道我们的人多了，产量也多了，但还是跟不上。

这是我们自己也无法理解的。大家只要想一想小米其实是个创业公司，能在24个月里，从零开始爬坡，到每个月卖300万台的手机。批评我们是期货的、饥饿营销的，他们有这么大销量吗？

产能爬坡是每款新产品出来都要经历的，和公司做了几年没关系。我觉得小米要走的路还很长，跟三星、苹果还有很大差距。当苹果发布一个新品时，照样买不到。工厂安排生产不是你想要多少有多少，需要很长时间准备。我们准备好的量，立刻被消化掉了。

"小米不是苹果，很多地方是反着来的"

问：前不久，第十八届中共中央政治局举行的第九次集体学习，主题是"实施创新驱动发展战略"。课堂从中南海搬到了中关村。你作为企业家代表给领导人讲课了。你为什么选择讲"铁人三项"？

答：政治局的领导最关心的是科技创新，怎么实现可持续发展。我给他们介绍了小米的情况。重点是小米做了哪些东西，怎么推动产业发展。习总书记很关心。他更关心的是人才在科技创新中的作用。他问我们过去都是干嘛的，我说是金山的。旁边有领导说去过金山视察。总书记还试用了一下小米手机。我做介绍也是用小米电视来放PPT。

我用6分钟介绍了小米的情况，小米做了什么事情，3年做到100多亿元，领导们还是很震惊的。其实领导们过来之前，警卫来看过我们的产品，他们很多都是小米的用户。

问：很多人把中关村和美国硅谷做比较。你说过一本叫做《硅谷之火》的书对你创业有启蒙作用。两个地方的创业者有什么不同的特质？

答：中关村今天的创业环境已经很好了，否则创造不了小米这样的公司。但跟硅谷比起来，差距还是很大。我们一直呼吁的事情正在被解决，比如，过去注册一个公司就要3到6个月，在国外是一两个小时的事。这对科技创新是有影响的。

问：为什么中国互联网行业山寨国外模式的现象那么多？

答：这是技术发展的必然。要承认硅谷和欧美比我们发达很多，才能逐步接近和超越。10年前绝大部分模式都是复制国外，这几年越来越多的中国本土模式诞生了。小米、YY和凡客，都在国外找不到对标。

大家老说我们复制苹果，其实差异还是很大，很多地方是反着来的。苹果是内敛的，小米是开放的。苹果价格高，小米是中低价格。小米依靠电商，苹果不是。

问：你眼中的中国梦是什么？

答：这个问题我不知道怎么回答。能否不回答。如果非要有中国梦的话，我的中国梦是中国有更多优秀的创业者和企业家。

《南方周末》记者 谢 鹏

雷军 为发烧而生

北川中学 [致敬词]

五千年的中国文明史，是一部辉煌史，也是一部多灾多难史，一部痛史。中国人看似柔韧，实则强悍，实在是因为中国梦所酿造的伟大的中国精神。北川中学的2793名同学和他们的老师们，以他们的自救、自强，将残酷的灾难改写成伟大的精神之诗。他们成为中国梦和中国精神的新型代言人。

老艺术家秦怡向北川中学代表颁奖

在未来里拯救记忆

在一个角色里待久了会显得孤立。但这不是一群孤立的人。尽管过去的一年里，他们一直扮演着一个角色：北川中学的幸存者。

某些时候他们的确会孤立于自己的痛苦记忆。有一个学生，地震后突然对爱因斯坦的相对论感兴趣。他可爱的理解是：运动速度达到一定极限，时间可以逆转。这不就是说，人类的科技发展到某种程度，时间就能回到几百天前了吗？"回去了，不是一切就都能够改变了？"他说。

他又说："其实，总有一天，我们是回得去的，总有一天，他们也是回得来的！""他们"指的是1200多名在地震中遇难的北川中学师生。

爱因斯坦或许从未料到自己的物理学理论会在这些小脑袋里变成一种生活态度：记忆是可以在未来被拯救的。而这实际上已经成为北川中学上下在过去一年里所共同持有的信念。

不愿孤立于"英雄"角色

最初的拯救是带着血腥的。他们赤手从庞大的混凝土块下挖出自己的同学以及同学的尸体。这样的小英雄中,一些媒体推出了一个典型:林浩。

但北川中学的校长刘亚春说,"我这里没有林浩。"他没有对这个否定句做更多的阐释,尽管他的学校中,并不乏冒险救人的学生。

当时年仅17岁的王亮救出了3个同学。和林浩不同的是,王亮救的每一个同学都有名有姓。

灾难发生时,坐在教室靠后门的王亮立刻往走廊上冲。就快逃出生天的时候,王亮被垮塌的楼板压住背部,所幸没受重伤,几分钟后,他发现走廊前方还有光亮透进来,于是尽力挣脱楼板,沿着亮光从缝隙爬了出来。

没有必要再复述当时的细节。5月12日震后最危险的6个多小时里,王亮3次钻进坍塌后废墟的缝隙里,救出了徐雨、史玲燕以及龚悦3名同学。他的工具包括自己的左手、右手以及安慰的话语。

这是一个有心的孩子。16日这天,王亮从自己所剩不多的衣物中,挑了一件T恤,找幸存的同学们满满地写上了名字和祝福,送给龚悦。龚悦被地震夺走了双腿。

像王亮这样的学生在北川中学很多,刘亚春如果把他们挑出来,甚至可以单独排一个班:最危险的时候,男生们扶着因为过度惊吓而腿脚发软的女生先向外走去;缓过劲来的女生则抱着幼儿园的小弟妹们,扮演起临时母亲的角色。

但作为教育者的刘亚春,在事后却一次次拒绝了媒体对王亮他们的采访。他不愿意自己的学生们孤立于"小英雄"这样的一个单一角色。

他的理由是:人在最不幸的时候往往能表现得最高尚;但是一年过后就不一样了,回到现实,会逐渐让他普通起来。

"过多的外界关注会逼着他迷失自己。这样说着说着你还信以为真,你还去宣传,宣传还给他带来好的效应。那么这就给人一种教

北川中学 在未来里拯救记忆

育，什么教育，老老实实做事要吃亏，不老老实实反而还有机会。"刘亚春说。

在"中国梦践行者"致敬盛典上，老师之外，北川中学只派了一位学生王亮前来现场，这是刘亚春的刻意安排，更多的学生，让他们尽快回到自己的生活里去。王亮也在代表同学获致敬后，回到了自己偏僻的山区老家，那里电话信号都不通畅，他对记者说，"平静真好。"

永远不许开除一个学生

但随后的拯救——心理重建的任务则落在了幸存的教师身上。这本身就是一个千疮百孔的群体。北川中学的废墟里埋着校长刘亚春的爱妻和正在读高一的独子。刘宁、李军、宋波，多名教师的子女在地震中遇难。

地震之后，北川中学离开了北川，迁到绵阳近郊一块土丘挖出的平地。蓝顶白墙的活动板房中间，摆放着轮椅，并生长着几株金黄的法国梧桐。

学校复课时，从废墟里找到的"四川省北川中学"校牌，被特意从70多公里外的旧学校拿了过来。斑驳的木牌，让许多人抹泪。

"这里表面上和其他学校没什么不同，但其实每个人都有心事。"一个心理志愿者在学校待了几个月后得出结论。

中央政府和社会各界前所未有地重视地震后未成年人的心理健康。2008年11月，香港福幼基金会派出几名志愿者，帮助北川中学的特殊学生们做康复训练。最初的工作是困难的——但这种困难反证了心理重建的重要性。

"最初学生们有抵触情绪和恐惧感，需要多次接触和耐心的交流。他们情绪敏感，有的伤员容易激动生气。有的学生不知不觉间会突然不说话，一个人发呆。忙不过来时，有学生会觉得被冷落发牢骚。时间长了成为朋友后，他们又变得喜欢去康复室，一些不会对同学讲的事情也会对志愿者说出来。"志愿者艾金飞说。

如果换一个角度，北川中学拥有了有史以来规格最高的教师：国务院总理温家宝。2008年5月23日，温家宝给高三(一)班上了一节特殊的思想品德课，并留下"多难兴邦"的板书。

猝然降临的生死离别，让这些幸存者对生活产生了最为逼真的断裂感。于是，让学生们回到原来的生活中去，是刘亚春和老师们一年多来始终重视的问题。并无专业心理辅导知识的老师们，开始从全国来的心理志愿者那里学习一些技巧；以前在学生眼里严厉的刘亚春甚至开始鼓励孩子去喜欢明星。

端午，刘亚春给每一个学生发了6个皮蛋，9块钱。"我就说虽然这是一块五一个的皮蛋，但希望你们能感受到学校对你们的一份心意。"刘亚春告诉记者，"我希望能让学生尤其是孤儿有一种把学校当家的感觉，这对他们以后一辈子都是一种归宿。"

对纪律的重申，是让学校恢复正常的另一种努力。一些细节抓得甚至比以前更紧。2008年6月7日，下了早自习，全校学生突然集合。副校长马青平训话，批评个别学生行为散漫，再次强调，禁止学生穿拖鞋到教室上课。"你怎么对待，你必须有个区分，有些犯了错的就只有放一下；有些原则性问题直接影响学生前途的，那是坚决不放。"刘亚春说。

但对北川中学以及刘亚春而言，毕竟有些东西，已经不可逆转地改变了。他甚至有些多愁善感。2008年8月20日，学校召开学期第一次教职工大会时，刘亚春突然动情地立了一条规矩：从今以后，北川中学永远不许开除任何一个学生。

"这次地震，那么一两分钟，'开除'了那么多学生，从今以后，北川中学永远不许开除任何一个学生，无论他有什么问题，教育教育再教育。"

羊角花盛开的温馨校园

相对于王亮他们从废墟里拯救生命以及刘亚春他们力图让学生们回到正常的生活，文化课的恢复，则关系到学生们的未来，它也最终意味着北川中学从一所"国家重点中学"恢复到一所普通的县城高中。

2009年，在北川中学参加高考的432个学生中，共计138人上本科线，其中上重点本科线5人。

王亮已经被提前预录到中国政法大学："我希望能进入大学学习法律，咱们农村的法律意识薄弱。"

他原本和大部分农村孩子一样，"希望自己将来能住大房子，只要生活会好一点"。现在，在中国梦践行者致敬现场，当中国的法学泰斗、中国政法大学前校长江平老先生破例为他主持一场特殊的开学典礼时，王亮说，"我现在的梦是，要是有条件的话，到中国的各地方都去一下，去当一个感恩的倡导者吧。"

副校长马青平对高考表现并不轻松，他说，"成绩比去年要好一些了，但是地震对学生的影响还没有消弭。"

他的梦想如此简单，"我梦想北川中学今后除了有好的校园，有好的设备以外，还希望有更好的教育资源，希望全国优秀的老师来北川。"

好的校园是指日可待的，2009年5月13日，新北川中学在北川新县城东北部奠基，总投资接近两亿人民币，全部由华人华侨捐资兴建。

但"（震后）北川中学处于彻底打碎，从头开始的状态，思想、制度、文化甚至人际关系都发生了变化，这就要重新构建学校的文化"，校长刘亚春的梦想是，"希望学生们以后回来，他很自豪，很幸福，会说，我当了孤儿之后是在这里长大的。"

在未来的两三年内，这些从废墟里爬出的学生将告别他们作为北川中学幸存者的角色。但地震注定赋予了他们一生都将无法摆脱的生命尺度。"未来"也许真会有一个时间隧道让他们去拯救记忆中的苦楚；但更具现实意义的是，一个坚强的学校，能最大限度地维护他们的未来，并以此削弱苦楚的记忆。

2009年4月21日，北川中学"羊角花"文学社发出第一份报纸。羌族人民把杜鹃花称为"羊角花"。

　　在"羊角花"的发刊词中，刘亚春说，"今天，是一个传奇，是一个充满希望的特殊经历。明天，是一个梦想，是一个羊角花盛开的温馨校园。"

《南方周末》记者　杨继斌　冉　金

北川中学　在未来里拯救记忆

秦永辉

[致敬词]

他们是中国经济的毛细血管，连通虚拟经济和现实世界的黄金通道，推动中国经济前行的"蚂蚁雄兵"。快递员和互联网一同改变了国人的生活方式，他们是中国城市中最辛劳的底层族群，又是城市快生活的加速器。他们是中国经济转型、服务业升级、互联网改变生活这些宏大叙事脚踏实地的实现者。

快递员秦永辉的故事

什么活都干过，总想"自己干点儿啥"

年纪轻轻，秦永辉已经把农业、轻工业、重工业干了个遍，现在栖身于第三产业。兄弟俩都做快递员，同住在一间平房里，每月房租只花700元。他们的梦想是攒钱买一辆面包车。

从人口大县到第一高楼

这栋330米高的大楼共有58层写字间。秦永辉每天的工作，就是在这58层楼之间跑上跑下。

22岁的快递员秦永辉从农村到城市，恰好走过了一条"从地标到地标"的路。

他来自中国人口最多的县——百万人口的安徽省阜阳市临泉县。如今，他工作的地方是中国首都北京的国贸三期，俗称"通天塔"的北京第一高楼。

这栋330米高的大楼共有58层写字间。秦永辉每天的工作，就是在这58层楼之间跑上跑下。

如今这时代，快递员的工作已经被按照斯达哈诺夫方式拆分成无数个单调至极的环节，以图提高效率。有人专门从转运站和大型写字楼之间运送快件，有人从转运站直接运向机场，有人一整天都在地铁里面不出来。

根据中国快递协会的统计，目前国内每日有约80万个快递员奔波在路上，不少人工作仍超过10小时，每人每日至少得完成百件以上的工作量，平均每个快递员每日骑行约200公里。

一个寄送要求从400电话到秦永辉腰上别着的对讲机只需几分钟。穿着浑身是兜的公司制服，他飞速登上52部电梯中的一部，以每秒10米的速度向上或向下疾驰，再快步走进一间写字间，或取或送。有些熟悉的客户图方便就直接打手机给他，这样的电话他一天要接30个以上。

一天十几个小时，他不出这栋大楼。午饭靠叫一份外卖炒饼或者盒饭解决，只有这时候他才能反过来享受一次电话召唤服务。保安对他们已经见怪不怪，不会有任何干涉。晚上下班，他还要回到转运站去帮忙分拣第二天寄出去的快递，按照电话区号把它们分成一堆一堆。现在的他，对中国一半城市的电话区号都能脱口而出，尤其是老家阜阳。

这个黝黑帅气的小伙子一看到寄往老家的快件就特别兴奋，总是试着跟寄件人攀攀老乡。不过，至今一个也没遇到过。他苦笑：家乡那个小镇2012年才开通快件业务。

走进快递业

秦永辉觉得"这工作简单极了，简直像小孩子玩游戏"。一年内出了两回事他才悚然起来。

年纪轻轻，秦永辉已经把农业、轻工业、重工业干了个遍，现在栖身于第三产业。

在老家农村帮父母种麦子，这显然不是一条有吸引力的路。他高中辍学由几个老乡介绍，去南方沿海地区做纺织工人，赚得不多，还被人笑话"像个娘儿们一样"；去造船厂给万吨客轮当电焊工，虽然挣得多可是太苦太累，呼吸着电焊产生的有毒气体，每天收工吐出的痰都是黑黄色的。

如此折腾了一圈，他又回到北京，成了一名快递员。快递业是中国近年来发展最快的行业之一，2013年前11个月，中国规模以上快递企业业务量同比增长61.4%。据阿里巴巴创始人马云估算，中国的快递员超过200万人。

快递业的兴盛得益于电子商务的普及，富裕的中国消费者越来越热爱网购。仅天猫在2013年11月11日一天的交易额就达350亿元之多。为了迎合这一需求，电商公司和物流公司都在抓紧建设物流仓储网络，对快递员的需求也在剧增。

一开始，秦永辉觉得"这工作简单极了，简直像小孩子玩游戏"。一年内出了两回事他才悚然起来。一次是上门取邮寄的身份证，没当场验"货"，结果收货人说没有收到；一次是邮寄两瓶化妆品，他嫌麻烦，没有用公司规定的防摔包装材料，结果碎了一瓶。

两次，他都自己掏腰包给人家赔偿。又两年过去了，他再没犯过类似错误。

"靠给人打工是买不起房子的"

握紧方向盘让他找到了这种充实感。他的驾驶证是特意来北京学的，"觉得北京是首都，一定教得更好"。

这份工作跟他往常概念中的"手艺"不一样。它教给他的东西不在技能上，而在心理上。

在这栋大楼里，他看见过孙红雷，发现他原来没有电视上那么帅。

他每天出没的58层楼全部是租金昂贵的写字间，服务的人都是衣着光鲜的白领，往常他心中高不可攀的社会阶层。这给他增加了巨大的心理底气。哦，原来他们的工作也就这样啊，很平常，很平常。

在没有工作的短暂间隙，他总会跑到某家相熟的公司，在前台大厅柔软的沙发上坐着休息。这让他有短暂的虚幻感，觉得自己似乎跟白领们处在了同等心理位置上。尽管他早已听说，他们挣的工资，多数也就10000出头，跟他也差不多。

在家乡，他这样年龄的青年人早就结婚生孩子了。但他在北京至今没动过这念头。日常接触最多的异性就是靓丽的前台女郎，她们让他望而却步。我是谁？想都不敢想。

"她们很多都是北京本地的女孩，家里很有钱，开车来上班。"他略带些无奈地说。周围的同行基本都回到老家相亲，找个邻村的姑娘结婚，然后一起回到北京打拼。这大概也是自己的未来。

你现在的梦想是什么？"服从公司差遣！"他马上做出一个类似敬礼的姿势。他说的是往上爬，做组长，在公司的架构内进步。毕竟，这份一天十几个小时的工作也属于青春饭的范畴，干不了太久。

其实他心里藏着一个梦：司机

从小他就被父母教育：学会一门手艺，生存就有保障。握紧方向盘让他找到了这种充实感。他的驾驶证是特意来北京学的，"觉得北京是首都，一定教得更好"。

等一张可以开长途货车的驾驶证拿到手里，他才发现：自己的年轻是巨大的劣势。这个行业，根本找不到一个愿意信任年轻司机的老板。快递员这个职业，让他算是在某种程度上实现了一点儿梦想。

这个梦想他一直埋在心底。弟弟也在北京做快递员，跟他一样省吃俭用。兄弟俩住在一间平房里，每月房租只花700元。他们要攒钱买一辆车，"就是王宝强做广告的，后座可以拆掉运货的那种车。"他惭愧地笑笑，客车改货车是违法的。但实用。

买运货车干什么呢？他还是想"自己干点儿啥"。

在北京这样的地方，靠给人打工是买不起房子的。他很清楚。

《南方周末》记者　冯　翔

2010 中国 **瓷** 践行者

龙应台

[致敬词]

龙应台是持续影响华人世界的重要作家，她用文字创造了奇特的"龙应台现象"，她的作品具有柔韧的硬度、感动的力量和思考的锋芒，她在完成自己梦想的同时，持续关切着弱小者的梦想，其文字不动声色地传扬着普遍性的价值观。

我是一个永远的实习医师

龙应台，1952年生于台湾高雄，祖籍湖南衡山，父亲姓龙，母亲姓应，生于台湾，因此得名。

由于在台湾地区的穷苦渔村长大，龙应台称自己为"一个难民的女儿，是最底层最底层的人"。

她记得，小时候自己家一无所有，她总问自己：为什么贫穷。她当时的梦想是：什么时候可以跟别人一样。

1974年龙应台毕业于成功大学外文系，后赴美深造，攻读英美文学；1982年获得堪萨斯州立大学英文系博士学位后，一度在纽约市立大学及梅西大学外文系任副教授。1983年龙回到台湾，先后于"中央大学"外文系、淡江大学外国文学所教学。

1984年出版《龙应台评小说》，一上市即告罄，多次再版，余光中称之为"龙卷风"。尤为人称道的是她1986年1月出版《野火集》，以辛辣的文字抨击时政。该书甫一上市，洛阳纸贵，一个月内再版24次，风靡全岛，对20世纪80年代的台湾社会产生了巨大影响。

1988年龙迁居德国，开始在海德堡大学汉学系任教，开台湾文学课程，每年导演学生戏剧，并为《法兰克福汇报》撰写专栏。

1999年夏，应专程飞往法兰克福的台北市长马英九的邀请，龙应台担任首任台北市文化局局长，任上为文化繁荣鼓与呼。2003年2月，辞去文化局长职务。舆论将其出仕后退隐的经历评论为：龙应台在将自己的文化理念通过官僚机器的运作变成现实后，最终一尘不染地回归文坛。

自1995年起，龙应台先后在上海《文汇报》、广州《南方周末》写"龙应台专栏"。与大陆读者及文化人的接触，使她更认真地关心大陆的文化发展。可以说，在欧洲、大陆、台湾三个文化圈中，龙应台都是一个罕见的标本。

《南方周末》（以下简称问）：可不可以描述一下，您现在最大的梦想是什么？

龙应台（以下简称答）：我发现，其实年纪越大，梦想越小。如果我今年是22岁，刚刚大学毕业，你问我最大的梦想是什么，我大概可以跟你说，我有个非常大的、如何让这个社会和这个国家变得更好的梦。但是，这么多年走下来，其实梦越来越小。这并不是因为对人生越来越悲观，而是在我看来，我的人生这个阶段，也就是20世纪后半叶到21世纪初这一段人类的大历史，有很多很多大的梦，你看着它一个一个被实现。

我20岁的时候，是生活在一个非常闭塞、非常贫困，思想上非常苍白，个人的思想自由非常被压抑的台湾社会中，最大的梦是我们什么时候可以跟西方的自由国家一样，有自己的巨大的思想自由的空间。过去这50年，可以看到，那些大的梦，好像一个一个越来越接近当时所渴望的地步。

你问我现在最大的梦是什么，我会说我的梦很小。我会说再过两天是月圆，我特别想到花园去看最圆最黄最漂亮的月亮。接下来，我一本书写完了，会有两个月的空档，我梦想的是如何可以找到两三个最喜欢的朋友，然后到最特别的地方去旅行。或者是说，我知道明年暑假孩子会到台大来当交换生，我现在就开始做梦那两个月或那个学期我要怎么样享受他在我身边的时间。你看都是小小的个人的梦。可是老实说，这是因为那个很大的梦（的实现）在某种程度上给了你空间，让你才有奢侈的自由去做一个人的小小的梦。

所以我发现，其实一个社会越宽松越自由，人们的梦就越小，人们不再需要那么辛苦地去做"大梦"。

问：您小时候在台南渔村生活时，当时的条件并不好，当时您的梦想是什么？是不是一个很大的梦？

答：当时的梦想有小有大。我的父母1949年到了台湾，相当于被连根拔起，丢到一个岛上。我作为一个小小的外来者，在那个都是台湾本地人的渔村里长大，我特别感觉到我家的贫穷。我的语言跟他们不太一样，我的家庭跟他们不太一样，我比他们贫穷，他们都有田产、鱼塭、水塘，有家祠，老房子的墙上会有好几代祖先的画像，而我家是一无所有的。小的时候不知道为什么贫穷，但是却知道贫穷。所以当时就梦想：什么时候我可以跟别人一样？这是一个很小的梦。

稍微长大点之后，对于一个台南乡下的、在六七十年代成长的小孩，美国就代表着所有美好的东西，它代表着富裕，社会自由、开放。我真正到美国去留学的1975年，在校园里一走，果然是我梦想中的大片、无边无际的草地。我看到，和我同龄的美国的大学生，他们走路的身体语言在告诉我，他们如此的没有负担，他的头上就只有青天、脚下就只有草地。可是我们那个时候满脑子、满肩膀都是国家大业，很沉重。所以那时我就有个梦想：什么时候我们的年轻人也可以那样的没有忧愁。这是那个时候的梦想，是一个大梦。

问：当时去美国，可以说是想去找一个实现自己梦想的路径，可是真去了之后发现那里其实跟自己没什么关系，台湾的现实跟那里完全不一样，您想要的不一定能要得到。在这样的一种环境里，您当时的心情是怎样的？有没有一点迷茫？

答：不太有迷茫，因为我比较天真。

我跟我的台北的精英朋友们有一个很重要的差别，那就是我在南部的渔村长大，当我的同龄的台北的少年们已经在偷偷地读鲁迅、读禁书的时候，我还根本不知道世界上有鲁迅这个人。在南部乡下长大的意思就是，我比台北的朋友们懂得少、知道得少。知道得少意味着，我1982年、1983年从美国回到台湾开始写《野火集》，大声地抗议这个社会"怎么是这个样子"、"中国人为什么不生气"的时候，当时我并不知道前面有很多呐喊的人都死了。也是因为我是南部乡下长大的小孩，所以写《野火集》的时候，我比一般同侪们更天真。那个时候觉得，这些梦全部都是可以变成真的，这么简单的事情你们为什么不知道？为什么不做？这样想就没有迷茫，也没有嫉世愤俗，就是觉得什么事都是可以做到的。

问：是不是可以说，那个时候还是无知无畏？

答：真的是一种天真的正义感，可是这个又很奇妙，可能正是那一份天真，又使得很多被压抑了很久、而且已经变得非常世故的人，突然觉得也许不需要那么世故，否则《野火》那些文章不会激起如此大的风潮。所以在那个环境里，天真又刚好发挥了它的作用。

问：从您自己来说，还有着某种方式可以去实现自己的一些梦想。我知道您过去带您的父亲去看"四郎探母"，可是对他来说，有一些梦当时已经没有办法去实现了。您的父亲有没有梦？

答：我的父亲一辈子有梦。他很大一部分的梦，就是"四郎探母"。我想，他一辈子最痛最痛的、最大的遗憾，就是少年离乡、老大回乡，母亲已经不在了。我也要到有了相当年龄之后，跟他一起看"四郎探母"才明白，那有多痛，那是一个永远圆不了的梦。现在我一回到台北，就会看一看我在台北的这段时间，会不会刚好有"四郎探母"的演出，我每次都会这样做，就是现在父亲不在了也如此。我父亲希望有一个机会回头再看母亲一眼，那是一个很小很小的梦，可却是一个碎掉的梦。你可以联想，还有千千万万的人像他一样，那样小小的梦都破碎了，那个小小的梦的破碎其实跟大梦的破碎是连在一起的。

问：您的母亲有没有说过她有什么梦？

答：母亲不见得会用语言来描述她有什么样的梦。但是稍微成熟一点以后就会知道，当我的母亲在跟我说，她家后面的新安江，水是全世界最美丽、最干净的水时；我带着她到阿尔卑斯山的任何湖泊、到莱茵河，她看了之后都会说"这不如我们新安江的水"，你就知道她的梦是在新安江。当然，后来这个梦也破碎了。

问：说到老人，您寻访过很多老兵，我想他们肯定都有自己的梦。可以为我们描述一些他们的事儿吗？

答：为了写书，我采访了很多老兵。老兵有很多种，跟我父亲一样的老兵们，他们有一个共同点，就是在诉说如何艰苦、贫穷的时候都可以讲得很清楚，在诉说如何打仗、战败、被围困、忍受饥饿的时候都可以很坚强，但是在讲到离家之前对母亲的最后一瞥的时候，每个人都崩溃了。这些给我的印象非常深刻。

可是有一个老人家的梦，我觉得最特别。他其实就是台东的原住民，17岁时糊里糊涂以为要去读书，结果发现变成国军了，糊里糊涂到了高雄港，一看一条大船在那，就上了船。一上船之后，这艘船就直接被送到山东的战场去打共产党。打了没多久，他就被俘虏，又变成解放军了，一直到20世纪90年代，才获准回家。60年的人生就这样糊里糊涂地过去了。我问过他，如果时光可以倒流，就像磁带倒带，你希望倒到哪一点？他说希望时光一直倒回到18岁那年，"他们跟我说行军半天就回家，结果走着走着到了海港，看到一艘大船"，他希望时光倒退到他走在上船的绳梯上的那一刻，不是让他上船，而是让他回家。这是他的梦想，也是一个破碎的梦想。这让人很伤感，当一个国之大梦破碎的时候，有太多太多人自己的小梦也是破碎的。

问：对于下一辈，比如安德烈，您是否了解他有什么样的梦？您对于他有没有什么梦？

答：也是小小的梦。我看安德烈这样20出头的年轻人，他们既幸运又不幸。幸运的是，在物质上、知识上，他们处在一个没有围墙的时代。可不幸的是，正因为如此，他们的焦虑感可能比我这一代人还要强得多。他心里其实知道，他自己找工作、自己未来的梦想，竞争对象不是只有德国的年轻人，他是同时在跟伦敦、纽约、东京、北京的同龄人竞争，看谁可以真正完成梦想。我觉得安德烈这一代人非常成熟，他完全知道自己的处境。他当然有梦，可是和我年轻的时候相比，他更清楚地知道那个梦的限制在哪里。也是因为这样，我对于他也没有大梦。作为一个母亲，对下一代，你第一个希望他平安。我不知道别的父母怎么样，我不会希望我的儿子会变成伟人，最好别做伟人，伟人也常常带来巨大、破碎的梦。我希望他自己平安。希望他除了知道现实社会中自己的位置之外，如果可以格外地多一种哲学的观照，知道在更大的宇宙之中，自己从哪儿来往哪儿去，他会找到自己的路。

问：和文化界的前辈们，比如沈君山他们，你们在梦想上有没有交集？

答：有。譬如说，在台湾很受尊敬的余纪中先生，他简直是一个典范，他有过一个"中国梦"，而这个"中国梦"，不应该被简化地理解为"让中国崛起、让中国强大"。他们那一代人的"中国梦"，其实是文化的和思想方面的。他曾经打过赵家楼，参加过抗战，后来在台湾办了一份非常重要的报纸《中国时报》，为台湾的民主化作出了很大的贡献。几乎所有的所做作为，我觉得是承袭着自龚自珍以来中国文人的传统。到台湾后，办报是他实践自己梦想的具体做法。我对他这样的文化前辈当然有着很高的尊敬。但如果你问的是，我是不是跟他们所有的见解都一样？那就不一定了。他们那一代人，跟我的概念可能会有不太一样的情感深度以及价值观。"民族主义"可能在他的图谱里会稍微强一点。我们这一代人，比如我自己，可能"民族主义"就不重要了，而"民主"这种价值会更重要。但是基本的文化风范、文化思想，以及最核心的社会责任，我觉得是一脉相承的。

问：大家各有各的办法，在实现自己的梦。有人把您比成"女鲁迅"，您认同这种比喻吗？鲁迅对于国民性有很多批判，您也曾经说过，比体制更根本的问题在个人，人民的素质是所有梦想的基础。为了提高这种所谓的人民的素质，您能开出一个什么样的药方？

答：我比鲁迅要温柔多了，性格也不一样。当然他有自己的时代背景，有独有的压迫感，所以他也比较急切。我对于冷静观察、理解本质的兴趣更高一点。我不太愿意说我能开什么药方，如果一定要说文人对于社会的关系有点像医师开药方，我倒觉得自己好像一个永远的实习医师，自己在不断的学习中，因此不太敢说自己能开药方。

以我比较清楚的台湾社会来说，有一点像剥洋葱一样：在开始的时候会以为集权体制就是这个问题的核心所在，没想到把外面那一层政治体制、独裁体制剥掉了以后，赫然一看里头还有一层，这一层很可能就是行政体系本身的颟顸、贪腐、无效；你把这个再剥掉以后，又赫然发现里头还有东西，这个东西竟然是一个社会没有了政治控制之后，变成了由商业、金钱利益来控制。把这个再剥掉以后，你又会发现，从前义正严辞的反对党、那些抗议的英雄们，本身变成了可怕的动物。打倒了

龙应台　我是一个永远的实习医师

那个你想要打倒的东西之后，马上会出现了一个新的、需要被整治的对象。到最后，如果自己的反省能力够强的话，你会发现自己就是那个洋葱的一部分。在这样的一个过程中，我很不敢说下什么处方，因为往往那个开处方的人本身就是问题所在。

问：这让我想到您的《不相信》，但总还有一些东西是可以相信的，对吗？

答：只有不相信的话，事实上是站在流沙上。因为即使高喊"不相信"，两只脚都必须站在相信的一小块土上，否则你连喊"不相信"的位置都没有。

问：可实际上，在大陆也好台湾也好，很多人迷惘。当然用您的说法，把各自的伤口晾出来，这样可以互相理解，但是这是一个过程。这有点像《天龙八部》里的乔峰，有人会在迷惘中迷失。

答：是的，它是一个过程。可是你说，为了让一个人健康，是把他放在一个完全消毒的房子里，还是让他走出那个消毒房、接触所有各种细菌？哪一个才是真正的健康？其中的道理是完全一样的。

问：但必须承认的是，今天的社会氛围非常奇怪，商业文化、消费文化侵蚀着我们的生活，传统的文化存在着断裂，经济以一种"不可理喻"的模式在发展。可以说中国的文化是"前所未有的现实、难以捉摸的未来"。这会不会困扰很多人、包括您自己的梦？

答：有困惑，但不是困扰。对一个国家的兴起和崛起、社会的兴盛和发展，我们当然有一套既成的价值评判，中国现在崛起的姿态和速度，确实是让全球的人都懵了。怎么这样的速度、这样的方式，而且带着这么多的悖论？这时，如果到台北去，跟知识分子坐下来吃一顿饭，如果有不同阵营的知识分子坐在一起的话，你就会发现，中国这个题目就像一个炸弹，大家壁垒分明，因为他们拿来衡量的尺本身就不一样。我自己希望采取比较开放的态度去看它，就回到那个实习医师的位子上来了。因为有些事情我没看懂，有些事情看不懂，有些事情完全违反自己心里原有的价值结构。所以我就会有困惑：什么时候该做所谓的"审判"？什么时候其实是应该保留、继续去执行。这种拿捏我觉得其实是考验着所有关心中国以及观察中国的人。

问：其实我也注意到您的变化，似乎不是在直接地批判了。您也说到，如果对于事实没有很深刻的了解，不会轻易做出评判。这是不是也是这些悖论对您产生冲击之后的选择呢？

答：对，因为我发现这个悖论非常非常巨大。我自己觉得这个悖论的落差，可能还大于鸦片战争前后的中国、所谓的"两千年未有之大变局"那个时代，或者说康梁的时代，因为它跟科技的发展、跟全球化急速的变化有关。在台湾成长的知识分子，对于中国其实不太容易说是客观的，因为我们在"万恶的共匪"这个环境里长大。到了"万恶的共匪"这个过程过去之后，又出现了国民党和民进党的对峙，有民进党关于"独立"的一套叙述。两者虽然是不一样的东西，却又有重叠的部分。不管你是哪一边，总是从那个环境里出来的，又带着和文化、文字千丝万缕的关系，所以要客观不是那么容易。对我自己比较大的挑战，是想要看清楚。

问：您也说到要"补缺"，补自己对大陆的了解的缺，这个工作做得怎么样了？

答：还没开始做。必须要有生活。我总觉得要了解一个地方，得在那儿住一段时间，要去菜市场，要走路，要认识人，要去看过牙医买过花，那样才算。我希望这样做，但还没开始。

问：问一个和"中国梦"有关的问题，所有的中国人都该有"中国梦"吗？

答：年轻的时候，我们志气很大。尤其是在台湾长大的年轻人，国民党所带去的一套真是儒家的思想，对我们影响很深，就是"士不可以不弘毅，任重而道远"。那个时候是有一个家国大梦的，而且我作为70年代的大学生，谈的也是中国梦。可是这一路走来，我觉得真正健康、美好的家国大梦，其实是可以大到容许每个人都去想他自己那小小的梦的。如果说我有"中国梦"的话，那这个"中国梦"应该是一个大到完全可包容所有的人能自己去决定要不要有"中国梦"，这么一个大而自由、宽广的梦才值得被追求。如果每个人都被规定有"中国梦"，那这个梦可能挺不值得。每个人都有做梦的权利，这总不能被规定吧？

《南方周末》记者　鞠　靖

2011 中国
践行者

贾平凹

〔致敬词〕

贾平凹是中国最具文体意识的作家之
一，他是《红楼梦》、《金瓶梅》、
《聊斋志异》伟大传统的当代传人；
近40年来，他勤耕不辍，追踪刻画
当代中国的世态变迁和人情冷暖；其
规模巨大的写作，元神充沛、想象丰
富，写实入微。他是最具中国气派的
当代作家。

我最关心的是人和人性的关系与变化

2011年里，贾平凹捧出的是《古炉》。

《古炉》的故事背景，是贾平凹老家——陕西省丹凤县棣花镇棣花村。一个叫"古炉"的村子里，宁静的生活从1965年冬天被打破了，村里所有人卷入一场声势浩大的"文化大革命"运动，不到两年时间，在"政治"虚幻又具体的利益中，演变成充满了猜忌和对抗、武斗的废墟。

写这本书的时候，贾平凹已经快60岁了。在这个时候写一本有自传色彩的小说，无疑有着特别的意义。

在贾平凹看来，那场"文化革命"并没有被真正清算过。

"这个历史事件发起、组织、参与的人年纪都七八十岁了，很多人已经去世了。我要趁我还记得，把这一段经历过的历史写出来。这段历史怎么个写法，我想了几十年，当时我当红卫兵13岁，现在我快60岁了，我不是对一个历史事件做评判，我最关心的是人和人性的关系和变化。"

贾平凹父亲是乡村教师，母亲是农民。

"文革"的时候，他父亲被打成"历史反革命"，原因是他解放前在西安当教员，参加过胡宗南在西安开的一个报告会。到了"文革"时期，有人把那场报告会讲成是特务训练班，然后查档案，就把贾平凹父亲打成反革命，给他戴的是反革命分子帽子，开除公职，回乡进行劳动改造。从此，在当地过得还算不错的家境，一下就败落了。

城里单位招收技术工人，公路局招养路工，部队征兵，修水库，招收民办教师，贾平凹表现再优越，报名也不让去。

他只能留在村子里和妇女一块劳动。"我当时挣三分工，因为个头也不高，只能挣到三分。一个工分是两毛钱，一个大人劳动一天，可以挣到两毛钱，我只能挣到六分钱。当时一个正常的妇女，劳动一天可以挣八分工。"

直到他因为会写字，获得在水库的山崖上刷当时的政治口号的机会。

他抓住了命运给的唯一机会，靠着给工地办劳动简报，获得了去工农兵大学读书的机会。

"刚进大学，我记得当时和我几个农村出来的同学，晚上聊天的时候热泪盈眶，就感叹咱这些人好不容易熬到这一步了，当时觉得很满足。"

大学毕业时，他靠着发表的文学作品，改变了回老家教书的工作分配，最终留在了西安一家出版社当编辑，终于吃上了"国家饭"。

也是靠着文学特长，他把妻子从老家县城调到西安，彻底改变了一家人的命运。

通过几十年的文学创作，他成为了中国最重要的作家，并把自身的经历和目睹的社会变革，留在了他的小说里。

"这个时代的中国，在我有限的生命经历中，相对来说是最好的时候。起码大家还在怀着个人的抱负，个人的梦想，在这个社会中实现自己，不断地追求创造，户口并没有把你限制到某一个地方，某一个部门，你愿意干你就干，只要你有才，你有才能就能发挥，实现自己的人生价值。"

基于他对中国当代小说的杰出贡献和长期对中国大地变化的书写，《南方周末》将他列为2011年度"中国梦践行者"。

"文革"的少年和惹祸的父亲

《南方周末》（以下简称问）："文革"发生时你多大？

贾平凹（以下简称答）：我当时13岁，上到初中二年级下学期，是

"红卫兵"成员，那时候总有不同的政治事件发生，所有人都心沸腾，都是快乐的，尤其作为孩子，就觉得像节日一样，也不学习了，也不上课了，反正就是特别快乐，特别刺激。

我那时候还是懵懂的，不是说很清晰，但是也跟着外头人喊口号，也跟着刷大字报，这些我也都参与过。引用那个"蝴蝶效应"来说，因为我的参加，起码给这场运动加了一定影响力。那么多人的参与，从而使得灾害的力量不断增大，最后反过来影响更多人，形成一个飓风。

问：你父亲只是一个乡镇学校教员，怎么就变成被革命的对象了？

答："文革"的时候，我父亲被打成"历史反革命"，原因是他在西安当教员的时候，胡宗南在西安开了一次报告会，当时政府要求所有的公职人员去参加，学校把教师花名册就报上去了，我父亲那天去了，但走到半路里，又跑去看秦腔，最后没有参加。到了"文革"时期，有人把那场报告讲成是特务训练班，然后查档案，名单里有我父亲，就把他打成历史反革命。有两年多时间，他被开除公职，回乡进行劳动改造。从那以后，我家的家境一下就败落了。

问：那个年代，这样的政治帽子扣上，个人前途基本上就完了。

答：现在很多年轻人无法想象那个社会，政治上要是出现了问题，那这一生就完了。我印象最深的是我父亲回村里的时候，我和母亲正在地里干活，别人说我父亲回来了，我就往回跑。我父亲戴着反革命分子帽子，被押送回到乡下，一见我就拉着我的手哭了，这是我一生中第一次见到父亲哭，他说，我把孩子害了。当时他最关心的不是他的政治生命，而是自己影响了家庭和孩子的前途。

问：对你的影响体现在哪方面？

答：我父亲被打成反革命那几年，我在农村唯一的愿望是就出去参加工作。当时城市里的企业、单位来招收技术工人，肯定没有我了，不可能叫个反革命子女去当工人去。后来收公路上的养路工，整天拿个锹铲一下地面，我也报名，但是也没有收我。后来部队征兵，我又去报名，也不让你去。你表现再优越，在选人的第一批就把你刷掉。

当地学校招收民办教师，我也报过名，也没有我。后来学校一个老师，回家生产生小孩了，临时让我代理教了一阵。等人家把产期休完以

中国梦——38个践行者的故事

后，就结束了。我原来是基干民兵，因为当时准备着和苏联打仗，农村的年轻人都加入民兵组织，整天训练。开头我在民兵连里当文书，因为我写字好，后来我父亲一出事，就把我赶出来。我们那儿学大寨修水利，修一个大型水库，年轻人都去，也是以民兵建制，挣工分，我却被留在村子里和妇女一块劳动。

在水库当宣传员和上大学

问：你当时不是去水库当宣传员了吗？

答：当时别人都去水库劳动，我没去。但后来我听从水库工地回来的人讲，工地上需要一个搞宣传的，写字的，说你可以去，别人推荐我去，但也没有啥下文。我听了这话以后，就主动去了。

生产队长还不允许我去。记得那天下着特别大的雨，我拿了一些干粮，去干了三天活，特别累。就是从大坝下面扛石头，扛到大坝上，你要扛够多少立方，才能挣他那个工分。我当时在工地指挥部每天晃来晃去的，想引起人家注意，后来工地指挥部的人就发现我了，说，你来了，那你给咱去刷一下标语吧。刷标语就是在山崖的大石头上刷那些"农业学大寨"、"下定决心不怕牺牲"的大型标语。

我拎着大红漆桶子，握着大排笔满山写标语。他们觉得写得不错，就把我留下来，在工地上办简报。当时办工地简报的有两人，我进去给人家帮忙了一段时间，那两人就退了，后来就我一个人。我可以说是编辑，也是发行员，也是宣传员，每天到工地上去采访，回来写东西，然后在蜡版上刻，拿油印机子印，然后到工地上再散发，再拿大喇叭念这个稿子。

当时我父亲得到消息说大学要招生，他叫我连夜走十里路回家，跟我说你一定要去报名。当时工农兵上大学，有3个条件，你自己得报名，群众要推荐，领导要批准，然后学校再考试。

当时我还是可教子女，大家就把我推荐了，他们都觉得这个孩子干活特别卖力，特别踏实，简报也办得比较好。领导也同意我去。

问：千辛万苦上了大学，命运改变了。

答：上大学也有些周折，多亏那是第一次工农兵大学招生，要第二年我就上不了了。实际上到了第二年，基本上不是考试，一些村干部就把他的子女或者亲戚，推荐上大学了，别人就没有机会了。

当时最早推荐我，不是西北大学学中文，推荐我去到西北工业大学学4飞机制造，当时我压力特别大，因为我是初中二年级毕业的，只学到一元一次方程，后面是什么我都不知道。县上领导知道我的情况，就把我改到西北大学中文系。

我一到学校，老师要求每一个新生写一篇文章，我写了一首诗歌，老师一看觉得写得不错，就推荐给当时大学办的一份报纸，（报纸当时）选了我一首诗，我到食堂去吃饭，大家都指指点点，从此激发了我的创作欲望。

毕业分配，我必须回到我们县上，我想回去肯定是一个中学老师，县上我估计还干不成，只能到公社中学去当老师。毕业前，我一共发表了27篇作品，有文学作品也有新闻稿子。我在陕西人民出版社实习过，当时编辑部领导同志对我印象特别好，我就这样到了陕西人民出版社当编辑，在那儿当了5年编辑，从那儿又调到西安市的《长安》杂志社当编辑。我一辈子都在当编辑，现在也是《美文》杂志的主编，主要职业是当编辑，写作和作家反而是业余的。

问：如今社会对你们那批工农兵大学生有很多偏见。

答：从我们那届开始，基本上6年都是工农兵学员。1979年才恢复高考。我那些同学毕业后有留校的，有分到别的地方的，多多少少都受到一些歧视，因为后面的学生都是通过正式高考上来的，当时社会上有一种议论，好像工农兵学员水平不高，在我看实际上并不是那样的。

我后来还考过研究生，当时西北大学招第一批文学研究生，只收两个人，我考第三名。专业知识我是好的，但英语我没学过，是零分，我那个时候不会作弊，老老实实在上面不动一个字。当时学校也想收我，但是报到上面，教育部门有个规定，是见"0"不收的。所以我没有当上研究生，如果当研究生，可能现在也是个留校，在大学当老师吧。

所以人生命运无常，关键时候，就发生好多很奇怪的事情。大学毕业以后，如果出版社不要我，我又回到乡下学校里去，那以后也可能搞创作，但是再回城，太费劲了。

那时我爱人还在县上工作，调到西安市特别难，回家交通又特别不便。我多少有名气了，西安市对我提出一个条件，说调你爱人可以，但你必须来市文联，把我作为筹码，这样才把我爱人调到西安。她来了以后，我从出版社调到西安市文联，开始办刊物，就一直这样走下来。

不上班的年轻"老作家"

问：孙犁为什么对你有影响？

答：我在乡下的时候，根本看不到书。在水库的时候，从别人那儿借了一本小说，它没有封面，不知道谁写的。扉页上有"白洋淀纪事"几个字。我对那本书特别感兴趣，每天晚上就模仿那书里的，来写身边这些人物，就开始在笔记本上写开了，每天给周围某某画像，都是素描他。上大学后才知道，那是孙犁的一本小说，那本书对我有启蒙教育，影响还是特别大的。

问：1978年，你就拿了全国短篇小说奖。

答：我分到出版社后，就开始搞创作，1978年"文革"后第一次评全国优秀短篇小说奖，我就获奖了。当时社会对文学的那种关注度，比现在不知道强多少倍，大部分人都在读文学作品，一篇作品可以使你一夜成名。

我还记得，当时和我一块领奖的，有王蒙、刘心武、张洁、张承志，所以很多人说我是老作家。我记得那天晚上，王蒙到我房间来，还开玩笑说，"你看你写那么长你获奖，我写这么短也一样获奖。"他当时是50岁吧，我当时是24岁嘛，很年轻的。

那时不像现在获什么奖也没影响，当时获奖影响大，就开始有名了。我在出版社当编辑，它有一个不成文的规定，不允许搞创作，怕影响业务。我搞创作都是下班以后，领导还老批评。我获奖以后，就不在编辑部干了，调到西安市文联的下属创作研究室搞创作了，基本上干了一两年，就把我选为市文联主席。

问：就不用上班打卡了。

答：当时我也不想当这个主席，我说我还是搞创作吧，但领导说，你必须要当文联主席，他要求是一个文学方面有影响的人。组织上讲可以给你配一个工作班子，让党组书记把日常工作给你管上，有啥活动你来参加就好。我说那我就不上班了，领导也同意。选上文联主席以后，我就不上班了，因为一上就不得下来，管人事，管日常工作，不是我的强项，我也管不了，完全交给人家党组书记去管，有什么文学活动，开什么会我都来。

我30多岁就开始不上班，这是我一生最大的幸运吧，基本上相对自由一点，不受上班下班约束。人一生，我觉得最幸运的东西，一个是很自由，再一个就是你的爱好和你从事的职业是一致的，这是最好的，这两件我都能达到。

对这场运动，人人都有责任

问：你在《古炉》里写了一个"文革"年代的小村，实际上写了"文革"对中国的影响，这和谢晋当年拍的《芙蓉镇》一样，选择的视角都是以小见大。

答：我只能从这个角度进入，这段历史是中国的一件大事，关于这段历史，已经有很多书了，有从政治的角度、经济的角度进入的，而我只能从社会角度进入，从基层的一个小村来观察"文革"对普通老百姓的影响。

我思考的是这样一个问题："文革"最早是从上层发动下来的，毛主席号召了以后，全国人民动起来，但为什么从上面吆喝了，下面就能调动起来，影响到一个偏僻村庄的日常生活？产生这场灾难的机制在哪里？怎么就能够一下子把角角落落里的人都调动起来，原因在哪儿呢？

"文革"最终成为全国性的运动，有政治层面和社会层面的原因，但社会层面的原因更重要一些，就像陕西的葱不是很高，新疆的葱很高，是因为土壤气候不一样、环境不一样，同一个东西就不一样了。基层的土壤是最重要的东西。

从我的意识里，在高层或许是有政治因素，到社会最基层的时候几乎没有政治了，差不多都是个人的恩怨、纠结、小仇小恨、平常的是是非非。在这个背景之下，在这个舞台之上，可以看出来人性是怎么表现的。

我主要是从这个角度来写的《古炉》。我是经历过"文革"的，我也目睹过这场政治运动，以及它对普通老百姓的命运和生活造成的影响。当然，我更熟悉是我的经历，所以我就选择我自己的经验、我自己的变化来写这个小说。我想通过写《古炉》这样一个小村，写当时的中国。

为什么要写？一是回顾，二是正因为有"文化大革命"，才有后来的中国下决心改革，回顾那一段历史，来建设一个更和谐的更美满的社会，人们生活更富裕一些，更自由一些。

问：你说"对'文革'这场运动，人人都有责任"，为什么？

答：毛泽东说，"文革"这场运动，是迟早都要来的，因为它是中国社会文化发展的必然结果。我认为，好像是，也好像也不是，它实际上利用的是人性的弱点。普通老百姓过日子，也经常发生矛盾，比如一个家庭里，父子关系不行，夫妻关系不行，在一个家里吵吵闹闹的。"文革"在当时是最主要的政治运动，从上往下的，你不参加运动，不参加当时的组织，好像就不是一个正常人一样，你就脸上无光，不敢在人面前走动了，它当时是这样的一种社会环境。

这场运动实际上是靠几亿中国人的力量发动形成的，利用了全部参与者的力量。大家都是按照当时的政治教条执行的，人人都在浮桥上，走的人多了，它肯定摇晃，摇晃得厉害，桥板肯定翻，道理就是这样。所以我认为，对这段历史，它不是某几个人的责任，而是参与这场运动的人，每个人都有责任。

问：《古炉》的故事是从一个小孩狗尿苔眼睛里的世界讲起的，一个有点智障和灵异的孩子，充满象征和寓意，也是你当时的年纪？

答：狗尿苔是一个外号，他刚好13岁，正符合我当时的年纪。我熟悉那个年龄段看到的情况，选择一个小孩的眼光来看当时"文革"里发生的事情，有他的灵活性。当时一个地方政权有两派，领导人和支持者全部分成两派，从狗尿苔的角度便于写全部的情况。

狗尿苔出身不好，人长得很丑陋，性格很怪，自卑胆小，不敢说不敢动，政治上的是非曲直，革命和反革命，他都不理解。他生活这个地方是偏僻的小山区，没人跟他说话，只好和动物、树木、花草对话，想象力丰富，对所有人，不管男的女的老的少的，都想通过讨好人家，能让他自己的生活过得好一些。

我在写作过程中，收藏了一块明代的佛像，我看那个佛像就想起狗尿苔来了，一个前世的人，可怜、委屈、丑陋、自卑，好像是个怪胎，却符合那个时代。

问：以往文学作品表现"文革"这段历史，一般都充满血腥和暴力，《古炉》也写到两派之间打斗，却非常冷静，几乎不动声色，这个叙事基调和那个时代产生了一种巨大反差。

答：因为1966年到1968年这段时间是比较血腥的，打砸抢，然后开始对抗，互相打架。我对当时批斗我父亲的那些人也特别仇恨，也想过去报复，但是几十年过去以后，回头来看恨哪个人也没用，也不是他个人的问题，是整个中国社会的问题，就像一场大风一样，风刮过来以后，小草和大树都在摇，人和东西也在摇，也不是某一个人在特定的时候这种爆发。

现在回想那一段历史，我觉得就应该很冷静地来写，在人性、人的问题上多深究一点，才能写得很真切，挖掘得更深一些。20世纪80年代，出现了很多写"文革"的作品，如果我还采用激愤、控诉性的写法，再带着几分血腥控诉，只是来回过头骂这件事情，骂完也就过去了。

但是要写透，恐怕有现实制约，另外我不是写"文革"回忆录，只是小说，小说有它的规律，表现的东西都是作者来创作的，一个以真实背景虚构的故事，但它里面的场面、人物都是有实际的原型的。

当时中国社会基层的那种生活很无聊，节奏缓慢，看起来没什么变化的，都是日常琐碎的事情，都是农民的是是非非，突然有一天矛盾就爆发了。写小说也应该是这样，慢慢写，才能把心情、感觉写进去，把小说的味道写进去。基本就是这样来控制的，64多万字，写作过程中作家最难把握的就是节奏。

中国梦——38个践行者的故事

问：你有很强的社会责任感，这个传统好像被今天的文学主流抛弃了。

答：写作嘛，他就要作嘛，开头写小说，都是些自己的故事，写个人的爱恨情仇，自己的欢乐和悲伤。人又是不能脱离时代的环境单个存在的，他慢慢就有一种野心，或者说有一种责任感和使命感了，觉得应该讲述更多人的经历和命运，给某个群体来说话，给某个阶层来说话，写着写着就转移到一代人的命运上了，或者说把那一段经历的历史都写出来，这样意识不断的加深，作品容量就越来越大。

"文革"这么大的事情，已经过去多年，再过十几年，参与这个事情的人都快不在了，这个事件当年不许提，作为一个历史事件留下来，总归有人要提出，就是当时的人不说，后面的人还得说。这段历史我一直想写，怎么个写法，一直不好动笔。我不是对一个运动或者一个事件做评判，我最关心的是人和人性的关系和变化。

当时我12岁，现在我快60岁了，当年发起、组织、参与的人年纪起码都快70、80岁了，很多人已经去世了。我要趁我还记得，还能写，又经历过，把这一段历史写出来。

这段历史以后可能也有人写，但要写的人，他们都没有经历过。当然，那些没参加过二战的人，也能写出很伟大、优秀的二战作品，但他只能从史料、资料的角度出发去想象，没有实际的感性的经验。

人一生都要有梦想

问：你那么忙，但长篇小说也是一部接一部，是你这个年纪作家中文学作品数量最大的。

答：文学创作完全是个人化的，也是个人兴趣。在创作里面我是最自由的，我愿意怎么写，那是我的事情。在中国所有职业里面，我觉得搞文学创作，相当长一段时期里面，在时间上是比较自由的。在中国搞创作的时候，也有风险，你写出来的东西，符合不符合要求，受不受审查，或者是批评，这当然是另一个话题了。

80年代，中国社会都在关注文学，文学对年轻人都是一种诱惑。

我30多岁到处都在讲课，没有任何报酬，来听课的学员特别多，下面都是几百人，有时上千人，现在这种情况越来越少了。大家关注度那么大，我估计在别的国家是不可能发生的事情，以后也不可能再有了。所以在那个时期产生了一大批作家。

文学在中国"文化革命"以后这段时期，它起过思想启蒙的作用，主要是当时这个社会禁锢的东西太多，好多禁区，文学来承担了。大家追逐一些文学作品，就是因为这个作品突破了一个什么禁区，批判了一种什么东西，大家关注。这也导致一些文学作品，看谁禁区突破更大，而不是说文学艺术上的突破。现在回想那一段文学，也有好多优秀之作，但主要停留在政治上作用大一些。

作为一个人来讲，活这一世，我经历了新中国的各个时期，对不同时期的社会状况都经历了，无论是"文化革命"前还是"文化革命"后，国家几十年的发展和变化吧，我基本上摸透了，这很不容易。作为作家来说，他经历的这个时代确实给他写作提供了丰富的素材，而且这种社会也给他提供了一种丰富的想象力。从这两点来看，我觉得都是幸运的。但具体到怎么写，能够写什么程度，要看个人造化了。

问：从现在的人生高度来看，你的梦想是不是都实现了？

答：我觉得，这个时代是充分发挥个人梦想的一个时代，有梦，就把梦做大一点，能不能最后实现，那是另一件事情。人一生都是要有希望要有梦想。

我记得小时候在农村，当时也没想到以后干什么，唯一的梦想就是今年把庄稼收了以后，到下一轮收庄稼的时候，家里伙食不要断顿，一直有饭吃，这就是最好的梦想。

后来，我就希望能出去当个工人，吃国家饭没实现。后来就上大学，可脱离农村了，起码不当农民了，可以吃国家饭了，在当时也很自豪。记得当时我和几个农村出来的同学，晚上聊天的时候热泪盈眶，就感叹咱们好不容易熬到这一步了，当时觉得很满足。

但实际上，人心是没有尽的，梦想也没有尽头，一旦实现了这个梦想，就继续着另一个梦想。比如现在作为一个作家，出了那么多书，你说钱挣不了大钱，但我过一般的生活，也有名气，房子也有，政治地位也有，什么都有了。但从文学的意义上讲，我和伟大作家差太远了，为什么现在还在写，为什么第一次获得全国文学奖以后，大部分人都不写了我还在写，我也完全可以不写了，但老觉得好像自己还没写出满意的东西，总想证明自己，总觉得好像还有东西，冲动地叫你要动笔，自己的能量还没发挥出来。

所以到目前这一步，我觉得多少年前就讲过一句话，成名我想有成名，但成名不一定就成功了。你会越来越觉得，在文学上的追求方面我才学会写作，但是精力不够了，确实精力不够了。

问：成为一个畅销书作家，是不是你的梦想？

答：没有，一心想追求什么畅销，我估计反倒畅销不了。我每一篇长篇小说出来，能保证20万以上，40万册以下，散文集不管出版社怎么翻新怎么编，起码能卖个30000来册，基本上就是这个销量。和郭敬明、韩寒这些人的书还是有很大距离，他们的书卖得特别厉害。我的书将近300本，不停地在弄，不停地在印。我也搞不懂，反正谁愿意印他印吧，只要他可以卖出去。

现在也谈不上什么畅销书作家了，我一共写了12本长篇小说，有一两本印得不多，大部分都是五六个出版社在印，过两年这个出版社印，过两天那个出版社印。

拿读者群来讲，《废都》之前有一批读者，对我的散文特别感兴趣，《废都》以后，当年的一些读者就离开了，他们的社会价值观对性描写特别不能容忍，但同时又来了一批读者。然后是不停地更替，总有一批老读者。

我有个体会，过去签名售书，每此碰上老读者来签，一拿几十本老书，当时很感动，他一直跟着我读。作为一个作家，读者是他的上帝，实际上不应该那样，如果你是完全写自己，不要管社会，不要管市场，不要管读者，反倒你倒有市场、有读者。你老琢磨市场，琢磨读者，市场和读者在不停地变化，你怎么撵得上。

你只要写你自己，真心来写有意思的东西，交给出版社就完了。出版社编辑把稿子拿走，具体怎么编，怎么设计封面，怎么发行的，与我无关。

问：作为中国作家，该拿的文学奖都拿过了，你是不是特别有成就感？

答：文学这个东西，拿奖当然是好事情，但拿奖不一定写出了多好的作品。这不是矫情话，确实觉得我自己还可以再写出好作品来，但能写到什么程度，那是另外一回事，我满意的还没写出来。

平常生活中有时想起来，还洋洋得意，觉得自己还可以。有时就特别郁闷，情绪低落，经常是这样。倒不是矫情，确实觉得意思不大，好像没什么满足感。

尤其到50岁以后，老感慨生命太快了，好像干不了多少事情。我现在老感觉大学才毕业，一见我那些同学，都是老态龙钟的样子，觉得特别悲伤。搞文学创作，到50岁以后才有一点感觉，觉得真的还能随心所欲，真的来搞创造实践。但精力、时间都不如以前了。

有一个人跟我讲延续他生命的一个办法，每年大年初一把他的人生计划列出来，他已经列到了150岁了，每年修定一次。按照自然界规律来讲，人一旦觉得自己没事干了，任务完成了，那你就快死掉了。有些动物完成了遗传后代的使命，就死了。现实生活中老年人经常说，我现在儿子也结婚了，女儿也出嫁了，我房子也买了，现在没事了。说这话的人吧，很快就不行了。

这时候就要欺骗上帝，我事情还没有完成，这个世界还需要我，这个家庭还需要我，这个团体还需要我，我还得继续在这儿扛。现实生活中，如果上有老下有小的人，咋死都死不了，为什么，他任务没完成。如果老的去世，小的成家了，他在家里是多余的人，就快不行了，快完蛋了。

问：你总是不满足，还有没实现的梦想？

答：人在社会任何条件下都可以梦想，但要梦做得大，做得圆满，必须有社会环境的配合。梦想要在一个开放的社会里，大家才可能有自由的发展，才有做梦的空间，或者实现梦想的一个空间。

这个时代的中国，在我有限的生命经历中，相对来说是最好的时期。起码大家还在怀着个人的抱负，个人的梦想，在这个社会中实现自己，不断地追求创造。户口并没有把你限制到某一个地方，某一个部

中国梦——38个践行者的故事

200

门，你愿意干你就干，只要有才，你的才能就能发挥，人生价值便可能得以实现。

但如果要更好的人才出现，更好的梦出现，我觉得整个国家要提供一个更宽松、开放性的大环境，只有这样，才会良性循环。个人梦实现得更好一点，国家也会好。大家都在一种很好的精神状态下，内心不屈服、总想干大事情，这个国家一定会越来越强大。

问：那你的中国梦是什么呢？

答：作为一个人来讲，当然希望生活越来越好，比如说故乡，农村越来越好，城市越来越繁华，一切东西都做得特别好，人过得很幸福、很安静，这是人人都向往的。谁都不希望灾难、战争，危机或者动乱。

一个作家写东西，和作为普通人是不一样的，因为文学毕竟不是图解，也不是宣传，它有文学自然的规律。文学解决不了社会危机，也不能给社会开药方，只能把这个东西写出来，引起整个社会的关注。整个社会关注以后，大家对路子怎么走，危机怎么解决，就有有识之士来解决了。

在某种程度，文学还是枪杆性的东西，它和整个社会现实还有摩擦，有碰撞，会遭遇到有些不顺的东西。作为作家和他的作品，实际上都在呼唤人活得更好，社会更美好。在这种大愿望之下，文学工作有它的特殊性和规律性，可能与管理者的期望和要求有一些差别。

《南方周末》记者　张　英

贾平凹　我最关心的是人和人性的关系与变化

白岩松 [致敬词]

白岩松持续推动中国的电视新闻直播，将一度"敏感"的直播渐渐变成一种常态；他把理性的评论和批判的声音放置在体制中，一步步挑战中国电视固有的话语体系。白岩松娴熟地驾驭新闻的理想主义和现实主义，稳步地促进新闻回归其本源，不断刷新和提升着转型中国的健康舆论力量，成为中国新闻业的标志性人物。

中国的白岩松

2011年12月10日，在广州大剧院的舞台上，白岩松从胡德平手里接过"中国梦"致敬杯，听完致敬词后，他有些不好意思。

"说真话是新闻最基本的底线，从来就不是上限，如果新闻不说真话，会造成怎么样的后果？"白岩松说。

白岩松的个人经历，就是一个中国梦。

8岁的时候，白岩松父亲去世了。10岁的时候，爷爷又去世了。家里只剩下母亲、哥哥和白岩松。当时，母亲的工资才7块，养活一家人。哥哥17岁的时候，去北京读大学，11岁的白岩松开始接过扁担给家里挑水吃。

1985年夏天，白岩松从内蒙古海拉尔来到北京，成为广播学院新闻系的一名学生。考广院是一个偶然：那年一个在广院读书的大学生到他家来拜年，白岩松在一旁听说广院考试轻松容易过，还可以看课外书。

在白岩松43岁的人生里，大学本科4年被他认为是最重要的经历。"从1985年到1989年，崔健的第一场音乐会，琼瑶、金庸进大学校园，然后朦胧诗、王朔来了，我这代人的宿命，理想、道德、责任感，经历了那4年，不让他关心社会、国家太难了。"

和当时所有的大学毕业生一样，白岩松的工作也受到了社会的影响。本来他的单位是中央人民广播电台——在实习的半年里，白岩松的诚恳和热情给带他的老师和部门领导留下了深刻印象。在他准备报到前，他突然收到通知，去北京郊区的周口店乡政府劳动锻炼一年。

"那时我很沮丧，因为看不到希望。一年就看了两本《红楼梦》，那是我识字以来看书最少的一年。我记得有一次地震，张家口地震，咣咣撞墙，我们其他的同学都跑出来了，然后喊我走，我答应一声又睡着了。"

一年后，他回了广电部，被重新分配到《中国广播报》工作。"我当时认为广播报是排节目表的，很沮丧很受打击。"去报到的第一天，白岩松到单位对面的南礼士路的兴达书店，买了一本人民大学出版社的《报纸编辑》。白岩松上广院读书时，没有学过报纸编辑。

很快，他成为那张报纸最勤奋的编辑、记者。除了写新闻外，他也写诗写散文。"我来自内蒙古，一个外地人，没有亲人，也没有任何背景，只能靠自己，努力的工作。"

当时，单位有个瘦瘦的同事叫崔永元，也喜欢舞文弄墨，他们很快成为了朋友。当时，崔永元已经在偷偷摸摸地给中央电视台干活了。后来，先离开报纸的崔永元给中央电视台主政《东方时空》的时间推荐了白岩松。

当时中央电视台的影响远远没有今天这样大。白岩松从如日中天的中央人民广播电台离职，去中央电视台当临时工，很多同事都不看好，认为他的选择不值当。如今，白岩松已成为中国最著名的电视主持人。

很多年，白岩松一直住在离中央电视台为半径的距离内，为的是随时可以面临突发新闻事件，在最短的时间内，抵达演播室。在央视的新闻频道开播后，台领导要求白岩松要进入24小时待命的工作状态，随时准备直播新闻事件。

在中国，因为现实和各种限制，记者做久了，因为各种层出不穷的腐败、矿难、拆迁、医疗事故、灾难，目睹太多的不平和不公正，还有不断的新闻被禁发，难免会心理疲惫、沮丧甚至厌倦，这导致了很多记者的离开，也让中国新闻业的水准和质量一直在低水平上徘徊。白岩松就没有遭遇过这样的问题吗？

在广州大剧院"中国梦"现场，白岩松立场坚定，眼神刚毅。"我们的沮丧来自于：我们总有一个终极理想，世界美好。我不信人类有终极的理想实现的那一天，心肝的问题解决了，将来就是胃和肠子问题，再将来是前列腺问题，人类永无止歇，就这么向前走。我看懂了这一点，所以我没那么多沮丧。"

国家的梦与自己的梦

《南方周末》（以下简称问）：你在耶鲁大学演讲《我的故事以及背后的中国梦》里说："即使我10岁了，梦想这个词对我来说，依然是一个非常陌生的词汇，我从来不会去想它。"为什么？

白岩松（以下简称答）：梦想是一个挺奢侈的词汇，当你具有了一定条件才可以去谈论它。生活很艰难的时候，没有人去谈论梦想。今天回头看，吃饱饭穿暖衣也算是当时的梦想，但我不会用梦想这个词来去恒定，所以当时的确没有梦想。

1978年，那个时候哪有梦想呢？大部分中国人还在饥饿当中吃不饱饭，连梦想都不知道是什么，怎么去谈梦想？我相信，大部分的中国家庭跟我的家庭一样，关心的都是吃饱穿暖，冬天温度能够上升一点，房子大一点，这些眼前非常具体的东西，我们不会去想那么远。

我只是希望自己工作的时候，能够不接父母的班，重复他们走过的人生。现在的年轻人不会理解我们那个时候，年轻人的命运像是被注定了一样，如果父母早点退休，你就可以去接班当老师，要么去参军，或者上山下乡当知青，此外再就没有别的路选择了。

问：你提到了美国梦，你怎么看待中国梦？

答：我觉得中国梦有一个演变的过程，我们现在正处在两个不同的中国梦的转折期：上一个中国梦跟个体无关，要让个体做出巨大牺牲，实现一个国家富强的梦想。

现在距辛亥革命已百年多了，那个时候的中国人被外国人打得很惨，民族衰落得很快，所以确立了一个庞大的梦想：这个国家要站起来、要富强。所以一代又一代的中国人没有个人的梦想，很多中国科学家是学文科的，进去之后发现学的东西造不了坦克，临时改学物理，因为它可以帮助国家打败侵略者。个人的理想不重要，多少人为实现这个集体、国家富强，牺牲自个人梦想。

到2010年，中国的GDP世界第二了，中国人用了100多年的时间，牺牲和覆盖了所有个人利益、梦想，"大梦想"的中国梦实现了，现在该进入到一个转变期了，尊重每一个个体梦想实现的"中国梦"。

接下来这个过程同样很漫长，让每一个人都看得到公平，让每一个人都看得到希望，让每一个人都被平等的尊重，经济、军事硬的东西很硬，文化、艺术软的东西更硬，常识被捍卫，理性被维护，信仰慢慢被重新确立，每一个中国人有关的中国梦刚刚开始。

我不认为上一个大梦有问题，好多人都说压制了很多的个体，在这个国家那么惨的时候，只能是先以国家的富强和站起来为标志，一代又一代中国人去牺牲，完成了富国强兵的梦想。但是现在，已不能动不动就拿国家的大梦，让每一个人做出牺牲，而需要国家开始服务于个体梦想的实现。这是一个新的中国梦，刚刚拉开大幕，挺好玩的。

问：这个进程会需要多长时间呢？

答：谁都不是算命师，都无法说准这新的中国梦会用多长时间去实现，但最重要的是我们是不是在做，是不是正向的力量。我和大学生沟通的时候在说，如果说中国是一列火车向前开，你可要知道我们一定要成为正向的力量，什么叫正向的力量，那是对的，奔着新的中国梦去实现的方向，我们要从后面去推动这个火车向前走。

但你可要知道，前面还有人拦着火车要回来，还有人从侧面推呢！更可气的是还有很多的人坐在车顶上，不管你向哪推他都在那抽烟、喝酒，对"既得利益"，你要有足够的心理准备。我希望，更多的人成为正向的力量。

问：这个国家需要梦想吗？

答：一个没有梦的个体和一个没有梦的民族都太可怜了，吃不饱、穿不暖你谈什么远大的梦想，当梦想成为民族和个体的奢侈品时都是可怕的。

但今天我们可以去开始勾勒它，并且慢慢开始去推动它，这是媒体的责任。一张报纸、一张新闻纸可以换无数的领导、可以换无数这里从业的人员，但是这张新闻纸一直会在，作为历史的记录放在这里。

我们今年会重新捣腾出陈独秀当初主编的《新青年》，看到那个时候的年轻人在谈论什么东西，也与梦想有关，你会清晰地看到100年也不远。我最近翻鲁迅的书的时候发现，我们今年的很多事情，包括跌倒了没人扶起来，鲁迅都说过，还是那么近。所以新闻人有责任去为历史留下一个记录，免得将来历史误读。

我们全家都是搞历史的，我哥是搞考古的，我说我不是，但后来发现也是，因为今天的新闻就是明天的历史，当我哥的同行100年后考古的时候，我往今天的历史墓穴里放进了什么样的证据呢？它是真实的吗？符合这个时代的预期吗？所以我觉得对于《南方周末》也好，对于其他的媒体也好，在这样一个转折的时代里，已经往历史的洞穴里面放进了和"中国梦"有关的内容，起码它是一个很重要的开始，也希望100年、200年之后的人知道，我们这个时代的人没有庸庸碌碌无所作为，也是有梦想的。

理想不是说的，是要去做的

问：你前面提到了克朗凯特、法拉奇，他们唤醒了你的某种梦想，你想成为他们吗？

答：我只要成为中国的白岩松。从大学毕业到现在，20多年的时间我做新闻，一直没有变过。每天都有无数的事情在眼前发生，梦想必须很好地藏在心里，而去解决眼前一个个具体的问题，生活的、现实的、管理的、专业的、人生的，随着年岁增长的各种问题。它一定会使你慢慢明白，理想、梦想最关键的是变现，要把它变成现实当中一步一步去靠近它的过程。

昨天我还在跟我的一个同事讲，"把理想揣起来"，用每天当中的每一件行为去把它小小地变个现，就是这样的。天天谈梦想的人不是骗子就是懒惰者的借口，我现在已经很厌倦总跟我谈理想、谈梦想的人。

问：为什么？

答：这样的人，一般是把所有的精力都花费在谈上了。中国新闻人的理想、梦想的实现是要去做，日以累积，点点滴滴，不懈地努力、坚持。在今天这样一个转型期，我们的道路注定是一个非常残酷、非常漫长，有时甚至难以忍受的改变过程，甚至不是一代人所能完成的。当你走了之后，交完接力棒的时候，都可能是带着很多的委屈和误读去完成你的使命的。只有几代人把这一个梦想周期完成了之后，实现了之后，大家才会松一口气。这个路程很难。

问：这是你一直没有离开央视在岗位上坚守的原因吗？即使是在《东方时空》和新闻评论部遭受挫折和打击的时候，你没有像许多老同事那样选择离开，而是默默坚守。

答：很多同事怀念所谓老评论部时代，提到所谓"黄金十年"，一般我总是打击他们，那10年我们是不是天天在谈论理想？不是的。而是天天在谈论具体节目，怎么去做？怎么去把这个东西做好？改变就在这个过程中慢慢地完成了。如果天天谈理想，我们的组是不会有成就的，当然这须返回去看。

我们应该很庆幸赶上了这样不正常的时代，有很多第一次，朦胧诗、武侠小说、崔健的演唱会、摇滚乐的兴起，打麻将颓废风的开始等等；90年代我又赶上了新闻改革、电视改革10年，我们确实很幸运。

现在我们正在经历一个正常的时代，论资排辈，差不多就行，然后唯唯诺诺。周围不也是这样吗？可在这个过程当中，我越来越明白一点：理想不是用来谈的，梦想也不是用来谈的，而是有一帮人能够忍受委屈，甚至忍受误读，能够坚忍地以长跑的姿态去做事情。非常不诗意，一点都不浪费，残酷之极，甚至有无数人掉队，最后几代人去把它实现，这便是梦。

我觉得在每一个人的人生当中，都会有属于自己的选择，每个人的选择都有道理，我只不过只能做这个行当，那就继续做吧！做《新闻1+1》其实是挺浪漫的一个过程，所以我才会感觉到它的残酷。其实我可以选择更轻松的方式，我可以选择更不受刺激、更让自己放松、获取更多利益的做法吧！我干嘛要去做《新闻1+1》？但不行啊！这里有我的梦想、理想，有我想做的事情在里面，更重要的是我不做谁做啊？交

白岩松　中国的白岩松

给别人、交给下一代人？还是我先做吧。

问：陈虻的去世唤醒了人们对央视改革10年的追忆，你怎么看待当时的那段岁月？

答：梦想不是在大排档晚上喝高了之后的某些东西，而是非常清醒的时候你在做什么。我在写怀念陈虻的文章里强调：我们今天应该继续延续过去的很多东西，比如深化新闻改革，继续坚持新闻理想，不断地提升新闻节目的质量，不懈地坚持报道新闻真相，必须长此以往，否则连他的死亡都没有任何意义。我的原话如此。如果理想只是在大家凭吊的时候才念到的一番话，它就没有意义。如果我们喜欢的一切今天都已陆续消失，谁都不去改变的话，陈虻的死又有什么意义呢？我不喜欢现在的状态，很多人都抱怨，自己不做事，不去改变现实。大家有没有想过，我们每个人既是原告也是被告啊。你深恶痛绝的许多人行为，比如行贿送贿，贪污腐败，你愤怒你在网上骂，可是当自己成为权力者时，当你享受它的利益、好处时，有时候你做得比他们更糟糕。你跟那些自己原本痛恨的人是一样的。

整体社会都是同一个舞台，我们谁不是原告或被告呢？但我们都只关注着自己作为原告的色彩，又有几个人在反省、反思自己作为被告的角色呢？所以当我岁数越来越大，就越来越在乎别让自己成为被告，这也是实现所谓梦想、理想的过程中必然的题中应有之义吧！

我始终是一线的记者

问：你在北京大学和王克勤对话时说，你很羡慕一线的调查记者，你还会出现在一线吗？

答：我始终不认为自己没有做一线记者，别人经常给我定位，主播、主持人等等，其实我就是一个记者，一个传媒人，永远是这个定位。

什么叫做一线？有多少个记者不带任何灵魂，天天在新闻一线，你认为他在一线吗？即使不经常来到矿难现场，但如果心在一线的话，你依然就在矿难现场。就像有很多人说新媒体和老媒体，可是我认为有多少新媒体还没新就老了。可是不也有很多老媒体仍保持新锐的姿态吗？媒体里有很多的老人非常年轻，也有很多80后都老了。

我挺反感"要替人民说话"这种表述，难道你就不是人民，就不是一个老百姓吗？所以，我自我定位就是记者，我始终在一线，始终就在新闻现场。我多少次在直播时提醒新闻现场的记者，新闻是事实真相！可太多在现场的记者没带心和灵魂，一直注意的是自己的发型，带着从办公室里写好的稿子去现场。

问：你的团队会有这些问题吗？

答：我的团队不会这么惨，《新闻1+1》每天都在播，大家可以看，可以自己去做评价。

问：《新闻1+1》之后，你还有新研发节目吗？

答：当然，不断地在讨论新节目，我们今年还在改。今年《新闻1+1》也在变化，我要打造一个多元化的平台，在现在的节目里，我每天大量引用来自网络、微博以及其他媒体的声音，然后有很多声音，甚至是跟我的看法不一样的。

我不希望把《新闻1+1》变成一个一言堂，它应成为一个声音集散的平台，这次改版的时候我写的第一句话就是：《新闻1+1》是一个在电视上首播的多媒体栏目，我已经不再把它当成电视栏目了。节目头一天在电视里播完，明天互联网上就出现了，新浪新闻的首页都会有，而且点击量非常高。所以我已经把它当成一个多媒体节目了。

问：以100米为目标，在路上你跑了多远？还有多远？

答：从个体的角度来说，我觉得已经跑了300多米了，因为从童年从我出发的那条线、曾经设想的那个目的地为目标的话，我现在已经超过了很多，所以始终会有一种感恩的心态，或者说自己赚了，运气太好了。但是要从梦想的角度看，当自己纳入到一个群体的一员的角度看，差的还远，还刚走了两三米。

没有正面和负面，只有报道

问：到目前为止，央视在赵化勇走以后，进行了大胆的改革，新闻

白岩松　中国的白岩松

频道这两年动静也蛮大的，你觉得它达到了一种理想的状况吗？

答：理想永远在路上。我从来没有满意过，央视新闻改革和《新闻1+1》，还有很多可以改造的空间，不光是我们自己，还有周围，我们这个社会可不可以更加信任媒体？我们的管理者可不可以更自信地知道：媒体是建设者，而不是添乱者。可不可以更加自信，让所有人都看到我们的缺点，并且改变缺点，而不是只想把美好的一面让别人看到。

如果中国的媒体都只是展现中国最美好的那一面，全世界谁相信你是一个发展中的国家啊？还有我们的年轻人会不会以为中国已经好得不得了，再没危机感了？一旦年轻人没创造力时，中国的死路就到了。一个没有危机感的民族怎么可能向前走呢？

新闻的担当之一便是揭示危机感。我们如何去更真实地了解国情，如何知道上海和贵州是不一样的，有些官员还在滥用自己的权力，贪污腐败依然存在。这一切应该让高层领导和人民群众知道。作为新闻人，我们所做的一切都是为了让这个国家、民族，让这个时代变得更好，要有一种自信和勇气拥抱这个更开放、更多元的媒体，所以需要改变的不仅仅是我自己。

问：央视现在的海外记者站快80个了，国内的记者站已有近40个，这对央视的新闻报道会有什么样的改变？

答：我们离新闻更近了，更接地气了，还有有一些对当地不利的报道，也不用当地电视台配合我们做了。

问：你在北大演讲提了一句话：新闻只有一种报道，没有正面报道和负面报道。

答：我转引的是朱镕基总理1998年我们面对面小范围座谈的时候他说的一句话，他说正面报道占多少合适？我看51%控股就好了嘛！在中国新闻界有一个错误的分割法，全世界只有报道这个说法，而在中国会有正面报道和负面报道这样的说法，我希望我们回归本源，只有报道。

很多年前丁关根当中央宣传部长的时候，有一个七八个人小范围的座谈，丁部长问：你们《焦点访谈》一个星期是怎么配备的？然后说3天正面的、3天负面的，一天中性的是随机的。结果丁部长反应特快，说了一句："在我看来7天都是正面的。"就看我们传媒人怎么来理解这句话。如果你所有的报道都是建设的、积极而满怀感情的，想推动国家变得更好的话，即便是大家以为的负面报道，也同样有正面意义。

如果都只是大家以为的正面报道，但慢慢麻醉了时代，麻醉了一代又一代的年轻人，丧失了所有的危机感，只呈现出了某种虚假的美好，但真正的不好又没像啄木鸟一样给叮出来，那怎么改正？这种正面报道从历史的角度看，不就是负面报道吗？

我认为只有报道，没有正负之分；而且只要是好报道的话就都是正面报道，因为有助于这个国家的进步。

《南方周末》记者　张　英

白岩松　中国的白岩松

王克勤

[致敬词]

从10年前的《北京出租车业垄断黑幕》到最近的《山西疫苗乱象调查》，王克勤奠定了他在中国调查报道的卓越地位，让世人见识了转型时代中国新闻的独特力量。

如果对苦难冷漠，你就不配当记者

　　王克勤，1964年11月14日生于甘肃省永登县，曾是中国著名的揭黑记者。踏入记者这一行业，王克勤最初的动机很简单——"做一名记者很风光"。

　　1989年，王克勤进入《甘肃经济日报》社。进入报社后，"主要也是做宣传报道"，与大多数记者一样，那时他以采访省长、省委书记为荣。但是最常处理的却是群众的来信来访。"也许是一种天然的认同"，出身农村的王克勤逐渐从一个宣传报道者变成了朴素的为民请愿者。期间，他勤勤恳恳，但默默无闻。

　　2001年2月3日，王克勤在《中国经济时报》发表与"时报"记者王宏合作的调查报告《兰州证券黑市狂洗"股民"》，这篇报道引发了证券业的大地震。这段时间，王克勤不断接到恐吓电话，甚至有传言说，黑道的老大用500万元买他的人头。时任总理朱镕基当即作出重要批示，"兰州证券黑市案"便成了2001年"全国市场经济秩序整顿第一案"。此文的发表，不仅挽回了兰州近万名受害股民的数亿元损失，更重要的是在全国范围内引发了一场声势浩大的铲除证券黑市的运动。

　　2001年4月29日，《甘肃经济日报》暂时停办。9月，王克勤加入《甘肃日报》社的子报《西部商报》，担任特稿部主任。10月17日，发表调查报告《公选"劣迹人"引曝黑幕》，揭露甘肃堡子乡基层干部搞的"劣迹人"公选活动，横敛钱财、欺压百姓的真相，使舆论哗然。10月19日、22日，李岚清、温家宝分别批示要求调查此事。随后，甘肃省调集6个部门50多人组成的调查组进驻堡子乡。然而最终结果却是，省里专门成立的调查组做出了王克勤收受贿赂操纵报道的指控，让人哭笑不得的是，指控还细节到王克勤收了哪家哪户几头猪、几头羊。

2001年11月，他被原所在单位无辜开除公职。一个获得业内声誉的优秀记者转眼间成了"无业游民"。"我感到很委屈。"王克勤想不通，自己给党和国家做事，怎么能这样被组织上开除？此后，他也成了一个"上访户"，他到处找人，但领导都躲着他，平时来往的同学也对他避而不见。

2001年底，国务院研究发展中心得知王克勤的处境后，协助恢复其公职，调入旗下的《中国经济时报》，该报欣赏他"具有改良社会的境界、悲天悯人的情怀及非凡的勇气"，王克勤对该报心存"知遇之恩"。

2002年1月，王克勤来到北京，加入《中国经济时报》任高级记者。在这里，他接触到不同思想领域的同事、学者，观点的交锋对王克勤启蒙很大。2002年之后，他的反思有了初解，他将自己定位为推动社会制度完善的改良者。"我把制度的改良和完善当作我的首选，我的报道也希望如此。"

2002年，王克勤用4个月的时间，采访了100多位出租车司机、数十家出租车公司和众相关部门官员及专家学者，为了"避免一个螺丝钉的缺损搁浅了巨轮出航"，每次采访，他随身携带印泥，让对方签字画押。最终完成了40000字的调查报告《北京出租车业垄断黑幕》。他形容出租车管理体制弊端——"富了老板，亏了国家，苦了司机，坑了百姓"。稿件见报后，惊动最高决策层，为北京市乃至全国出租车业的市场化改革提供了坚实的实证依据。

他在《中国经济时报》期间完成的每一篇报道，都激起社会广泛的关注。2005年6月20日发表了长篇报道《河北"定州村民被袭事件"调查》，2005年11月30日，发表了《邢台艾滋病真相调查》；2007年1月

24日，发表了《山西黑煤矿矿主打死"记者"的背后》；2010年3月，发表《山西疫苗乱象调查》；2010年10月，发表《河北大学校园"飙车案"调查》。

《山西疫苗乱象调查》见报后，面对各方压力，王克勤毫不惧怕，甚至在其博客中态度鲜明地表示："为了更多中国孩子的生命安全，我们战斗到底。"而签发这次报道的《中国经济时报》社长、总编辑包月阳被调离职务。

2011年7月18日，《中国经济时报》调查部被解散，王克勤被解职。同年9月28日，王克勤加盟《经济观察报》，任总编辑助理。

2012年8月6日，王克勤在《经济观察报》发表其调查报道《暴雨失踪者》，报道提及同年7月21日北京暴雨的3名失踪者马海龙、侯建和杨晗。2013年2月27日，王克勤再次失业。

北京外国语大学国际新闻与传播系教授展江评价王克勤说："我相信，不是工具理性，而是价值理性，支撑王克勤走到今天。王克勤他们既让中国社会更加透明，又改变了国人价值观，相当程度上把歌颂型文化改变成了批判性文化。"

记者首先是人

《南方周末》（以下简称问）：你可能是中国调查记者中年龄最大的一个，而且是最有激情，干劲最足的一个调查记者。我看过你的一些言论，你做新闻不仅仅是为了职责，你是把新闻当做信仰。

王克勤（以下简称答）：有人问我，一个人掉进水里，你是先救人还是先拍照？我说我的选择很简单，先救人。他说，你不是记者吗？我说对不起，我娘生我时，首先是人，是这个社会的一名公民，之后才是记者。

问：你不是为了报道而报道。

答：对。说到为了报道而报道，我可以举出很多案例，像2004年吉林一家媒体报道农民工从楼上摔下，摔死了，它的标题叫《昨夜上演高空飞人》。同年9月，江苏一家媒体报道农运车从一个骑自行车的人头

中国梦——38个践行者的故事

部轧过去，轧死了，它的标题叫做《骑车人中头彩：惨死》。可见他们对生命的态度何其冷酷。

但这样的案例不止出现在地方媒体上。2004年9月6日，某电视台在播报俄罗斯人质事件时，竟然要中国观众竞猜，劫匪将会枪杀多少孩子，猜中的人发短信可以得奖。请问，如果在屠刀下挣扎的是你的孩子，你是否还会让观众这样竞猜？

所以，我经常跟大家讨论这个问题，做新闻到底是为了什么？初级的目标就是传递信息，中级的目标是报告真相。但新闻还有一个终极的守望、终极的目标，那是什么？就是守护个人权利。

这方面最值得解剖的案例，大致发生在2007年，在四川东部出现疑似猪流感之后，香港一家电视台到事发地采访，真称为"尽职尽责"吧。但接下来他们做的事就让人瞠目结舌了，他们居然雇用当地农民把掩埋在地下3米，有传染性的瘟猪挖出来拍摄。这片子在香港的收视率很高，会给这些记者带来很大收益。但它起码有三个问题：

第一个问题，它背离了新闻的终极价值，其行为本身已经造成了对他人生命可能的伤害。我们所有的社会活动都应该让从属于的每个个体生命更安全，更健康，更自由，更幸福，这是人类的终极价值，也是所有新闻的终极出发点。这家电视台的记者把掩埋在3米以下的瘟猪挖出来，已经构成了对他人生命的伤害和威胁，不仅仅是一两个人生命的安全，可以说是危及公共安全。

第二个问题，他们的行为充斥着歧视。我们许多记者，都有这个问题，不是故意歧视，而是潜意识里就有歧视的念头。记者对普通人的歧视，城里人对乡下人的歧视。我在一家很大的媒体上读到过如此文字，一个农民工被高压电打死，它怎么描述呢？像只烤鸭一样。农民工等于烤鸭，在这个描述中报道者把歧视传播给了更多读者，很多的读者通过阅读，无意识中被歧视所同化。

其三，香港这位记者的行为违法。依照传染病防治法规定，人为造成传染源二次传播的将追究刑责。现实情况是，一方面中国记者在采访、报道时面临没有法律保障的尴尬；另一方面，中国记者又在整个社会空间里，跟很多人一样处在一个无法无天的境地，这就是非常怪异的现象。

问：对生命价值的轻慢，这不只是新闻的问题。

答：是的，所以我一直讲我先是人，然后是一个公民，再才是一个记者。人家常说我做太多不属于记者范畴的事，说我越轨了。我说对不起，我在报道中严格按照新闻专业主义的定律，按照记者的职业规范去做。但是做完之后，我作为公民，还可以给我面对的弱者争取更多的权利，这时我就必须要采取公民行动。

作为一个人，我看到别人痛苦我也会跟着痛苦，要自己不痛苦就得去行动。什么叫人性？就是当别人痛苦的时候，你看到了，内心有痛感。而如果别人受难时你反而有快感，说明你的人性已经异化了。

只要我们努力了，还是会有所改变和影响

问：这就超出报道的技术范畴了，而属于道的层面。

答：这可以称作新闻之道，比新闻之术更重要。为什么？从技术层面，任何人经过训练都可以做到，并且都可以做得很专业。但是新闻之道要能做到，不是一件容易的事。关于新闻之道，最核心的就是：把人当人，将心比心。在采访时，见到老大爷向我们求助时，其实不妨换位思考，假定我是老大爷求助你这个记者，那么我希望记者对我是怎样的态度，能不能平等对待。当然出于职业规范你要保持跟他的距离，包括对他陈述的情况要质疑和警惕，但同时能不能在态度上对他保持应有的尊重？这两个立场并不矛盾。

问：这既是做人，职业素养也在其中。

答：对。概括起来无非6个字：说人话，做人事。

问：回过头来再讨论刚开始的问题，揭黑报道差不多20年，你为什么能坚持下来？

答：我觉得要有基本的判断。第一个基本判断是：只要我们努力了，还是会有所改变和影响。第二句话是：努力了不一定会改变，但不努力就永远不会改变。

就拿我这20年的职业生涯来讲，我当年20多岁就做了甘肃回收市场黑幕的报道，马上引爆全省范围的回收市场整治。10年后的兰州股市黑幕报道，也引爆了全国性的股市整治，兰州有150多人被捕。然后是北京出租车垄断黑幕报道，不仅引爆了整个出租车市场的整治，而且启蒙了出租车行业从业者，强化了他们的维权意识，促成了一系列维权活动。

我后期的很多调查，包括艾滋病调查、山西疫苗黑幕调查，就公共舆论的影响力来讲，重视程度也是前所未有。以山西疫苗报道为例，它已经对全中国的公共卫生工作者起到了警示作用。我掌握的大量信息显示，他们对疫苗管理的态度已经发生重大变化。但最重要的还是对全民的启蒙作用，它已经提醒了全中国所有的家长，要冷静地看待现阶段的社会问题，而不是盲从和盲信。

我坚持，是因为内心柔软

问：记者不能对自己能力过度想象，对媒体力量过度想象。

答：对，他们对中国社会的判断力确实还有待提高。大概在10年前，我对整个舆论监督能起的作用就有一些思考，当时的思考和现在的思考变化不大。我认为舆论监督有以下三个层面的作用：

第一，从微观上讲，舆论监督往往都是捍卫具体的公民权利，对特定的受害者诸如被强制拆迁的业主，被辞退的老师，直接起到一个司法救助或行政救助的作用。

第二，从中观上讲，我们的努力可能影响某地乃至中央的公共政策，不仅使报道中的当事人受益，更重要的是对整个国家的制度建构起到点滴的改变作用。

第三，从宏观上讲，我们每天的报道大多是真相的呈现，只要不断把真相告之于众，就有累加效应。这个作用是渐进的，常常是看不见，摸不着的，但这个作用往往是最大的。

我觉得很多同仁过得很痛苦，就是这个问题处理不好。其实我个人也经历过这个过程。必须经过，才能进入这样的境界。

以激情之心关注，用冷静之笔记录。做一个真正的记者应该要有激情。

问：是人就会有痛感，会愤怒，会焦灼。

答：对。有人问我为什么一直苦苦坚持，说实在话，主要是因为我内心太柔软，看到别人求助的眼神我会很痛苦，会感到折磨。要让自己的痛苦少一点，那么我就得行动，在职业范围内给他们一些帮助，换得内心的宁静和宽慰。这是激情的第一个层面。

第二个层面，我是记者。从职业层面讲，你就应该容易被那些事情打动。作为记者更需要有激情，如果对所有的受难和痛苦都冷漠，你就不配当记者。

问：但这也可能是双刃剑，自己报道的那些形形色色的悲剧和苦难本身，可能对记者自己的人格、心态，会构成细微又持续的伤害。

答：我曾经是这样，但时间久了我就要慢慢跳出来。

问：自我疗伤？

答：对，自我疗伤法，自我调整。我面对的煎熬很多了，但最大的煎熬，还是面对众多苦主求助的眼光，你不能每件事都报道。

这真给人很大的压力，有时都让人喘不过气来。我收到很多来信骂我冷酷无情，骂我"你丫只找重大题材，咱家悲惨的事你为什么不报道"。

问：但是也没有办法，正如前面讲到的，对记者的能量、媒体的能量不能高估。媒体不是救世主，不可能包打天下。

答：是的。我们经常面对的是跟被监督方之间的一场竞赛，看谁反应更快，看谁功夫下得更扎实。只要你反应足够快，功夫足够扎实，被监督方再怎么严防死守，也能找到突破机会。只要一直坚持那样去做，那样尽职尽责，就能够有所成就，就用那些成就来抚慰自己吧。

《南方周末》记者　笑　蜀

调查记者的生涯充满艰辛，也充满媒体人的荣誉感。王克勤对话白岩松

易
玛

易玛·孔萨雷斯·布依来自塞万提斯的故乡，她怀着对古典中国的想象，一脚踏进了当代中国。在与中国的30年因缘中，她参与和推动了中国当代艺术、先锋文学的成长，向西方讲述了跌宕起伏的中国故事，成为传递中国文化的使者。

西班牙与中国的文化使者

易玛·孔萨雷斯·布依，西班牙人，生于巴塞罗那。她对古典艺术、先锋艺术颇有研究，组织过北京的艺术活动，策划过《中国先锋艺术展》，翻译过样板戏《红灯记》。

因为小时候看赛珍珠的《大地》，易玛对中国产生兴趣，看电影、学中文、练武术，萌生了来中国生活的想法。

1979年，易玛来到北京，在西班牙驻华大使馆做了20年的文化专员；2003年，她为西班牙成立孔子学院提供中国文化方面的咨询；2006年至今，她是北京塞万提斯学院的院长。

易玛的爱情在中国开花，她的爱人刘效松，是崔健乐队的前打击乐手。恋爱时，两人攒着几十元的工资，骑自行车逛北京。她懂刘效松的才能，送他飞去西班牙学习打击乐；大家不看好跨国恋的时候，两人结婚，至今恩爱如初。易玛也因为刘效松，结识了中国文艺界的许多友人。

易玛相信文化传播是政治、经济和其他领域交流的前提，2006年成立的北京塞万提斯分院就致力于传播西班牙的语言与文化，为中西方文化的碰撞和共存提供平台。易玛希望可以一直在中国工作到退休。

如今，从塞万提斯走出来的学生，有的从事了相关工作，有的去了西班牙游历。易玛希望塞万提斯学院不仅培养出西汉双语的人才，更能够筑起两国文化及友谊的桥梁。

西班牙作家塞万提斯在其名著《堂吉诃德》中写到一个未来构想：中国皇帝想创建一所西班牙学院，专门教授西班牙语，中国皇帝希望用《堂吉诃德》做课本，希望邀请塞万提斯做院长。"塞万提斯眼里的中国是陌生的，但是他能想到中国我觉得已经很了不起，那时西班牙人很少能接触中国。"现任塞万提斯学院北京分院院长易玛如此评说塞万提斯的构想。

2003年，因为父亲病重，留学北京的易玛返回马德里。其时外交部成立一个新的机构"亚洲之家"，易玛应邀为其工作。一年之后，父亲辞世。易玛写报告给西班牙外交部，希望成立一个文化传播机构。不久报告批复，易玛重回北京，担任新成立的塞万提斯学院北京分院院长。

自1979年到中国留学始，28年来，易玛跟中国的文化密不可分。早年她在北京的公园组织各种艺术活动，包括崔健、何勇、唐朝乐队的演出⋯⋯她参与在巴塞罗那举办《中国先锋艺术》展览，将张晓刚、徐冰、曾梵志等35位艺术家的作品带到西班牙，那是西班牙举办的第一次中国当代艺术展。她翻译样板戏《红灯记》，翻译老舍《骆驼祥子》，她让中国人排《唐吉诃德》，让西班牙人看《骆驼祥子》。

2006年至今，北京塞万提斯学院举办了许多重大的文化活动，培养了上万名西班牙语学员，作为院长，易玛期望让西班牙理解一个全面的中国，她对塞万提斯学院的未来期待，就是希望这个学院能够在其他中国的城市落地。

2011年5月，塞万提斯学院做的重要工作就是邀请2010年诺贝尔文学奖得主略萨访华。"略萨是秘鲁和西班牙籍，他有双籍。我们跟秘鲁使馆和西班牙使馆一起邀请他。略萨是他们的人，这一次也是我们的人。"易玛对记者说。

白天邓小平，晚上邓丽君

易玛最早对中国的了解是通过阅读赛珍珠的小说《大地》。

70年代，西班牙很少有关于中国的书，那时西班牙不了解中国，人们没有机会来中国旅行，没有办法到中国留学。赛珍珠的小说《大地》细致地呈现了中国式生活，其中的文化冲突对易玛很有吸引力。那时易玛17岁，在西班牙有中国人开设的餐馆，她每周去一次："我教他们西班牙语，他们教我中文，除了学方体字，还学中国禅宗和中国武术。"

那时候中国对易玛来说非常有诱惑力，一个陌生的国家，一个文明大国，拥有悠久历史的文化大国，易玛想通过语言的交流，希望能了解现实的中国。但当时她所能获得的信息非常的少，她想看看通过阅读所知道的那个中国还是否会存在。

1979年易玛有机会到北京学习，对中国的了解就这样开始。

"最初到北京，我记得还是最早的那个机场，当时北京的机场非常简单、非常简陋，我坐的是国航，那时在机场还悬挂着毛主席像"，落地的时候易玛问自己怎么办？"那时到中国的梦想实现了，但是我不知道会碰到什么。1979年的时候中国刚刚开放，那时候我和外国人住在一幢楼里，很少看到一个中国人，完全没有机会说中文，跟外面接触也是特别难，因为人们都比较谨慎，看到外国人都不敢说话。"易玛回忆初到中国的印象。

有台湾在西班牙的一个华侨，托易玛带一块手表给他的叔叔。易玛在王府井一家钟表店，花50块钱买了一只海鸥表，代朋友送人。来自浙江乡村的一个老农民，坐火车好几天到北京来就是为了见一个老外，老外给他一块海鸥表，他们约定在北京饭店后街见。当时北京饭店不让中国人进，易玛在饭店后面的胡同等那个浙江农民，准备把买来的海鸥表送给他，突然来了几个人把他带走。那时大家都不放心，外国人跟这个农民在一起，让有关部门非常紧张，后来这个农民再没有出现。几天以后那个朋友给她写信说他没有办法取那块表，说这个人回去了，他不方便跟易玛见面。

那时候，在易玛住的居民楼里没有一个中国人，老师也不愿意跟她接触。因为他们害怕惹麻烦，还有很多的禁忌，中国人跟外国人必须保持距离。比如学校组织看京剧，不能乱跑，就跟着老师。然而，紧张也并没有维持多久。1980年随着中国社会开放，人们对待外国人的态度迥异。很多人跟外国人拉关系，做朋友，结果发现这些人的接近就是为了兑换外汇，为了让外国人带他们进友谊商店。她非常难受，"那时你还不能抱怨，因为你还想继续学习。"易玛说。

易玛的第一份工作是做《人民日报》的翻译，天天看《人民日报》，主要是看社论。

那时《人民日报》跟其他媒体区别很大，光看《人民日报》社论就能了解一个国家的政治导向和社会情态，前提必须是敏感，必须能深入了解现象背后的本质。

对那段时间的运动她记得特别清楚，"五讲四美三热爱"、"清除精神污染"、"反资产阶级自由化"，这些名词易玛开始不明白，后来老师讲给她听就明白了。

还有邓丽君，"晚上有邓丽君、白天有邓小平。"这是当时民间对社会形态的戏谑。

中国的爱情，中国的艺术

易玛是通过中国京剧院的鼓手刘效松认识中国朋友的。

第一次见面，刘效松送给易玛一盒邓丽君的磁带，易玛给刘效松一盒迈克尔·杰克逊的磁带，他们互留电话，隔段时间再见面再换别的磁带。那时人们习惯用录音机听音乐。"我不知道为什么大家都喜欢听那些歌曲，歌词也没有什么。迈克尔·杰克逊去世时我们特别痛苦，没有他就没有我们的今天。"

通过刘效松，易玛认识了中国的艺术家，音乐人、画家、诗人，他们活跃在外国人举办的文化沙龙，更多是在外国人的家庭聚会上。那时候经常有人组织朗诵会、举办艺术展览。当时在北京的外国人学汉语，他们自己的公寓做文化沙龙，那时没有画廊也没有酒吧，就去他们家。

在和平饭店旁边的金鱼胡同有一家地下酒吧，不是每天都开，那是当时北京唯一的酒吧，这是当时北京艺术家们经常聚集的地方。最多的是画家、音乐人、作家、诗人。那时诗人比较活跃，他们经常搞一些诗歌朗诵活动。张真的丈夫是一个瑞典人，跟易玛是同行，也在瑞典使馆工作。那时易玛经常去张真家晚餐，通过她认识了很多人。

北岛是易玛认识最早的中国诗人。1985年，在诗人张真家里聚餐，她见到即将出国的北岛。

易玛对北岛的印象是觉得这人在国内肯定待不住，因为他要做的事情比较难。他写的东西不容易出版，他要传达的想法很难被社会接受。他们自己编辑，自己做杂志，自己印刷、发行也很难。那时做一件事非常困难，有很多的问题，会碰到不少麻烦，所以有人认为只有离开才能找到生路。比较极端的人放弃他们在国内的生活或者事业去出国发展。

易玛也见过顾城。他是容易失望的人，自己也不知道该干什么。他以前是一个木匠，后来把工作辞掉写诗。以前艺术家都有一个固定的工作，后来慢慢地他们就不要单位，辞掉工作了，没有房子也没有社保，做自由艺术家。他们从有保障的生活到不要保障。"那时这些艺术家开始找一些外国朋友，他希望外国人或者记者能帮助他们，不管艺术家还是作家诗人，或者音乐家都需要外国人这个圈子帮助他们。他们要做一些事情，他们也希望世界知道他们。"易玛说。

易玛在北京日坛公园组织过崔健的音乐会。

认识崔健也是缘于易玛的丈夫刘效松，那时他去西班牙学器乐，1986年回国，1987年夏天参加崔健的乐队，开始了合作。"那时候摇滚音乐非常的有力量，包括它的歌词。观众对这个类型的音乐非常热爱、非常热情，觉得它是正在爆发的一种新东西。但是那时候没有什么地方可以演出，包括报批等的问题，谁也不敢，觉得摇滚是一个'疯狗'，那时候演出摇滚音乐太惹人注意了。"易玛回忆道。

日坛公园有个餐厅，晚餐以后可以租用。在日坛公园的演出可以卖票，所得的钱给乐队，包括支付设备的钱。易玛把日坛公园包下来了，因为是露天搭舞台演出，申请演出资格屡屡受挫，开始因为扰民等原因被取消演出，后来又是天气原因，几经周折之后才得以实现。那次演出易玛觉得很成功，气氛非常好，观众可以跳舞。

一起参与音乐会组织的还有宋小红，崔健的女朋友。宋小红的母亲宋华桂是皮尔卡丹在中国的总代理，她在北京第一个合资开了马克西姆餐厅。宋华桂当过模特，与保加利亚的一个艺术家相爱，据说他们的婚礼是周恩来特批的。她的女儿宋小红跟易玛是好朋友，她们一起发起组织崔健的演唱会。当时在北京重要的艺术场所一个是马克西姆餐厅、一个是日坛公园。

那时崔健经常在马克西姆餐厅演出，很热闹。马克西姆餐厅老有爵士音乐。聚会时人们都可以进去，票也不贵，演出完了还有尽兴演奏。"现在没有这个了，我觉得现在没有热情了。可能我们这代人老了，我们自己也失去了热情。"易玛感叹着时光的迁转流变。

可当年她有这个热情。1986年夏天，易玛在朋友的帮助下把崔健的音乐会搬到了日坛公园。

"演出不是为了赚钱，只是觉得这个事情应该做。在日坛公园办演出是我业余时间，不是工作，那时候我很年轻，也想热闹，把那个公园包了。我们卖票，可能票是10块钱，票卖完了以后就捐给乐队。……那是1986年，他们刚出来的时候。演唱会之后出了第一盘摇滚音乐的磁带。"易玛说。

后来崔健应邀去过西班牙，亚洲之家安排的，他们每年都有一个音乐节。

35 个人的脸，现在看很年轻

易玛阅历过中国从20世纪80年代到现在的文化潮流和艺术潮流的变化。

在谈及中国艺术潮流变迁带给她的感受时，易玛说："那时候的文化和现在的文化相比，真的是太不一样了，包括人对艺术的热情，包括艺术家对自己的要求都不一样。当年的艺术家根本不考虑钱的问题或者卖作品的问题，只要自我满足就可以。音乐家排练没有任何排练费，他自己也很愿意去排练，艺术家画画也很少考虑办一个展览或者是不是有外国老板会买我的画。艺术家从事艺术就是源于热情，有热情才会有艺术。现在就不太一样了，现在有很多被国际承认、很成功的艺术家，有的人就认为他也没有必要再去创新，因为已经被国际艺术圈接受了，所以现在的艺术家没有了那时面临的挑战。当年他们经历的是一个困难的时代。"

易玛跟中国当代艺术的渊源要追溯到20世纪80年代。

最早在北京的居所是在外交公寓，房间很小。她遇见的艺术家也处于事业开始之时，处境困难。

方力钧住在圆明园附近的一个破房子，没有暖气，生活艰苦。

后来圆明园艺术家村被取缔，画家们被轰走。方力钧和刘炜等画家转到通县的宋庄。

易玛第一次见到栗宪庭时已经不知道是谁带她去的，栗宪庭给易玛介绍了很多艺术家，他是被外界承认的桥梁，是众多画廊，包括双年展的策划。"他那时非常认真，把中国艺术状态介绍给国外。那时，一些展览在国内做的很困难，做评论也很困难，也没有办法发表文章，老栗也办一些杂志，他要想办法让艺术家走上国际舞台。要不在国内没法展览，他们自己也没法生活。他等于是现代艺术最早的推手，是非常理想主义的。"

易玛做展览时候，栗宪庭帮了她很大的忙，搜集资料，介绍艺术家。栗宪庭以前住在后海，那个房子现在可能变成一个酒吧了。圆明园艺术家村被取缔后，老栗和方力钧、刘炜住到通县农民的房子里。王广义买了方庄第一批商品房，画家们的作品有了销路，开始有了点钱，那时到了1990年。

易玛第一次见到张晓刚是在1989年春节，当代艺术展在中国美术馆开展，在那次展览上发生了枪击事件。易玛是在开幕式上认识张晓刚的，当时他还做教师，但是画得很好，她喜欢他的画，想购买他的画，他们谈价钱，买了几幅。在易玛看来，张晓刚早期的作品更好，更有力量。

那次展览，她购买的是张晓刚的《自画像》，画中是他自己，很痛苦的感觉，有对生活很深入的思考，表现了现实生活的障碍，他自己不知怎么去克服，包括个人的生活状况。总之过的很困难。"过去不像现在，现在大家都是很成功的样子。那时候却很艰难。也有画廊开始找艺术家，想把他们介绍到国外，所以如果人不在北京可能便失去很多机会了。易玛第一次在北京见张便是在三元里的一个公寓，"他跟妻子住在40平方米的小居所里。"她回忆道。

易玛跟艺术家们保持通信联系，并帮助他们做展览。那个期间做展览也很困难，当作品开始变得敏感时，有的画展就转移到家里，请一些朋友聚餐时观看。那时有不少人买了张晓刚的画。他那时候画油画，收购的价格很低。其实当时的买主等于是他的生活改善者。他结婚不久还给易玛写了感谢信，感谢她给予的帮助。

重要的展览是在西班牙，易玛请了35个艺术家，那次展览很顺利。

那是中国艺术家第一次在西班牙的集体亮相。

参展的艺术家完全是易玛个人的想法。她做了线索，分了几部分，35个艺术家，代表的艺术派别很全面，方力钧、黄勇平、顾温达、徐冰、张晓刚、范丽君、刘炜等，很整齐。

后来出了一本画册，封面是35个人的脸，现在看上去都那么年轻。

"西班牙的公众很吃惊，因为他们觉得中国是非常封闭的国家，而且有些东西，比如说政治波谱，能在国内发展吗？其实这也是实情。画家的许多作品，那时在国内是不可能展览的。后来香港的画廊开始活跃，他们在国外知道讯息，接续举办了威尼斯双年展，巴西的圣保罗双年展，于是这些艺术家便有国际名气了——有些人，像瑞士的大使便开始收藏，他共收藏了几千件作品，自己有基金会和博物馆，他看什么都买。油画、装置、录像都自己收藏，后来离任的时候带走了。"当年的不少艺术家，导演、画家，包括搞音乐的，不但经济发展，职业的发展也豁然开阔，他们已经变成国际人物，超越了中国的边界，变成了全球文化人物。而在当时这是无法想象的。"易玛说。

《南方周末》记者　夏　榆

易　玛　西班牙与中国的文化使者

2011 中国
践行者

阿克曼 [致敬词]

米歇尔·康·阿克曼带着左翼的革命
理想来到中国，见证了改革开放的历
程，同声传译了中国新时期文学代表
作。他向中国表达一个不完美的德
国，向德国表达一个复杂的中国，把
歌德的手和孔子的手握在一起，建立
了异质文化交流的新样本。

不愿做"中国通"的阿克曼

米歇尔·康·阿克曼，出生在德国巴伐利亚，祖母是演员，父亲是政治家。阿克曼在慕尼黑大学修读社会学，之后改读汉学，毕业论文拿到了最高分，主题是中国的当代经济。1975年他以留学生的身份，来到北京大学学习中文。阿克曼在中国断断续续生活了将近20年，说一口流利的中文，曾任歌德学院北京分院、中国区总院长。2011年退休后，在孔子学院担任顾问。

14岁时，阿克曼读了一本名叫《大山和小老虎》的书，对神秘的中国产生兴趣，但70年代的北京却让阿克曼失望了。当时外国人来中国还是很稀奇的事，最初他的任何活动都会被盘问，很少人主动找他交流，甚至还因写"反动"打油诗被举报。3年的观察和生活，让阿克曼回德国写出了《中国：门里门外》，当代中国的样貌首次展现在德国人面前。

1988年，北京成立歌德学院分院，阿克曼任首位院长。期间，阿克曼邀请学者、哲学家组织过讨论会；邀请国外乐队搞过爵士音乐节，邀请艺术家办过展览，但各种活动都受到制约，歌德学院更多的只是作为学德语的教学点。6年后，阿克曼离开中国，赴任莫斯科分院院长，直到2006年，歌德学院中国大区成立，他再次来到中国。

2007年，"德中同行"项目启动，在广州、南京、重庆等6个城市开展了一系列文化活动，阿克曼作为总策划人，希望借此机会，增进中德两国间的理解和包容，也改变了德国人在中国人眼中严谨到近乎"死板"的形象。"德中同行"历时3年，最终在上海世博园内落下帷幕。

抛开院长的身份，阿克曼对中国文学颇感兴趣，80年代就翻译了王朔的《动物凶猛》、莫言的《枯河》，他与刘震云、张洁等作家都是好朋友。他精通中文，深谙中国文化，也娶了中国妻子，但他始终不喜欢别人用"中国通"来称呼他，他认为，"中国通代表的是他所有的见解都是建立在既有观点之上的，是一种重复。"况且，中国这么复杂，如何"通"呢？

阿克曼现在到位于北京德胜门的孔子学院上班。这是一个承担对外文化交流任务的中国机构，青砖外表丝毫没有阻挡这座建筑的现代气派，一进门，就有一尊孔子像，这位圣贤穿越几千年，打量着令他陌生的一切。

客居中国30余载，阿克曼一直就是那种被称作"文化交流使者"的人，1975年以留学生身份来到中国，20世纪80年代开始就职歌德学院。这个德国文化交流机构的使命用一句话来解释，就是告诉世界，德国不只有希特勒，还有歌德。

在冷战年代，文化交流"使者"也被认为是敌对双方的宣传鼓动者，是制造软势力的排头兵。阿克曼显然反对这种文化为政治服务的立场，在他看来，文化交流就是试图建立让不同地方不同的人尝试彼此了解、沟通的平台。

阿克曼与中国文化艺术界渊源颇深，他也是把许多当代中国文学作品翻译成德语介绍到欧洲的人。《南方周末》2011年度"中国梦"践行者致敬盛典给他这样的评价：米歇尔·康·阿克曼，现任孔子学院总部特聘高级顾问。1975年留学中国，先后将莫言的《枯河》、张洁的《沉重的翅膀》、王朔的《动物凶猛》等作品翻译成德文，这也是中国当代文学作品第一次到西方去。他跟周恩来握过手，采访过江泽民。1988年，在邓小平特批下，创建歌德学院北京分院，这也是中国成立的第一家外国文化机构。2006年他担任歌德学院（中国）总院长，直到退休。

不反思历史，早晚重蹈覆辙

《南方周末》（以下简称问）：你曾经说过你在歌德学院的一项工作是向中国介绍"不完美的德国"，德国的不完美表现在哪些方面？

阿克曼（以下简称答）：任何一个国家都是不完美的，我的意思是宣传一个国家的完美形象，是不符合实际的，人家很快就不信任你了，一个不完美的德国意味着一个实际的德国，有它的历史痛苦、有它的惭愧、有它现在的不足和矛盾。用脂粉遮盖疤痕不是爱国。

问：历史痛苦应该指的是纳粹时期吗？

答：德国两次发动世界大战，国家分裂了，德国变成社会主义和资本主义交锋的战场，这些历史经验是德国的一部分，你不能否定或掩饰它。

问：现在德国人的普遍不满是什么？是经济不景气还是什么？

答：如今，德国人有一种很强烈的危机感，整个欧洲的经济危机让人们觉得前途非常不稳定。欧洲正在经历"二战"之后前所未有的危机，我和我的同龄人是德国两千年以来没有经历过战争的第一代人。战后的欧洲，相当长一段时间内，无论是物质方面说，还是从社会层面说，都经历了从没有过的稳定，这与欧共体化是分不开的。现在欧洲面临的危机，我希望不要再回到小民主国家的体系中去。

问：你认为中国对自己历史教训的反思够不够？

答：反思永远不够。我要说的不只是最近这50年的历史教训，不止"文革"、"大跃进"这些惨痛记忆，我要谈的是中国150年以来的历史。它可以说是灾难性的。这些灾难有的是外国人带来的，也有一部分是中国人自己制造的。

一个民族、一个社会对自己的历史不反思，早晚会重蹈覆辙，反思的力量不是抽象的东西，不是道德、规则，而是生存的必需。

问：在你看来，中国人反思历史教训的当务之急是什么？

答：为什么"文革"、"大跃进"会发生？从鸦片战争开始，中国日趋衰弱，又是为什么？对历史最重要、最有效的反思就是要问为什么？你不一定找到全面的答案，但却要不停地问下去。

过去开窗户，现在造舞台

问：你在歌德学院期间的工作是把德国文化传播到中国，现在你又在孔子学院把中国文化传播到全世界。在这两个"反向"的工作之间你需要做怎样的转换？

答：我能做的大概比较有限。人们对文化交流有时有误解。80年代末歌德学院刚在中国开办的时候，主要是给中国人打开一个看世界的窗户，把德国文化、欧洲文化带到中国来。那个时候人们非常需要这些，因为没有信息渠道，互联网还不存在。

到今天文化交流的目标已不是宣传自己的文化或者自己的价值观，而是互相理解的舞台。这个世界，任何人宣传某一个民族、某一个国家的文化价值观，解决不了问题，目前，人类共同面临的问题大大超过这些东西。

从歌德学院到孔子学院的工作变化，对我来讲并不是太难。我在歌德学院最重要的工作内容是制造对话的舞台，我几乎从来没有做过一个单独的德国项目，每个项目的第一个问题一直是"谁是我们在中国的合作伙伴？"我在歌德学院30年的工作，基本上一直都是跟中国文化界做密切交流和对话，我的中国朋友比德国朋友还多。所以我现在从孔子学院的立场做文化交流或是他们的顾问就不难。我帮助他们和国外打交道，不一定只是和德国。真想做文化交流，你不仅要了解自己的文化，一定也得了解对方的文化。

当然在一个中国单位里工作和在一个德国单位里工作有不同，这需要学习与习惯。孔子学院当然有好多中国机构的特点，制度也不一样，工作氛围就不一样了。加上这是一个很年轻的机构，正在积累经验，而歌德学院已经有60年的历史。孔子学院对外文化交流的经验还不是特别丰富，所以我发现好多理所当然的道理或者规则，在这里还不完全接受。

孔子学院做对外文化交流的模式，与歌德学院或者塞万提斯学院都不一样。在国外，它不是一个中国的机构，而是中国和国外机构（大部分是大学）的合作项目。有一个中国的院长，还有一个外国的院长。当时歌德学院也是向孔子学院学习，在中国成立了8个歌德语言中心。

问：作为顾问，有没有搜集海外对孔子学院的批评意见，然后转达给院方？

答：我的工作刚开始，刚去了一趟欧洲，特别是认识一下德国、奥地利这些地方的孔子学院。他们受到批评的地方我也要回应，要不然我就是不负责任的。

总的来讲，孔子学院目前的主要工作内容是教汉语，正在建设质量比较高、比较闻名的教汉语的机构，这已经非常不容易。比如说给每个孔子学院派一两个中文老师，这个中文老师不仅要对怎么教中文有经验，而且还要对当地语言、当地生活习惯有一定的了解。这样的人实在不多。

所以现在孔子学院正在慢慢培养所需人才，而这是艰巨的任务。我听到一些人批评孔子学院发展过快。第一个孔子学院是2004年年底在韩国成立的，到今天，全世界100多个国家已经有357个孔子学院，这种发展速度是惊人的。我做这行30年了闻所未闻，觉得有点不可思议。所以现在孔子学院最重要的任务是尽可能从扩张转向稳定。

把中国人扔到哪儿，都能顽强活下去

问：1975年你第一次来北京时，可以从西德直飞中国吗？

答：需要转机才能到北京，第一次降落到一个阿拉伯国家的机场，第二次是在巴基斯坦，然后再到北京，几乎飞了20个小时。

到中国来的原因很简单，因为我在德国学过汉学，那时候的汉学我们叫"兰花学科"，兰花是非常美丽的花，可是没有任何用处。汉学在当时基本上学的都是古文，和当代中国几乎没关系，考古、佛学都可以学，可就是和当代中国没有关系。

1974年中国第一次邀请西方留学生到中国来，我们当然很兴奋，很想了解中国。我们都是60年代末学生运动的左派，是马列主义者、革命者，我们都觉得中国实现了我们的革命理想，便抱着非常大的理想。到中国之后，这种幻想和理想很快就被消灭掉了，不过这也是很正常的事。

给我印象最深刻的是第一天晚上，我们先到语言学院学汉语，因为我们都不会"说话"——我们学的是古汉语，读古文是可以的，但是读《人民日报》就不行。一天晚上我在语言学院门口站着，感到很陌生，惊讶于中国人骑车的速度，和西方人习惯的速度很不一样，很漫长，又很柔和。那时中国日常生活的速度也如此。当然这种速度在30年当中完全变了。

问：这30多年你接触过许多中国人，从高官到最普通的老百姓。如果让你来描述中国人实现自己梦想的途径、方法，那会是什么？

答：非常复杂。其实我的工作，很重要的一部分是改变看待他者僵化的模式。我反对对任何一个民族进行概念化的解读，破坏这种概念化的模式是文化交流的意义所在。

1975年的时候，中国人好像没能力做梦了，红色热情已经过去，发疯的气氛也没了。人们想过正常安静的日子，是他们全部的梦想。到了80年代，可以称之为理想主义的时代，那时改革开放刚开始，人们带着很大的希望。这在1989年之后又发生了变化。

我在1994年离开中国去了莫斯科，在俄罗斯待了6年。俄罗斯的情况和中国比较类似，可以说发生了和中国改革开放同样大的社会改变。可是俄罗斯人比较被动，不像中国人，一改革开放，就抓住机会，只要给一个小小的空间，人们马上会利用起来，努力工作、挣钱，想办法用各种各样的手段，把生活弄得好一些，违法的合法的都可以，反正就是有一股劲。俄罗斯人觉得应该是国家给我办好了，已经不习惯自己努力抓住机会，不习惯吃苦。

我也在意大利待过。罗马有很多中国人，都是搞小贸易的，比如说皮鞋、衣服。这些人像野草一样，扔到哪里，他们都能活下去并能挣到钱，而且一代比一代强。

所以，中国人用什么方式来实现他们的理想？我觉得，就是有机会就抓住不放。

问：让人想起邓小平的"黑猫白猫"论。

答："黑猫白猫"是一种地道的中国实用主义理论，完全符合中国人的思维方式。实用主义作为一种暂时的解决方案是可以的，但长期靠实用主义，对社会发展是不好的。

只有实用主义很危险

问：柏林墙曾经阻隔了许多东西。你认为中国人还有哪些有形的、无形的墙应该被推倒？

答：我们得到一个东西的同时，也必然会丢弃一个东西。你看中国这30年的发展，毫无疑问，人们的生活改善了很多，但在中国还有很多地区的人民仍然很贫穷、落后。我认为，假如一个社会的发展完全靠实用主义，而失去超越物质的精神理想，是很危险的。我看中国现在最大的问题就是只求国力强，完全用物质价值来衡量生活改善，放弃了自己对生活和社会未来的理想。当然我知道还有很多中国人有理想，可是总体说，有朝这个方向滑落的危险。毒奶粉之类的事件说明中国确实面临社会道德危机，好像为了个人利益或者家庭利益，什么都可以做。所以我觉得现在中国要翻过一堵大墙，要建立起码的社会价值观。

问：对你来说，中国文化或民族特性中，最不可思议的地方是什么？这里的"不可思议"有两个含义：一个是赞叹，一个是震惊或不理解："怎么能这样？"

答："怎么能这样"好像天天都有。

现在，中国许多城市盖了无数的博物馆、剧场、音乐厅。问他以后在里面展出什么、做些什么？回答说不知道，先盖出来再说。我就很惊讶，"怎么会这样？"这在德国是绝对不可能的，应该是先收藏了好多艺术品，过了很长时间之后才可以考虑盖一个博物馆。可在中国正相反，先盖一个博物馆，而且越大越好。不过我觉得这也许是另一种逻辑，先弄出一个东西，以后再说。好多事情也因此在中国可以实现，在其他国家就没这个可能。你去说服一个中国人，他觉得这个东西有意思，不问这个也不问那个，也不考虑时间太短、速度太快，就是做。中国人的这个特点也让我惊叹。

问：如果说美国梦提供了一个大熔炉，每个人都有机会在里面实现自己的想法，那么你觉得中国梦应该是什么样子的？

答：中国梦比美国梦复杂得多。美国梦的内容比较简单，我没钱，什么都没有，到美国之后我努力工作，就能过上幸福的生活。而中国梦包括好多内涵，包括孩子要过得比我好，我苦一点可以，可是条件是我的孩子要比我有希望。我觉得中国梦非常具体，比如给孩子找一个好的学校，给他制造更多好的条件。可能现在对好多人来讲，要有发挥自己能力的更大空间。

中国梦现在也包含了一种越来越强烈的民族主义。在中国，很多人觉得中国受欺负，我们要反抗，我们要比别人强，要制造软实力，以此来达成中国强大的梦想。这带有危险性。历史说明民族主义是一种灾难。

两个民族互相打量要改变模式化思维

问：如果让你给一位中国梦践行者致敬，会是谁？

答：前阵子，我认识了一位小学校长，叫燕兆时，这个人原来是航空技术员，挣钱不少，生活条件也非常好。不知怎么的，在北京郊区他偶然找到了一所小学校，学生大都是农民工子弟，他就抽出自己的业余时间给孩子们教数学，最后放弃了自己的工作，掏钱盖了这所农民工子弟学校。他拒绝用别人的一分钱，学校一直在盖。这些年，北京城区在不断地扩大，农民工慢慢地往外走，燕兆时认为教育这些农民工子弟是他作为中国公民的义务，比挣钱更重要。让我来说我喜欢的中国梦践行者，那就是这个人。

问：对于现在的中国，西方有两种论调：一种是中国崛起论，另一种是中国威胁论，你怎么评价这两种截然相反的看法？

答：两种可能性都存在，从历史的经验来讲，在很短时间内变成强国的国家很容易带来危险。中国到现在为止还是很理智的，一直执行着非常理智的政策。如果中国变成一个真正意义上的世界强国，是保持这种理智，还是变成激烈的、有攻击性的民族主义？这是未来中国需要面对的选择。

问：具体而言，西方人对中国概念化和模式化的偏见有哪些？

答：每个社会都可能存在偏见。两种不同文化之间互相打量，因而产生某种模式化、概念化是比较正常的事，其实西方人对中国一直有模式化的观点，不过中国人对西方也是如此，这没关系。80年代，很多中国人以为西方是天堂，这也是一种模式化。现在不少中国人以为美国是第一敌人，也是一种模式。这都不是问题，问题在于一旦这种模式化思维变成一种政治力量就危险了，如果把它变成国家政策的基础，就更可怕了。

若说偏见，不少西方人会认为现在的中国依然是没有任何自由可言的国家，认为中国人想控制全世界；还有观点认为中国没有个性；中国文化是非常神秘的，不可理解的……这种模式化的看法是一种非常复杂的东西，很难三言两语解释清楚。

问：如果你的西方朋友这么评价中国，你一般会如何回应他们？

答：我会给他讲故事，比方说，有一部德国电影《窃听风暴》，得过奥斯卡奖，我们就希望在中国搞文化交流活动时放这部片子，却得不到允许。可是呢，你却可以在中国所有城市的DVD市场上买到这部电影，想看它的中国人轻而易举地就可以看到……我讲这些故事是想告诉没来过中国的西方人，现实的中国比任何一个模式化的东西都要复杂的多。

问：如果有一个中国人对你说美国是世界警察，这里插手、那里插手，他们才是世界的公敌，你一般会怎么和这个中国人说？

答：我会先问他，你对那里究竟知道多少？读过它的报纸、媒体吗？看它的电视吗？我会建议他们有机会多接触一下美国人或者去那里看看。两个民族互相打量，最好不要模式化。

《南方周末》记者　姜　弘

易玛、阿克曼对话陈丹青

2009
中国
践行者

冯小刚 [致敬词]

冯小刚将喜剧精神和世俗精神、平民精神植入中国电影，为中国电影产业创造了独具特色的电影范式，他本人及其电影成为中国传奇的实证和象征，是一位连续高票当选的民选的文化英雄，他是中国梦的代言人。

我想在有生之年，赶上一个真正的思想解放

冯小刚，1958年生于北京。从小父母离异，跟着母亲和姐姐一起生活。1978年入伍，在北京军区战友京剧团任美术组学员。他那个时候的梦想是成为一个专业的画电影海报的人。直到现在，他都会涉及自己电影的海报。

1984年转业后，几经周折，冯小刚选择了去北京城建开发总公司从事文化宣传工作。一年后，他调入了成立仅几年的北京电视艺术中心。在海南岛给电视剧《大林　》当美工的时候，冯小刚通过郑晓龙读到了王朔的小说《浮出海面》，随后认识了王朔本人，与其成为朋友。

1992年，小刚与郑晓龙合作写了电影剧本《大撒把》，搬上银幕后，获得第十三届中国电影金鸡奖最佳故事片、最佳编剧等5项提名。后来，他和王朔等人一起写了《编辑部的故事》，这部取材于社会生活中的热门话题，语言诙谐幽默的系列室内喜剧，一经播出，万人空巷，创下前所未有的高收视率。之后，冯小刚编、导、演了五部半影视作品，首次独立拍摄电视剧《一地鸡毛》，拍摄处女电影《永失我爱》，还在《我是你爸爸》中亲自上阵演出，但这些走批判文艺路线的影视剧，不是遭遇半放半禁的尴尬状态，就是未能通过审查，直接被毙。

1996年，《过着狼狈不堪的日子》开机不久后被停机。同年年底的

电视剧《月亮背后》杀青后遭禁，数百万投资打了水漂，接连几部作品夭折，别人也不敢再给他投资。在王朔去美国休假后，他们合伙开办的"好梦公司"正式歇业，冯小刚跌入事业低谷。

四处碰壁之后，冯小刚开始逐渐摸出了门道。20世纪90年代，冯小刚重新跟王朔合作，将后者的小说《你不是一个俗人》改编成了电影《甲方乙方》，取得了3600万的票房成绩，开发了中国的贺岁电影市场。

那时候，电影人都把注意力放在怎么到国际电影节拿奖上，冯小刚的目标很清晰，就是票房。从《甲方乙方》开始，包括接连卖座的《不见不散》和《没完没了》，他按照商业生产流程，将目光投向现代都市生活，表现普通市民的精神状态。

3部票房大卖，让冯小刚坐稳了导演的地位。冯小刚骨子里是个不肯安于现状的人，当别人说他的电影在南方卖不动时，他用刘德华和刘若英主演的《天下无贼》试探港台市场；当学院派的影评家说他的电影不过是一些小品段子的拼贴，对大片缺乏掌控力时，他用全明星阵容拍出了《夜宴》，还说，"其实我原来是搞油画的，玩视听很多人还不及我。"

在接受某家杂志专访时，冯小刚说自己的作品里其实有个原则始终没有动摇，那就是人道主义精神。他认为人性中最柔软、最温暖的那些东西一定要在电影里有所表现。所以他拍了《集结号》、《唐山大地震》，后来还拍了《一九四二》。

为了《一九四二》，冯小刚前后总共花了18年时间，赌上了长期以来积累的人气。虽然票房没有预料中理想，但是不得不承认，这是一部极具社会责任感的作品。冯小刚也因此获得了"2012年度中国导演协会表彰大会"的"年度电影"和"年度导演"两个大奖。

冯小刚说他现在拍电影，真的进入了一种因为喜欢、有兴趣、有热情才去拍的状态，而不是为了生存。他的理想仍然是画画，所以，知天命的冯小刚重新拿起画笔，开始画画了。

当文艺兵、画电影海报

《南方周末》（以下简称问）：你小时候的梦想是什么？

冯小刚（以下简称答）：我们那时候肯定是说当工人、当农民、当解放军，当时只有工农兵这三样。因为那个年代，你不可能说"我想当一个科学家，或者想当一个艺术家"。那个年代这么说，就不对了。

其实我小时候的梦想是当画家。从小我便喜欢画画，从小学画到中学，一直在学校的美术组，每次走过电影院，特别羡慕站在架子上画电影海报的人。那时候的电影广告全是画的，北京有几个电影院的电影海报画得特别好，我特别想成为一个专业的画电影海报的人，觉得那是一个挺不容易实现的愿望。

问：1978年的时候，当一个文艺兵容易吗？

答：我那时就是冲着当文艺兵去的部队。靠着自己的特长，通过正常的征兵进了北京军区战友京剧团，在舞美队里做舞台美术，绘景，画布景。京剧从样板戏以后，在舞台美术上和话剧、歌舞便没有什么区别，都是很实的布景。我那时的工作，其实主要就是画画。当时的美术组里有很多画得很好的人，大家平时在一起就画文工团里的学员、模特，或者出去写生，心思不完全在工作那儿，实际心思在绘画的练习上。

我当时非常满意，觉得自己的人生理想实现了，目标达成了。

问：你参加过画展么？

答：那时候全军都搞美展，我也参加过。然后有了全国美展，那时如果自己的作品能够参加全国美展的话，就太了不起了。因为全国美展要求高，除了有特别扎实的基本功外，同时还要求有创作的主题。而那时，我还是在学习绘画的阶段。

那时如果想挣点外快，就给一些文学刊物画一些插图，也能挣点钱。画一幅插图七、八块钱，十块钱稿费。当时我提干了，一个月才挣五十多块钱，如果能画两幅插图，就将近一半的工资，这二三十块钱稿费，挺重要的。

问：你现在还画海报么？好像《天下无贼》的海报是你画的。

答：对，我的电影，都会设计电影海报，完全是自娱自乐。现在每部电影都会有几款海报，但发行商往往会喜欢明星大头的海报，有商业卖点。而我设计的海报，他们不喜欢，觉得不够商业。

编剧比美工地位高

问：为什么不到廊坊武警学院当参谋长，转业去北京城建总公司工会做宣传？

答：1984年，我转业到地方工作，最开始的时候被分配到西直门粮食仓库工作。在实地考察以后，我回掉了这个工作。后来，政府又重新给我安排工作，我不愿意离开北京到廊坊武警学院去当参谋长；那便只剩下北京城建总公司，他们是当时最大的房地产开发公司，光每月奖金就100多，办公地就在木樨地。他们还答应给我一间房，加上还是做宣传工作，所以就去了城建集团。

问：为什么会想当编剧呢？

答：和美工比起来，编剧的位置比较高吧。在一个摄制组里，美术在我看来别人就拿你当一工头，没有人真正重视美术这件事。我觉得这是不对的，通常摄制组会忽略了美术在影片里的核心价值。但现实的情况就是这样的。

编剧就不一样了。制片人、导演很重视剧本。在我们那时，编剧是拿稿费，收入比摄影、美术要高得多。天长日久，在剧组待久了，认识了郑晓龙、王朔、赵宝刚以后，我就开始写剧本了。

我实际上是想当导演。如果你做了美工并做得很成功，并不意味着你可以做导演，但如果你的剧本写得好，又很了解摄影或美术，大家就会认为你不是一个生瓜蛋子，有可能做导演。

问：但现在编剧们都在闹罢工，嫌待遇低。

答：现在的编剧们抱怨稿费低，是有历史演进的。在我们那个时代，编剧拿稿费，比摄影、美术高得多。后来变了，不太一样了，落差不像以前那么大。但就是现在编剧也是比摄影、美术的片酬要高。

如果编剧抱怨，那是不是美术也可以抱怨，摄影也可以抱怨，录音也可以抱怨呢？更多的原因，我觉得其实是在编剧身上，你是不是写出了好剧本，现在影视公司那么多，好剧本大家还是抢。一分钱一分货嘛。

现在的编剧也有很棒的，超过导演、明星价格的编剧现在也有，比如刘恒、王朔、刘震云、邹静之这样的。但是人家付你这钱，就要求一定要写到这样的高质量。好多编剧的价格起不来，是因为水平问题。

我的经验告诉我，有些编剧，你跟他说了一个故事，根本不用再去原创故事了，但写出来都不是那么回事。这样的编剧，给10000都高，因为他拿出来的是一堆废纸。

问：进北京电视艺术中心工作难吗？

答：还好，那个时候郑晓龙还是挺支持我的，因为北京电视艺术中心本身就是五湖四海，并不是学院派聚集的地方。里头有学院的人，更多是在社会实践中从工厂、农村、部队来了那批人，所以它是一个不拘一格的地方。也正是由于这样的一种创作方向，就使像我、赵宝刚这些导演有了机会，有了舞台，然后我们这些人就抓住机会了。

好编剧可以当导演

问：从编剧到导演这一步容易吗？

答：非常不容易。想做导演，谁相信你呀，把一个组那么多钱交给你。那个时候的导演就是由单位领导指派的，比如说电影学院导演系毕业的人，而你是业余的。

但编剧没人管。你自己愿意写就回家写去吧。如果剧本大家说行，再投稿给电视剧制作中心、电影厂文学部，编辑看了觉得不错后给部主任看，部主任看完了觉得不错，再给上面的摄制部门领导看。他们说可以拍，哪里需要怎么改，这时候就会给你租一个招待所，买下这个剧本的权利。如果剧本不行就退了。如果是约你写的，而你又是一个名人，剧本不合适，也会有些退稿费的。

问：你什么时候开始做导演的？

答：我没写几个剧本，跟郑晓龙合作的《大撒把》、《遭遇激情》，后来写《编辑部的故事》，接下来就开始做导演了。第一个导演是一个上下集的电视剧，我、赵宝刚、郑晓龙，3个人联合导演，那个电视剧的名字我已经想不起来了。后来又联合导演了《北京人在纽约》等电视剧。我独立执导的第一个片子是《一地鸡毛》。刘震云写的10集电视剧，开始是张元导演，后来因为他搞地下电影，广电部看他别扭，这个剧本就落到了我和王朔的"好梦公司"手上了，而且当时投资人都找好了，我捡了个便宜，就做了导演。

问：怎么导的第一部电影？

答：根据王朔小说《永失我爱》改编的电影，这是我第一次拍电影。拍了《永失我爱》之后，王朔说他想拍《我是你爸爸》，自己当导演，找我来演。我原来是做导演嘛，王朔是第一次当导演，所以在现场是我替他张罗，有人以为那是我拍的，其实导演是王朔。

我是个可以受委屈的人

问：一个圈外人，进入影视圈难吗？

答：对初入行的人，开始比较在乎圈内前辈的认可，但慢慢就会发现，其实圈内人的评价并不重要，更重要的是观众对你的认可。圈内人不认可你，该出来你也能出来。

因为圈内人的认可，有很多时候不真实，人前一套，背后一套。这个圈里的人和其他行业一样，有一些人是真心扶持、赞赏新人的，但有些人不是，甚至有一些嫉妒成分在里面。

问：哪些人是你的贵人，对你起到决定性的作用？

答：一个人终究能把事情做成，一定得到很多人的扶持。比如我，确实在很多的关键时期，在关键环节上，遇到了一些关键人物。比如说从剧本上，王朔、刘震云、刘恒，这些第一线的作家，还是给我输送了很好的剧本。其实还不仅仅是输送了剧本，其实也输送了文学理念，与他们的思想。

然后从制片这一块来说。郑晓龙当时是我们的中心主任，采取了不拘一格选人才的方式，破格使用了我、赵宝刚等人。在做导演这件事上，使我入了这个门。在我连续几部电影、电视剧作品被枪毙之后，又赶上韩三平、张和平这两个关键的人物，他们非常看好我，做了很多的工作，支持我的片子能够顺利通过，能够问世，这也是很关键的。

在我后来拍贺岁片时，王中军、王中磊兄弟两人也非常关键。有他俩从财力上的强有力支持，让我能够拍很多不同类型的电影。而不像许多制片人，仅仅就是为赚钱，就会跟你说，"小刚，你就拍喜剧，拍喜剧，还是拍喜剧。"我觉得，每一个导演都不希望自己在一棵树上吊死，因为它是创作。你对很多事情都感兴趣，然后希望能不断尝试，有不同的方向，做不同的作品出来。最关键的是，你要找到一个制片人，他相信你，然后愿意做这样的赌注。所以，在我的每个环节、每个时期，都有非常好，有力量的人来托我一把。

问：你自己的努力呢？比如善于受委屈，为人低调，夹着尾巴做人。

答：当然更重要的，其实还是自己的坚持和努力。这么多年走过来，肯定有很多挫折、关卡，会让人灰心，丧失信心。我是可以受委屈的人，没问题。有时别人对我的不理解，反倒能成为把这件事情做成、做好的愿望，这是支持我的一个信念。遇到不公正与挫败感时，我还是能够迅速地调整自己。开始有点生气，但更多的是在脑子里想，小子，你等着看，我一定就把这事情做成了。其实更多的困难只来自于自己，比如在创作上陷入无力的状态，找不到方向，你对自己的能力产生怀疑，过不了自己这个坎。很多原因都足以使你退却并停下来，或者干脆退出了。短暂的消沉有，但我总是能在很快的时间里，把心理上的困境解决掉，继续干活。做电影其实很苦，需要极大的热情去克服这个苦。我一直在努力，不间断地努力。但在工作上，我倒不是一根筋，如果这条路走不通，我就换着走，不是非要把这个墙用脑袋撞破。但我心眼再活泛儿，有一个东西不会变，那就是：我不会放弃这件事，会寻找不同的途径来完成它。

再来一次思想解放

问：作为一个中国导演，在电影上你还有什么样的梦想？

答：我觉得中国电影的题材应更宽一点，更多样一点，风格也应该多种多样。我很想在自己的有生之年，能看到一个真正的思想解放，中国电影呈现出一种非常活跃、多样、丰富的局面。

问：再来一次改革，再来一次思想解放。

答：粉碎"四人帮"多年了，其实"左"的思想遗毒还在，我希望领导们能够有更大的智慧，想一想怎么把中国电影搞上去，怎么样才能真正百花齐放，使电影更加丰富多彩。比如现在的上海国际电影节，组委会的人也在问我，"导演，你给我们出出主意，我们怎么才能成为一个更有影响力的电影节。"我认为，一个真正有影响力的国际电影节，应该包容不同的文化、不同的电影，而不仅仅是我们看着习惯的东西，大家都到这里来展示导演的创作和才华，这样的电影节才有影响力。按照现在的思路做电影节，无论招待的再好，外部再像那么回事，都不能成为一个真正有影响力的国际电影节。

我们国家在走入市场经济后，一直沿着正确的方面在发展，但在文化领域是滞后的。我希望文化领域能加速发展，思想改革，对外开放。我们今天谈梦想的话，这便算是我的一个梦想吧。

在电影审查标准方面，我觉得一直有问题。就是如何看待所谓"消极"，是不是凡是消极的，都是不应该拍的。可是，你看看《红楼梦》是积极的吗？《红与黑》是积极的吗？托尔斯泰的《安娜·卡列尼娜》是积极的吗？它们都是消极的。如果仅用积极和消极来评判一个作品的好坏，是不妥当的。我承认，积极有好的东西，但这并不意味着消极都是不好的。拍一个电影，让别人了解、认识这个民族的时候，可能是用这个民族的灾难，让人更深刻认识这个民族。它的方式不见得是积极的，但是从更大的意义上来说它是积极的。所以我觉得，在电影判断上，我们不能过于简单化、过于功利主义地理解电影作品的功能。

其实，我是一个既得利益者，一直拍贺岁片，这个事其实跟我的电影作品比较远。但我有艺术工作者的良心，应该说点实话。

问：作为一个中国公民，你还有什么梦想？

答：我拍电影选景，会去很多城市，离开北京之后，会看到好多问题。一方面我们国家有那么多美元，持有外国的国债，看起来是一个很有钱的国家；可我们的很多城市，满目疮痍，破败、脏。新西兰可能比我们国家穷多了，但你到了那里，会发现它的每个角落都是干净的。我现在有个很直接的愿望，希望我们国家干净点，真是太脏了。我希望我们国家的环境能够真的好一些，蓝天多一点，干净一点，这样民族才会有基本的尊严啊。

《南方周末》记者　张　英

冯小刚　我想在有生之年，赶上一个真正的思想解放

章子怡 [致敬词]

章子怡以中国速度赢得了最年轻华人国际偶像的地位，不仅成全了自己的中国梦，还成为输出中国形象的最重要的文化符号之一。她理所当然地成为中国梦的标志性人物。

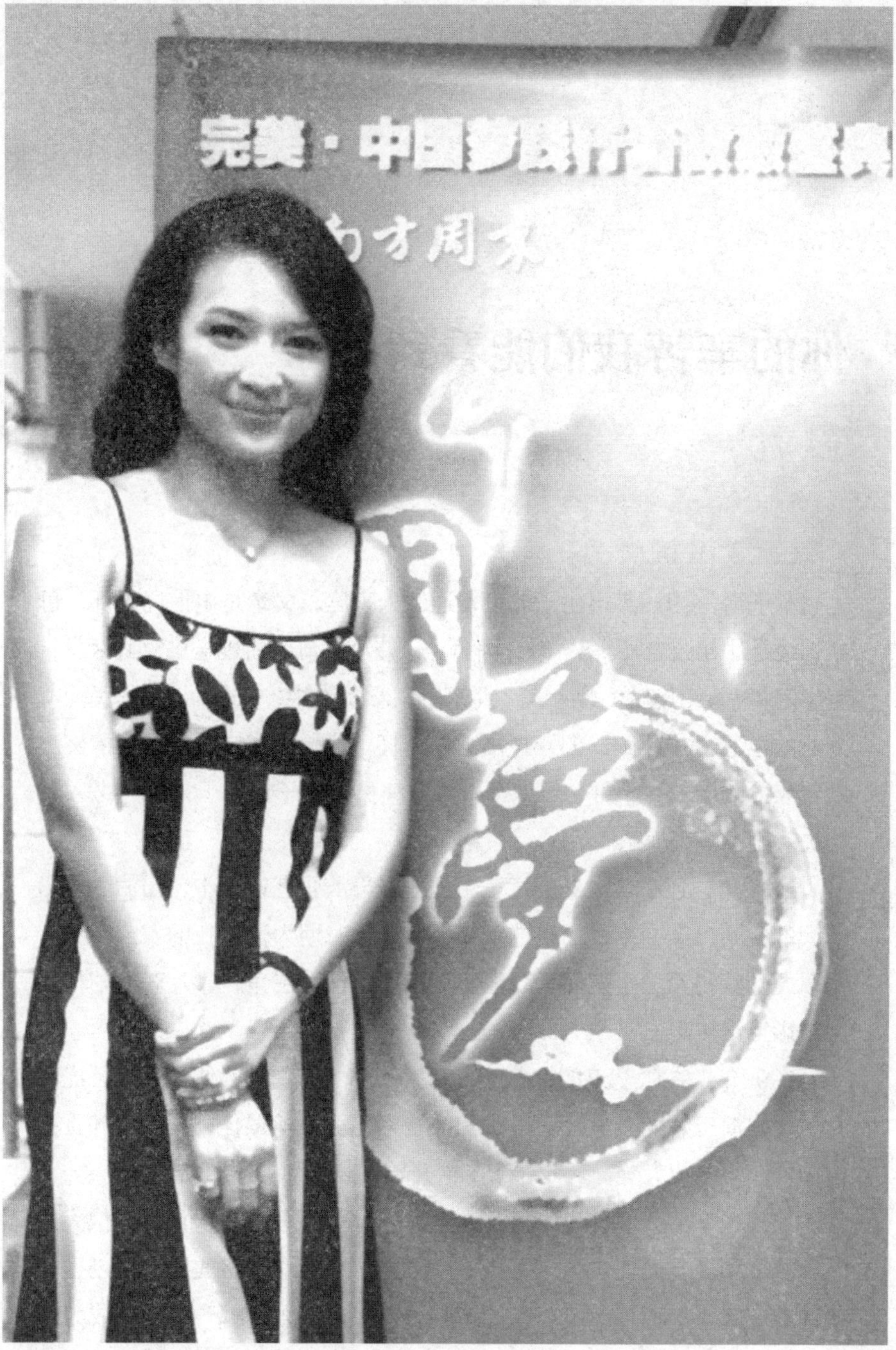
完美·中国梦

你的辛苦我们能看到

　　章子怡，1979年出生于北京普通工人家庭，父亲是电信局干部，母亲曾经是幼儿园老师。8岁时，因为个子瘦小，母亲将她送进宣武区少年宫学习舞蹈。3年后，她考入了北京舞蹈学院附中，开始了6年的民间舞专业的学习，并且在1994年全国"桃李杯"舞蹈比赛中获得了表演奖。随着年龄的增长，不甘心一辈子做舞蹈演员的章子怡，于1996年考入了中央戏剧学院表演系。

　　1998年，还在读大二的章子怡被著名导演张艺谋相中，出演了电影《我的父亲母亲》，成功塑造了一个在非常时期为爱痴狂的农家女孩。她以此片获得第二十三届大众电影百花奖最佳女主角，影片获得柏林国际电影节银熊奖。

　　1999年，在张艺谋的推荐下，章子怡加盟李安的武侠大片《卧虎藏龙》，出演玉娇龙。该片获得2001年奥斯卡金像奖最佳外语片，并且在国内外获得多项大奖。从此，章子怡开始蜚声国际。

　　从2002年到2004年，章子怡接连出演了两部张艺谋导演的武侠大片《英雄》和《十面埋伏》。两部影片全球票房超过2.7亿美元，开创了国内商业"大片"时代。章子怡的影响力与知名度再度飙升，一跃成为华人地区最闪耀的影星，同时在国际上也享有相当高的声誉。除接拍大片外，她也出演了娄烨导演的《紫蝴蝶》以及侯咏导演的《茉莉花开》这样的文艺类型电影。

章子怡多次在国内外获得各种重要奖项。2005分别凭借《十面埋伏》和《茉莉花开》拿下"华表奖"优秀女演员奖、金鸡奖最佳女演员奖。同年3月，她凭借主演王家卫导演的电影《2046》夺得香港电影金像奖最佳女主角奖，再度获得影后殊荣。2006年，她凭借在《艺妓回忆录》中的表演，获得美国电影金球奖最佳女主角提名，是至今唯一获得该项殊荣的华人影星。2008年，她因为在陈凯歌导演的《梅兰芳》中的精彩演出，再次获得了"华表奖"优秀女演员奖。

章子怡并不满足于仅仅做一名成功的演员，她于2009年开始尝试担任制片人，推出了爱情喜剧片《非常完美》。她坦言做制片人比做演员复杂和辛苦，但是希望能不断挖掘自己的潜力。在本次"中国梦"践行者盛典中，章子怡是年龄最小的获奖者。生长在北京的章子怡，在娱乐圈没有任何背景，完全靠自己打拼，出道10年，通过电影，章子怡让全世界认识了她代言的中国。

生活是需要一点苦难的

《南方周末》（以下简称问）：我们给你写的颁奖词里，你记住了哪个关键词？

章子怡（以下简称答）：那天在得奖现场，现场气氛让我非常激动。我记得倪萍姐说了很多，她说"你的辛苦和努力我们都看得见，我们不会让你等那么久——你会得到我们的鼓励"。

颁奖词里有提到中国的软实力，这个词让我印象深刻。因为在一定程度上，可能与国家的综合实力相比，看不见的软实力越来越重要，占越来越多的比重，比如我们国民素质、文化水平的提高，就比多造一个大楼一个广场重要，一个艺术团体的人就比它的剧院重要。

问：从你领奖那天的视频看来，你一直希望得到表扬和认可。什么时候第一次得到了认可？

答：大家都知道我拍《卧虎藏龙》的那段经历，那会儿我是个新人，只拍过《我的父亲母亲》，在表演上没有太多经验。第一次拍古装戏，而且居然是打斗的武侠片，在180多天的工作里，我真的很紧张，面临巨大的压力，一个人熬着，没有他人可以倾诉。整个拍戏的过程里，我一直渴望得到李安的认可。

李安的风格不是手把手地教你，看你演两三遍，他就让换个方式，十几、几十遍下来，他说，我要第3次的头，第12次的中间，第8次的尾。他从不说我演得好不好，我只能通过观察他看监视器的表情，猜测他的满意程度。最难受的感觉是，如果杨紫琼做得好，李安会抱抱她，可对我从来就没有过。

现在回想起来，我觉得那可能是他的一个很特殊的训练方法，很适应当时我的状态。他用那样的方法对一个新人进行激励，直到拍戏结束，关机那天，李安终于抱了我一下，他对我说，"我很感动，看得出你特别努力，你的表现很好，我非常满意，这部电影会让你很开心的。"我当时的反应是嚎啕大哭，因为他给了我认可。回想起来，那段时光和经历对我的人生是一个很大的鼓舞。

问：这个认可对你来说意义有多大？是不是让你获得了一种自信？

答：拍完《卧虎藏龙》这部电影，我有了从未有过的一种踏实感，李安的肯定让我明白一个道理，努力会有回报的，只要你用心去做。

自信是后来有的。《卧虎藏龙》得到肯定以后，因为它获得奥斯卡，在国际上饱受好评，中国观众又开始重新看一遍《卧虎藏龙》，那个时候我才觉得，我拍这个电影的辛苦是值得的，我受委屈再辛苦再痛苦都是值得的。

就像女人生孩子一样，有人问：你要不要再生一个孩子？没有生过孩子的女人说，会生。而生过一个孩子的女人会说，我不生了，因为那过程太痛苦了。虽然这样说，但她后来还是会选择再生第二个孩子，因为她从孩子身上得到的幸福感要远远超过痛苦。

就像我拍戏，其实，每部戏都很辛苦，都会遇到困难，都有挫折感，但当拍完电影以后，我会忘记所有一切痛苦。

问：这一面是别人看不到的。

答：我现在有更多理解，电影不只是那一瞬间的，你看到的只是冰山一角。比如说《梅兰芳》里我演孟小冬，我的戏就25分钟、半个小时的样子，但我花了很多很多的时间，走台步学扇子舞，这里的苦旁人可能就看不到，也想象不到。

我没有演过孟小冬这样内心扭曲的女孩，她的这种身世，包括她的遭遇，以及她处理方式这种方法，对我来说都是挺刺激的一件事情。我会做很多功课，花了很多工夫。

我拍《骑士》的时候，天天做噩梦，老梦见自己掉井里，然后被蛇缠着，就天天做这种很奇怪、很奇怪的梦，然后也睡不好觉。那个时候，因为台词，都是讲魔鬼讲死亡，那些什么世界末日的。拍《非常完美》，我就每天好开心，虽然也比较累，工作量比较大，但是我的心情就很不一样。

每一次接的戏，我有很强的冲动要去完成它，我不是拿它当作一个工作，我拿它当作一个兴趣和事业，很认真地去尊重每一个人物，可能这和别人不大一样。

问：为什么不用替身，要自己吃苦呢？

答：一个角色成功，或者一部电影成功，真的没有偶然性。必须是你一点一点把它学到身上，才可以很自如地展现在舞台上，没有投机取巧的机会。我觉得生活还是要有一点苦难的。人如果吃一点苦的话，你会更加敬畏，更加尊重你现在所得到的一切。

回首十年电影路

问：回头看自己的电影，最喜欢哪一部电影？

答：现在不敢这样回头看自己的电影，等再过30年，或者再过多长时间，我再回头看每一部电影。那将是一段非常美好的回忆。

我相信，10年前的作品，让我重新再去演绎它的话，从表演上可能会有更多的想法进去。每一部戏，可能都会有不同的特点。

问：怎么看你合作的这些导演？张艺谋、李安、冯小刚、王家卫？

答：我觉得这4个导演，首先从人品和艺德方面，都是很优秀的。这些导演，他们都有各自的风格，包括他们喜欢的片种，拍摄的方式，都不一样。

我是很幸运，从小出道的时候，可以跟着好的导演一步一步走，所以没有走过太多的弯路。他们对表演都是有一定掌控力的，知道要什么，知道什么样的表演是不过的，知道分寸、火候。跟他们拍戏，能学到很多东西。

比如李安导演，他要得到的东西没有达到的话，会不顾一切的，不管花多少胶片，不管花多少时间多少精力。当年拍《卧虎藏龙》时，很多武打动作，他是自己有判断力的，想要一个什么方式都心中有数。

问：谈谈你很出彩的《2046》，和王家卫合作愉快吗？

答：头一回没看剧本先接戏。因为王家卫导演的拍摄方式大家都不陌生，他是没有剧本的，而且多变。作为演员，没法做功课，提前背台词或者看剧本。

这个电影反而让我的表演有进步。因为没有剧本，要拍的很多场面，不知道是怎么发生的。后来发现你不是在演一个人物，而是在感受自己，只不过自己转换了一个角色而已。戏不是演出来的，不是提前背好台词，就可以把它塑造得多完整。

电影里有段戏，我看到梁朝伟离开房间拿了钱给我，我演的白玲内心痛苦，那种被刺伤的心情，是没有办法准备的。她的百感交集，那一瞬间的空气可能也不一样，温度也不一样，呼吸的频率也不一样，这是最精彩、无法重复的。我觉得好戏不是演出来的，好戏是你感受到，再把它呈现出来，所以要很准确。我觉得《2046》可以这样去形容它。

问：当演员和当制片人的成就感分别是什么？

答：做演员就是把自己的角色选好，把角色演好，塑造的人物形象生动，让观众接受你喜欢记得你，这是演员最大的成就感；做制片人相对复杂些，从编剧到导演，从演员到后期电影质量，不管大事小事，都得去管，但你做的电影大家喜欢，口碑好、市场好，那也很有成就感。

问：怎么看自己的成功？

答：我觉得我嫂子也挺成功的。她没有事业，但是她有两个可爱的孩子，有一个幸福的家庭，然后有我们所有人的爱，我觉得她很成功。所以成功没有办法说拿同一个标准来衡量它。我可能偶然会被大家作为一个典范，或者是榜样，可能大家能看到，就是说你努力之后，可以离你的梦想越来越接近了，我觉得这个就足够了。其他的，成功没有一个标准，就跟有钱人说多少钱是有钱，这没有一个标准，只不过怎么样去衡量它而已。

我是一个新的制片人

问：《非常完美》是怎么来的？

答：《非常完美》是依萌自己写的剧本，她很想把这部电影拍成，但一直也没有拉到投资，然后演员也不确定。后来她通过一个朋友把剧本送给我，我看了这个故事非常喜欢。它很多想象的空间，还有点天马行空。也很喜欢苏菲这个角色，可爱、善良、真诚，遭遇恋情上的失败，然后想办法夺回自己的爱情。

后来我开始帮她找钱，有没有人愿意投资，找合拍公司，然后申报剧本，立项以后再挑演员。从范冰冰到林心如和姚晨，包括何润东，都是我们一起定的。

问：一边演戏，一边当制片人，两个角色会有冲突？

答：两个身份不能混淆了。在拍戏的时候，我还是全力以赴地投入到人物当中，因为你表现不好，出来的质量不好的话，其他的都是瞎忙活了。但在把角色演好的同时，当然我会关注，比如说预算超支的问题，包括协调演员之间的问题，照顾他们休息等等。这些东西以前我不会去管，这一次全管。我做事情很认真，每一部戏，包括在选择剧本角色，到人物的付出，我都会花很多时间。制片也是这样。我是一个新人，在这个领域里面很多东西还不懂，还在学习。做制片人挺好的，让人视野更开阔，看到、学到、理解的东西也更多。

问：现在做制片人，将来会不会做导演？

答：我确实有过当导演的想法。制片人只是一个尝试，是通往导演之路的起点。但制片人做下来，我又觉得女孩子做导演会很辛苦，要和许多人打交道，要控制电影的拍摄和制作，从筹备到台前幕后，会很不容易。

章子怡　你的辛苦我们能看到

我觉得每一个人的潜力到底有多少，不去挖掘它，或者是不被挖掘，可能永远都不会知道。我总觉得失败并不怕，我们还有下一部戏的机会，但是你不能因为害怕失败而不敢往前迈进，那你是永远学不到东西的。

问：对自己的未来有规划吗？

答：这些年所经历的事情，我觉得很多是顺理成章的，没有哪个是计划好的，谁知道明天会发生什么事。只要踏踏实实把眼前的事做好，接下来可能就会有更美好的明天。

电影走出去靠大家

问：你对自己成为西方人眼里的"中国符号"怎么看？

答：在好莱坞，一个英国演员得奥斯卡奖，大家不会觉得他是个外国人。其实他也是外国人，因为是瑞典人、丹麦人、加拿大人，而不是美国人。为什么大家不觉得遥远，因为他们都是英语国家，讲同样一种语言。而一个亚洲国家的演员，比如韩国、日本、中国的演员，我们是黑眼睛黑头发，都会让大家觉得，你是另外一个世界来的，是从地球的另外一边来的。

那么，在这样的一个环境里，你能上西方国家的主流媒体，成为他们报纸杂志的头版头条，参与重要活动，是让人挺长志气的事情。比如说我最近见到的郎朗，他被《时代周刊》选为100个世界最有影响的人物之一，我曾经也当选过这个荣誉，每年都会参加这个活动。当我看到郎朗入选，然后又有我们的主席，觉得特别骄傲。

问：你的中国梦是什么？

答：我的中国梦当然跟我的专业离不开。作为一个演员，能够通过电影这个平台，为中国电影多做点事情，我很高兴。我有这个心。把中国电影推向世界舞台，这不是我一个人的事情，包括那些前辈们的拼搏和努力，我们拍的那么多电影，都在为中国电影打下一个很坚实的基础。我觉得，热爱中国电影的人都在为这个目标而努力，但这不是一两个人能够做到的，是一个循序渐进的过程，我们每个人都在为此做最大的努力。

问：实现这个梦的最大困难是什么？

答：我觉得没有多大困难。对于中国电影来说，要走出去，在国际舞台上获得更大成功，可能得在电影环境上下功夫。比如，拍摄的电影题材和涉及的面更宽一些，政策能够更宽容，审查的尺度能够放宽，电影分级制度能够出台。

问：你最近的梦是什么？

答：就是希望《非常完美》的票房好，8月份开始在全国上映，能够得到大家认可。这部电影从演员到导演，到我这个制片人，都为此付出了不少心血。

代言中国女性形象

问：你正渐渐被树立成中国在国外的女性形象，你觉得这个形象是什么？

答：不敢。我不可能完全代言在海外的中国女性形象。我听见很多贴在我身上的什么中国标志、标签，但我从来没有把它等同于我自己。

通过电影，我成为一个公众人物，所演的那些形象被西方观众认识，这是职业带来的结果。其实，在电影界与文化艺术界，有很多和我一样的演员、艺术家，他们也取得了巨大的成绩，一样被西方观众认可、接受，承担着代言中国的角色。

我发现，大家都有一个共性，坚强、努力，很有上进心，都有一个很谦虚的学习态度。作为一个演员，我已经出道10年了，但在很多领域，我还得像其他领域的人学习。这几年，如果我还有一些进步，那与我注重学习分不开。在生活中，我心态平和，在工作上，对人对事都有自己的主动态度，不了解就多学习多问，这样才能越来越完美。

问：你为了这个形象，做了些什么？

答：电影是一种很好的媒介，它让不同地区，不同国家的文化背景，被这样一个艺术形式传播，被全世界的观众认识。像我这样的中国演员，能够在电影里诠释一些有东方女性气质的角色，让全世界的观众了解中国，认识中国文化，是荣幸的。在挑选角色时，我原则性很强，什么样的角色，都要努力演好；对那些诋毁中国人形象，什么偷渡、嫁人换绿卡类的角色，我会坚决拒绝。因为和其他演员比起来，影响越大就应越谨慎。在接到这样的角色邀请时，要做到"三思而后行"。

问：参与社会公益活动也是必须的吗？

答：在电影以外，我还做慈善，为灾区募捐，那时候，我就是一个中国人，被灾区发生的不幸震撼，为那些妻离子散的家庭而惋惜。我热血澎湃地去做这些事，那时我根本想不了这么多。

而且我觉得，公众人物的正面形象不是那么轻而易举得到的，而是你对社会的回馈做出来的，或者对公益活动得付出。但不管在哪个领域，你都必须是这个行业的佼佼者。比如在电影行业，你把电影做得很成功，把角色演好，大家都喜欢在这样的前提下，你才可能更有社会影响力。这是相应的。

用美国资金拍中国电影

问：在颁奖词里，说你是中国和美国沟通的桥梁，你为此做了哪些事情？

答：现在中外之间的文化交流机会非常频繁，我经常会接到许多邀请，比如作为一个中国演员，主持一个电影节的活动，或者当一个电影节的评委，或者颁一个电影奖之类，还可能参加电影局组建的中国电影代表团出国访问，或参加中国电影周等活动。这些事情看起来小，但长此以往，如果我们做好每件事，对中国电影在海外的发展，对中国电影的推广都会有极大的帮助。

问：你怎么看待美国的上流社会？

答：上流社会的这种定义其实很虚拟。不一样的文化背景，造就不一样的环境。美国是个市场国家，社会也是靠金钱分出等级，划分出上流社会和中等社会与底层社会。美国的上流社会对我其实没什么意义。我去美国是去拍电影的，不是要融入它的什么社会。我有一部分工作、生活在美国，有时候会和这个圈子的人打交道而已。其实中国也有这样的等级划分，就是不同的圈子。但这个概念在我这里是行不通的。

问：进入好莱坞对一个中国人困难吗？

答：很困难，不管是我，还是其他国家的演员。在美国发展，进军好莱坞，我们的问题是创作量不够，拍电影的机会太少。美国电影市场绝大多数是本土电影，要进入他们的电影圈，只能是多拍美国片。可问题是，亚洲演员在美国片里发挥的空间实在有限，何况还有很多找你演的角色形象都不大好，是负面的，接了可能不是加分，甚至是减分。

好莱坞是美国人的文化，是美国人玩的游戏，奥奖是美国人开Party的地方，是他们的一场秀。因为电影工业强大，市场强大，所以他们才成为世界电影中心。去人家的家门口打拼，是赢不了他们的。

我们中国演员永远不可能和他们平起平坐，因为市场是人家的，我们在不一样的起跑线上。如果中国的电影工业起来了，资金强大了，我们成为世界电影中心，可能那时候全世界都开始看中国电影了，哪怕打中文字幕；外国演员都想进军中国，来中国拍电影了。国家强大了，人也会变得强大了。

现在，随着中国电影市场的扩大，出现了新的可能，如果我们有好的电影题材，可以在好莱坞找到投资，用美国的资金拍中国电影。

问：你给美国电影公司拍过电影，也开始在美国发展，根据你的感受，中国电影跟美国电影之间有哪些差距？

答：提到好莱坞的电影，确实世界上没有一个国家能够跟他们相提并论，并能够抗衡的。也许未来中国10年后有挑战的实力。比如我们现在电影院增加，电影银幕增加，电影观众增长，电影播放条件的改善等，做第二个好莱坞是有可能的。

但达到这个目标之前，我们还存在许多问题。比如拍电影，我们有最先进的设备，做动漫做特效，有比美国人还先进的硬件，我们的大楼、工作室比美国同行优越，但我们还没培养出能够熟练操作这些设备的人。在个人的文化素质、想象力、创造力上，和外国同行还差的远。

说到底，我们的硬件够了，比美国人还牛，但在软件上，我们不如美国和欧洲，落差还很大。要弥补这个差距，我们需要时间、财力，需要政府和企业，在全球范围内请最好的专家学者、最好的老师来中国教我们的学生，培养出真正有创造力、想象力的高素质人才。中国学生聪明、刻苦、勤奋，问题的关键是如何培养他们。

不愿意做失败者

问：生活中的章子怡是怎样的一个人？

答：能吃苦，性格比较坚强，执着。我小时候条件也不是特别好，学这个学那个，要比别人付出更多的时间，才可以达到同样的水平。11岁的时候，我考上舞蹈学校。家人和亲朋好友，搞了一个庆祝晚宴似的活动，大家就为我骄傲和自豪，说考到北京舞蹈学院附小不容易。

那时候，我一点意识都没有，就觉得自己是稀里糊涂考上了，住到舞蹈学院附小，和其他女孩子们在一起生活，过着跟军营一样的生活，每一天吭吭哧哧在那儿压腿锻炼。觉得如果不如人家，你就多努力一下吧。因为我不想被学校退回去，那是很丢人的一件事。

问：不愿意做失败者。

答：对，我那样热爱舞蹈，可不能被退回去。我不愿意做失败者，哪怕经历更多的痛苦，没有人理解我都不怕，就是不能失败。

小时候，爸爸妈妈永远都不会说你是最好的，最棒的。哪怕考试时，100分时你得了99分，你也不是最好的。父母就是这样的鼓励方式，你就永远觉得自己不够好，永远在努力。

后来我拍《艺妓回忆录》，那不是一个容易完成的角色。突然间导演每天都在赞扬你，说太好了，你是我见过最优秀的演员，最了不起。第一二次听，我还觉得谢谢，特别开心，觉得是一种赞美与鼓励。可天天都听到，然后关键是每一个演员都能听到，你才知道，原来他们是用这样的方法在鼓励你，挺有效的。他说你好你就愿意更好，说你不好，你愿意变好。

问：在很多人眼里，你是一个一帆风顺的人。

答：我是在压力下成长起来的，从一开始拍电影就有舆论，说章子怡是个运气好的女孩，然后也没什么，种种说法。在如花似玉、朝气蓬勃的青春期，本来希望听到的是一些鼓励和支持，而不是这种冷言冷语。那时我觉得挺委屈的，因为在不断努力，拍摄的过程那么艰难，出来效果这么好，反而不会被大家认可，太不公平了。但是慢慢长大仔细想想后才知道，其实老天永远是公平的，经历的委屈与挫折，都是人生必须经历的事。

如果以前一帆风顺、万事顺心，可能也就没有我的今天了。

问：你在意那些批评和绯闻吗？

答：曾经在意过，现在不在意了。我始终觉得这个世界是美好的，"人之初，性本善"这话有道理。哪怕批评让我难过，我也不愿意猜测他人是恶意的。因为工作不同，我们都有各自的立场。

从我出道以来，绯闻就满天飞，真真假假太多了。我从19岁拍第一部戏到今天，基本没出来回应过任何绯闻。我觉得，就老老实实做人，踏踏实实做好工作，然后真心对你身边的人，就足够了，其他的不重要。

《南方周末》记者　张　英

章子怡　你的辛苦我们能看到

姜
文 [致敬词]

无论作为演员还是作为导演，姜文都是不可复制的中国电影人，其作品对人性的表达既犀利又浪漫。他创造的中国形象，既梦幻又深刻。他没有刻意走向世界，其作品却成为世界围观中国的独特样本。

如果用永久记忆来做电影，我会死的

　　姜文，1963年生于河北唐山。父亲军人，母亲教师。幼年在唐山、贵州、湖南辗转度过，10岁随父母迁居北京。在贵州时，所住部队宿舍屋外有两个篮球场，球场上每周放电影两次，他可以躺在床上，通过大窗户看电影。那时他用硬纸板、针剂盒和手电筒制作，放映了自己最初的、幻灯片一般、带解说的"电影"，主要是战争片。

　　中学时，姜文模仿电影对白，一个人扮演四五个角色的声音，录在磁带上，蒙住了若干同学，被怂恿当演员。1979年中学毕业，姜文报考北京电影学院，未中；次年考入中央戏剧学院表演系80班。

　　毕业后9个月，姜文得到他的第一个电影角色，在陈家林导演的《末代皇后》中扮演溥仪。此后25年，他演过太监、农民、警察、失足青年、将军、个体户、特务头子、中产阶级……电影被人淡忘，姜文总是让人记得。一次他坐的士，司机脱口而出："你就是那个演姜文的吧？"

　　姜文合作过的"优秀导演覆盖面"很广，从第三代的谢晋，第四代谢飞，第五代张艺谋、田壮壮，第六代张元，直到已经"不论代"的陆川、徐静蕾，未来或许还有更年轻的导演。

　　1990年后，姜文对导演产生兴趣。1992年，王朔给他看了新发表的小说《动物凶猛》，他决心要拍成电影，自己写成90000字剧本。1995

年，《阳光灿烂的日子》成为当年国产电影票房冠军，年轻的主演夏雨在威尼斯电影节获得最佳男演员奖。

姜文自编自导自演《鬼子来了》，获2000年戛纳电影节评审团大奖，由于"违规参赛"，最终只能在内地以盗版示人。2009年，《太阳照常升起》令很多期待他的影迷困惑、争论，却是当下中国电影中难得的饱满恣肆、心性洒脱之作。18年里，姜文导演了4部电影，相当低产。他自己说，电影不是一件非做不可的事情。事实上他对电影有种近乎偏执的严肃和认真：发自内心、言之有物、扑面而来。没有这个人，中国的电影无疑会缺少一份阳刚生猛。

现实容易和脏乱差接近

《南方周末》（以下简称问）：你导演的电影，《阳光灿烂的日子》里有梦境，《鬼子来了》里有梦境，《太阳照常升起》也有梦境，甚至整个片子都像一个梦。为什么你对梦境如此钟情？

姜文（以下简称答）：有人说电影就是造梦的。其实对我来说问题在于什么是现实。也许现实跟人们所想象的梦之间的界限，其实没那么清晰。所以要想拍你的感受也好，所谓生活也好，没法避免里边有关于梦的表达，或者说你可以把整个片子都拍得像非现实的梦一样，这也无妨。

问：不过至今为止，你的电影故事还没有晚于1980年的，这是为什么？

答：早晚都会成为过去。所以与其拍一个现在，让它明天变成过去，还不如现在就直接拍过去。我不觉得现在这个事是一个固定的事，它瞬间就走了。我想其实没有什么人真是在拍生活，都是借生活或者借这些人物表达他对人生，对生命、生活的一个态度。其实我倒是一直不明白为什么有人非要问，为什么你不拍现在的事。谁拍了现在的事？谁都没有，甚至剪接成新闻的那些片段也跟现在没关系。换句话说，就是现在的情况，不同的脑子、眼睛在看的时候，加上他们各自的意识，也变成不同的东西。

姜文　如果用永久记忆来做电影，我会死的

273

问：但这些作品会给人一个感觉：你像是怀念过去的某种东西，因为那东西现在恐怕是没有了。

答：我从来不怀念过去。既然已经过去了或者既然用过去的方式来拍，有一点便是，我不愿意看到脏乱差的东西。我觉得现实容易跟脏乱差接近。借一个不太脏乱差的样子，这个跟怀念，跟怀旧没有关系。因为那样你可以更主观一点，把很多不想要的东西拿掉。我觉得这是创作的基本。如果有什么就拍什么，对我来说那不是创作而是复制，复制我觉得没什么意思，我尤其不太明白所谓原生态那种复制，那你自己去走一圈不就完了么？

问：你从事电影的时间跨越了3个10年，是否体会到这段时间里中国电影行业的变化？

答：我不是一直在做，我是断断续续在做。我没打算做得那么多，那么密。最根本的是我不打算用这件叫作工作的事改变我太多的生活。你生下来不是为了工作，可能不得已，非要去做点什么，然后可能做得舒服了，你误认为它是一个爱好或者追求，但实际上还是一个外套，跟你真正的自己和内心没什么关系。

所以我是越来越觉得其实更重要的是人应该怎么在活的这段时间里，对自己、自我有一个认识，或者你有一个比较从容的感受，这感受不是为了非要表达的。所以，断断续续挺好，不做也挺好。

既然做了，就别把它做得马马虎虎，这是我的一个想法。所以你问到变化，我没有那么专注地关注过所谓行业的事或发生了什么，这个不特别引起我的兴趣。因为我是不得不在这个领域、通过这样的方式表达我想表达的东西。然后一旦做完一个东西，便巴不得赶快消失一会。我想搞创作的人基本上完了之后就忘记这件事，或者没那么多闲心关注这个。所以我还真不知道怎么回答你。

随时准备一按键，全删除

问：这么说吧，你在《本命年》的摄制组里，和你在《绿茶》的组里工作，状态肯定是很不一样的。

答：我理解你的意思，例子也举得非常好，但对我来说，都已经不存在了。

我是特别容易清盘的一个人，做这个的时候我会特别认真，甚至被人认为陶醉在里边。但我其实一直有一个动机是，为了忘记而专注。我为了把它忘记得干净我必须专注一会儿，然后一按某个键，"唰"就没有了。所以你无论举哪个例子对我来说都一样遥远。经常我会碰到以前一起工作的人，他们会讲好多故事，我听着真像是第一次听到的一个新故事一样。包括有次他们在电脑上看一个电影，我看那人有点眼熟，仔细一看是我自己，是自己在那儿做饭，然后又端来端去，好像还挺动感情地跟另一个人说什么……人说这是你演的《芙蓉镇》，我说啊？是么？我不记得这段戏怎么拍了。

问：你说电影对你是一个工作、外套、不得已，这话听起来多让人觉得假啊。

答：其实这话是比较尊重这件事的一个说法。你如果有表达的东西，你不妨用一下电影的方式，如果你没有表达的东西，你老用电影去表达你其实言之无物的东西，那多浪费啊。对你个人，对看电影的人，对电影器材对胶片都是浪费。

你有可表达的，或者说你有要达到的目的也行，比如说你特想挣钱，通过电影，这也不为过。但是可能你什么都没有，也不想说什么；或者你的话人家都那么说，早就那么说了，你再补充第一万零一句而已，那有什么意义呢？我的意思就在这儿：没的聊干脆就不聊，可以不拍。

问：当你有话要表达的时候，是否正好有条件用电影这个方式来说话呢？对很多人这都是个问题。

答：原来有句话：有条件要上，没条件创造条件也要上。这是王进喜说的。要我说有条件就用，没有条件就不用。就完了呗，费那劲干啥呀？

问：如果有特别想表达的东西，也不会为了它去创造条件么？

答：应该这么说，我的能力是极其有限的。如果说我误认为自己创造了条件，拍了个东西，其实不过是这个条件已经存在。如果实在没条件了——我早就这么想，如果我老了，就写点书，哪怕写点博客，画点画，看看（碑）贴就完了。如果条件不允许你用电影的方式表达，还有的是方式。实在不行我一人演8个人，我把这戏演了，我DV拍，我上网，不就完了么？这事儿不是不可能，少操多少心啊，一人把这事儿全办了。当然是我特别有兴趣的情况下。

问：选择电影这种方式，是因为它有特别的好处，还是仅仅因为受的就是专业教育，有这个便利？

答：其实对我现在来说是方便。有这么一个团队，条件也允许我们用电影方式来表达。也是一种懒惰，别的可能还不如这个方便。

好像我是看贝尔托鲁奇的一本书里说的，说为什么拍电影？我是为了忘记。

我记得拍《阳光灿烂的日子》也是这样。在拍之前我可能太愿意跟人谈我对那个时代的认识和看法，而且我特别愿意强调的是，我的看法和认识跟别人不同；我愿意理解成"文化大革命"是这个新国家的青春期发作。然后我拍完这个电影之后就不想聊了，谁再说这个我也没兴趣听了，或者别人说我就听着，没有插话的欲望。我把它封存在一个地方，删除，或者说转到另一个U盘里，把我的脑子清空了。

现在新片子《让子弹飞》也是。我跟他们说，我每天在1/8秒里生活，要考虑这几格怎么办那几格怎么办，那都是在七八分之一秒里边，而且我要盯住几千个镜头里1/8秒之间的联系。看上去我好像是一个执着疯魔的人，但我随时准备一按键，全删除，忘了。我在用临时记忆来做这件事，我如果用永久记忆、深刻的记忆来做，我会死的。

问：装不下那么多永久记忆还是怎么？

答：是觉得我的脑子不是为了装这个的，装这个有点可惜。这都是一种干活的东西，就算你是在创作。开拍以前基本上属于创作，开拍以后属于干活。我们整个从找故事，找到故事，论证故事，把一个小说变成现在的这个故事，这么一批批换编剧……那个是在创作，可能就七八个人。开拍了就跟一个施工队似的，我一看那种施工的感觉我就想忘记。

问：你拍电影的动机都能这么解释吗？为了存到另一个U盘，清空你的脑子？

答：基本上是这样。除非有一天我去拍一个完全没有表达，只是个活儿，或者是大家说这个可以挣到钱，咱们把它拍了，还能弄点广告，那也许是另一回事。

问：你还会干那个？

答：可以啊。我不觉得这样做有什么不对。电影可以表达各种东西，像纸和笔，你写什么都可以。就算是书法家有时候也得写一个便条吧？但有时候好帖子恰恰是一张便条，所以这里边也难说。我不觉得世界上所有事是非得自己能选择和非得自己不能选择的，看你自己是什么心性，什么环境。

把生活扭曲成一个故事

问：你做完一个电影，就不想再说它，但现实是往往有很多人想来找你谈，找你问。你烦吗？

答：我不烦。如果非要说，可能大部分情况不是我主观上想说，人家要问，我愿意回答。

问：目前为止你最多被问到的应该是《太阳照常升起》吧，这种情形也许是你此前都没有遇到过的。

答：以前的片子没有遇到过，但这个片子，《太阳照常升起》在弄剧本的时候，这些问题就已经出现了。其实我告诉你：当一个影片在发行之后所发生的所有问题，都已经在做剧本的时候就发生过，不会超出这个范围。只不过我当时在弄剧本时很多人提，这个能懂么，那个怎么回事，我说没关系，我说这样的一个片子如果大家都在那儿说我懂了我懂了，这才叫奇怪呢。因为它不是一个传统、起承转合的故事。它是你要去感受的东西，有人不愿意感受或者有人感受不了，他说看不懂，很正常。

如果我想把它弄成看得懂的那很容易，那就是一个故事，我们强迫把生活扭曲成一个故事给大家看，叫做电影。但是生活对大部分人，扪心自问的话，是不能用懂和不懂来说的。大部分时候是不懂。但是可能里边也存在一个问题就是说，生活是可以不懂的，电影是不能不懂的。那我也许知道，哦，OK，可能这个方式不适合表达这样一个东西。但是这个不重要。其实问我这个问题的人，是在开拍之前，面对面，问的人比较多，开拍之后就没人再问。

问：你能给他们解答么？

答：我没打算要解答这些问题，我认为这些问题恰恰是促使我要拍这部电影的动力。他怎么会死啊？她怎么上了房就没了？羊怎么从树上掉下来了？这些东西之前都在问，对我来说恰恰是这样我才要拍。不知道为什么找鞋就找疯了，不知道这妈妈为什么站在屋顶上了……

我觉得这些问题不是在问我，是在问他自己——为什么我看这个电影，有时候会说"我不懂啊"？这不是我能解答的问题。

只有换一个思维想，哦，原来我们是在类似这样的生活里过来了，然后有一些东西告诉我们，它有这样的起承转合，但是那个东西是错的。其实生活没有起承转合。我觉得这很好。

如果说让我把《太阳照常升起》当故事看，我也不懂。你不妨把它当一个印象，一段音乐，一种感受。当故事看确实是不懂。

问：做或者不做一部电影，你是有意识地规划，有标准和原则，还是随性而为？

答：我自认为是很理智的人。但我具体做一件事情，要表达它的时候会用不理智的方式。这只是一种方式。

看上去可能我的一些东西会让人觉得，这个没通过那个也看不懂……其实，那就是当时的标准和原则不同，和《让子弹飞》标准不同。我想说的一句话就是：结果发生的时候都是你所希望的。这不是对我个人而言，对所有人都是一样的。当一些事情发生在你面前，你仔细去问问自己，也许是潜意识里边，你正是朝这个方向用了力，否则这个事情不会发生在这儿。

我不爱举例子，因为往往就给举偏了。比方说你特别想挣钱，你一定能挣着钱，你特别想做成一个反叛的东西你一定能反叛，而且反叛会有代价。也就是说我如果特别想"太阳"能被人看懂，一定能拍成看得懂的；如果特别想让《鬼子来了》第一原则是"必须通过"，它一定能通过。任何结果都是跟你的初衷有关系，可能那个初衷只是在你的潜意识里。所以人也不要去抱怨，也不要惊喜，事情都在你最早的那一个念头里决定了。我相信精神的力量。

问：那在《让子弹飞》里，你潜意识里想做的事情是什么？

答：我还不清楚，现在还不是清楚的时候。但有一点是清楚的：我不打算把它拍成一个复杂的东西，是一个比"太阳"简单得多的东西，是一个"看得懂"的东西。

问：你一直说，拍电影不是非干不可的事，没什么要表达的时候不如干点别的，不如去生活。那生活的内容是什么，或者你对生活的态度是什么？

答：我在学习，真的。在学习对待生活的态度。人的生命有点短，对于理解人的一生、表达人的一生或者说有一个正确的生活观，我觉得都挺短的。因为前20年稀里糊涂，临死的20年也稀里糊涂，不稀里糊涂的就是青壮年；青壮年还被眼前各种乱七八糟的欲念给扰乱了。

我没看到哪一个人包括古人，临死前用哪本书把生活写得明明白白的。那可能就老子、庄子这些人？那还得假装活了500岁是吧？你要说很年轻就把这些事弄得很明白，我没瞅见过。所以我现在真是斗着胆、大言不惭地在这儿说关于生活是怎么回事。我可能20岁时候特别敢说，但现在我必须去学习，去极用心或者极不用心地来感受生活是什么。我觉得现在学习，一点都不早也一点都不晚。

《南方周末》记者 李宏宇

姜文 如果用永久记忆来做电影，我会死的

2010 中国
践行者

吴宇森

[致敬词]

吴宇森是第一个成功进入好莱坞的华人导演，他用作品说话，用友善、平和的方式，在好莱坞电影中传递中国哲学。他自己站在了好莱坞食物链的顶端，同时也给世界增加了了解中国的途径。

我希望中国能够强大而谦卑

　　吴宇森，广西人，因父母躲避战乱，在从广西逃亡到香港的旅途中，1946年9月22日在广州出生，6岁时随父母移居香港。

　　因为父亲是个文化人——一个中学老师，一心要传承中国文化，吴宇森在儒家和道家文化中长大，延续和传承中国人的文化，是吴宇森此后一直所坚持的信念。

　　中学刚毕业时，父亲因病去世，一家人靠母亲在建筑工地抬石材为生，吴宇森的第一个梦想就是做个教员。

　　念到高中，吴宇森发现，可以通过电影把中国人的文化精神延续下去，他靠写影评结识了《中国学生周报》的社长，和一批好朋友获得学习电影制作的机会。后来又认识了从意大利学电影回香港的孙家文，进入到专门拍国语片的国泰电影公司。

　　为了节省成本，吴宇森也偶尔被拉到电影里扮演角色，从群众演员到配角，吴宇森演了12部电影。他被推荐到张彻影片中，出演叛逆青年，张彻坚决不同意，建议他做导演。从此吴宇森成了张彻的副导演。

　　几部戏拍完，吴宇森获得了独立拍片机会：一个朋友找了笔钱拍电影，信心不够找到吴宇森，请他当联合导演，这部讲元末明初故事的古装动作片叫《过客》。电影拍得非常辛苦，却没通过审查——审片人怕电影里的暴力画面可能会让年轻观众学坏。

不甘心的吴宇森做了一场内部放映。嘉禾公司的老板很喜欢，认为他在爱情戏上有手法创新。

吴宇森在嘉禾当了10年导演，一直以喜剧片闻名，这与吴宇森想要表现中国仁义精神相去甚远。他想拍警匪片，但没人愿意冒险让他拍。吴宇森不服，结果被发配到台湾分公司两年。

1985年吴宇森加盟徐克电影工作室，起用了当时的"票房毒药"周润发，拍摄了《英雄本色》，终于把仁义，中国的人文精神，中国人宁折不屈的气节，中国人做人做事的态度，和他的暴力美学都放在了电影里。

吴宇森的转折点前又摆出了两条路：选择貌似保险的《英雄本色3》，还是继续新的尝试？

因为拒绝拍摄《英雄本色3》，吴宇森和徐克分道扬镳。接下来吴宇森的《喋血街头》、《纵横四海》、《辣手神探》，不但证明了他的选择是对的，也让他和他的影片成为一代人的集体记忆。

吴宇森在如日中天的时候从香港被请到了好莱坞，他用自己的努力和谦和站在了好莱坞食物链的顶端。

《喋血双雄》因为在剪切和拍摄上大胆创新，被法国的电影学院当作电影教材；《风语者》成为美国的电影学院教材。

2010年，吴宇森离开美国，回到中国发展，带来好莱坞经验，拍出了商业大片《赤壁》（上下），监制武侠片《剑雨》，筹拍《飞虎队》等电影。

关于梦想和现实

《南方周末》（以下简称问）：你还记得自己的第一个梦吗？

吴宇森（以下简称答）：我人生的第一个梦想是很单纯，希望做一个教员。我父亲是一个文化人，他当年在广西乡下的时候，就是一个中学老师，一心把传承我们中国文化，作为他毕生的责任和使命。在我很小的时候，他经常跟我讲儒家和道家文化，他做人做事都很谦虚，对人很有礼貌，这点对我影响很大。

我小时候家里穷，没有钱读书。后来我得到教会的帮忙资助，才能够读书。所以我对社会上的很多人有感恩的心，我父亲的梦想也感染了我，让我有使命感：怎么能够延续和传承中国人的文化。

问：但你没有当教师，最后当了导演。

答：我念书到高中的时候，兴趣比较倾向于艺术方面，很喜欢电影，也喜欢绘画和写诗。后来发现，我可以通过电影把中国人的文化精神延续下去，所以后来我电影里面有蛮多的中国元素和文化元素，比如说关于仁义，关于中国的人文精神，中国人宁折不屈的气节，中国人做人做事的态度，都放在了电影里，透过电影表达出去。

问：你出生在大陆，成长在香港，短暂去过台湾，后来去了美国，现在又回归大陆，如果让你来划分自己人生的几个时代，你会如何划分？

答：我年少的时候，可以说是一个启蒙时代。我成长在香港，20世纪五六十年代，大家的环境都不好，都非常穷困。在那样的环境下成长，反而让我活的更坚强，更自信。在父母亲的教育和影响下，我养成了不卑不亢的人生态度。在最穷困的时候，我变得更加用功，除了念书之外，尽量想任何办法去求学，求技术。在奋斗的过程里面，我慢慢发现自己有一些艺术才能，就很坚定地往这方面走，一直到现在都没有放弃过。

70年代应该是一个学习时代，我们在香港能够看到来自世界各地的好电影、跟年轻的朋友一起学习、研究电影，把外国那些好的电影理论、影评和一些好的电影剧本，互相分享、互相研究，一起去追寻我们的梦想。那些艺术电影和类型电影，让我学习到如何当一名好的电影导演，然后在26岁的时候，我有机会导演我第一部电影，正式开始我的电影事业。

经历了喜剧电影的磨练，一直到80年代，才因为《英雄本色》确定我在香港电影圈里的地位，这个时代可以说是我的探索时代。因为起先做导演的时候，自己太年轻了，没有很多的人生经验，没有那么丰富的认识，以为自己有一技之长就可以拍电影了。可以说有很多方面不够成熟，所以我利用所有的机会，一边拍电影一边去探索，学习新的电影技巧，去拍好每一个电影。在这个过程里，找出我自己的电影主题。我非常幸运，能够得到嘉禾公司老板的支持，让我尝试拍一些戏剧、功夫片甚至是粤剧，给我很多的机会去探索，终于拍出一部《英雄本色》这样的电影。

到了90年代后，因为《英雄本色》和《喋血双雄》，我很幸运能够被邀请到好莱坞去拍电影。在美国的这十几年，可以说是一个磨练时代，让我能够进入另外一个新的人生阶段。好莱坞是一个能够容纳不同人才的地方，也是一个非常好的课堂，让我有机会在一个不一样的制度里拍电影，去证明我的电影主题和拍摄方式。我在电影里面所传达的理念，是可以让更多的人能够产生共鸣或者是接受的。我一生的运气都非常好，从一开始学电影的时候，就有人赏识，给我做导演的机会，也给了我磨炼的机会，一路上走来，也交了很多朋友。

问：您现在回中国发展，那好莱坞是不是就放弃了？

答：我没有放弃好莱坞，还有两三部西片在同时制作当中。我推掉好莱坞两部大戏，3部欧洲电影，回来拍《赤壁》并不是说放弃好莱坞。未来我以华语片为主，但同时也会拍西片。因为现在美国公司和法国公司都在找我，这方面的电影计划也在洽谈中。

电影要全面发展

问：回顾你40年的电影生涯，你会如何划分自己的电影时代？

答：我不想人家单纯以动作来形容我的电影。第一个10年应该是喜剧时代，第二个时代可以说是一个浪漫时代，虽然那个时候香港电影比较注重动作，但是我的情怀都是很浪漫的，不能够单纯用动作概括。

为什么要拍枪战呢，因为我很喜欢中国古代的仁义侠士的精神，但我又不愿意拍武侠片。我拍的那些警匪、杀手的电影，其实就是古代侠客的形象和性格，那份仁义，那样的一诺千金，士为知己者死。在今天的现实生活里面，人很难会做到这样的事情。只有透过电影，把这样的情怀表现出来。

后面是在好莱坞的10年，可以说是现实时代，比较实在的10年。因

吴宇森　我希望中国能够强大而谦卑

为到好莱坞以后，或多或少都会受到他们的影响，拍一个类型电影，不能搞太浪漫，不能搞太自我，要考虑许多实际问题，要兼顾到很多市场需要和观众层面的需要。比如一些国家不喜欢暴力电影，欧洲国家比较喜欢看有内涵的电影，亚洲国家喜欢看更剧烈的动作片，这些都是要考虑的。

在设计动作的时候不能够太夸张，尤其在美国本土，他们很怕青少年受到电影暴力的影响，所以在拍电影的时候，我会有节制，有的时候拍动作和情节，尽量不要脱离现实太远。同时，我也要保持自己一贯的电影理念，通过一个比较简化的方式去拍电影，不管在创作方面，还是个人视野方面，都要兼顾到更多人的感受。

现在是我另外一个10年，也很难用一句话做定义。因为我以前拍的电影比较注重个人化，也喜欢拍一些悲剧英雄的故事。但是到我现在的年纪，我的人生感受和艺术感受可以说是比较成熟了，现在我更关注多数人的感受，要寻找一些创新的理念和拍摄的方式，希望拍一些让更多人产生共鸣的电影。

问：你在电影圈横跨20世纪70年、80年代、90年代和21世纪，你认为，华语电影在电影质量、电影产业方面，进步在哪里，退步在哪里？

答：以香港电影来讲，我看最好的时期是上世纪70年代和80年代，尤其是80年代。因为当时出现了新浪潮电影，比如说徐克、许鞍华等人，他们给香港电影带来了很多改变，带来很多新元素，也让香港电影变得多元化，那是香港电影最有光芒的时期，也是最富有创意的年代。很多导演都在拍摄技巧和题材表现方面有创新，甚至影响了世界电影潮流。不光是日本电影、韩国电影受香港电影影响，连一些西方国家也在模仿香港电影。但是，在香港电影事业最蓬勃的时候，大家都是以动作片和喜剧片为主，对其他类型的电影，比如文艺片和艺术片就不那么重视。结果到了80年代末，连西方国家都能够拍功夫片时，而且拍得出神入化，有优厚的财力和技术，把动作片拍得更好，结果观众都转移去看他们的电影了。香港动作片的市场慢慢萎缩，却没有别的类型电影来支撑，因为大家都不注重别的类型电影，结果把市场都让给了好莱坞电影。他们什么类型电影都有，而且电影生产丰富，产品都很精致，最后观众慢慢觉得只有好莱坞的电影值得看，电影质量好，他们也肯花钱，也有大家所崇拜的明星偶像。这个现象不光在香港、台湾，也发生在日本、韩国等国家。

归根到底，是因为我们的电影市场没有全面发展，最后让好莱坞的电影取代了。现在的华语电影可能也会遭遇到同样的局面。当中国大陆电影市场好起来时，观众都喜欢到电影院去看电影，我希望大家不要一窝蜂，不要跟风，太注重某一种类型的电影，还应该全面发展。

至于你说到华语电影是进步还是退步，这个很难说。不管怎么样，电影事业好起来，可以让更多年轻导演有发挥的机会，也让很多年轻人有参与电影工作的机会，我觉得这是非常好的现象。我非常高兴看到有些电影公司，像中影、华谊，他们都买了外国新器材，在创作与技术方面都能发掘很多好的年轻人参与，培养了很多年轻导演。我觉得这是很好的尝试。

问：你现在还有什么梦想？

答：我现在最大的梦想是尽量多拍一些中国人的电影。在外国生活了十几年，在好莱坞工作了那么久，他们对我非常礼遇，给了我很多创作的机会，我也很感激。但是我觉得在西方世界里，有很多人对我们的文化、精神，对我们的文明、价值不够了解，尤其对中国人做人做事的方式，还有中国人的性格，他们还是知道的不多。

所以我才会回大陆去拍《赤壁》这样的故事。因为从电影来讲，一般在外国受欢迎的电影就是所谓功夫片，所谓武侠片。但我觉得功夫片、武侠片只体现了中国文化的一小部分，我们有更多的精神面，有更多的东西，西方人不了解不知道，所以才会产生那么多的误会。我觉得大家都可以做朋友，但要用怎样的方式交朋友？这是一个问题。

从这个意义上来讲，电影和书本是沟通的桥梁。我希望在有生之年，可以多拍一些中国题材的电影，利用我在国际上的影响力，让西方人对我们有多一份了解。《飞虎群英》正是这样的电影。

另外，我的一个梦想，是我生平第一个武侠片。我非常喜欢武侠小说，但我觉得能够深入体现武侠境界的电影不多，真正能够把中国古代仁人侠士的气概、气魄和那份境界表现出来的电影不多。如果把这个类型电影拍好，也可以让外国观众对我们中国文化有更深层的了解、认识。在武侠片外，我还想拍一些比较有现代社会精神的电影。我的梦想还有很多，只能一个一个去实现。

美国人把自己的电影当主流

问：以你在好莱坞这么多年的经验，中国电影是不是注定只能做西片的配角？

答：我觉得不可以用"配角"两个字来形容中国电影在美国的地位。

问：为什么？

答：我觉得不能用配角做形容。对美国来讲，不光是中国，连那些欧洲国家的电影在美国的地位也不是那么重要。不光是电影，甚至是中国文化，包括欧洲文化，美国人都把它们看作是不主流的东西。美国人只把自己的文化，自己的电影当做主流，其他的都是另外的文化，另外风格的电影。甚至欧洲那些国家，也不那么热衷于美国电影，他们看的都是自己的电影。

在美国的一些大城市，中国电影还是有一批固定观众的，他们非常热衷，但他们只是少数。大多数美国普通民众并不看中国电影，也不看日本电影、韩国电影，甚至是一些欧洲国家的电影，他们也不看的。因为他们的生活环境和文化背景和你不同，与他们无关。

问：这跟电影创作有关，还是跟电影产业有关？

答：还是创作问题。中国电影要做检讨，我们拍一个关于中国的电影，有没有想过：要通出什么方式拍出来，让西方观众便于理解？你能否透过电影故事、形式，通过画面、细节和场景，用简单的表达方式，把你的意图简单清晰表达出来。

直到现在，我一直在研究，一个中国故事怎么吸引西方人，关于中国的一段历史，怎么样让中国人和西方人都能够接受，去了解这个电影讲述的故事，比较容易去认同、领会到你的苦心。

问：国家的强大，会和电影有关系吗？

答：国家的强大当然对电影是有帮助的。西方人会普遍注意中国，在经济、科技、军事外，也会多注意你的文化、地理，不管是戏剧还是电影，都会注意到，这为我们提供了一个起点：他们对你感兴趣。

但国家的强大，引人注目只是个起点，主要还取决于创作者本身。你的艺术水平好不好，世界观够不够，你能不能拍出好电影。当然有一些电影导演会觉得，中国电影市场那么大，我们只要给国内市场拍电影就够了，其他就不需要想了。我认为也需要一些电影，它是以国际市场为目标的，它对世界市场的复杂有真正、深刻的认识，能够找到新的电影技巧、方式，把一个中国人看得懂喜欢看的电影，拍得也让西方观众同样都能喜欢。

另外一个世界观是，我们需要西方人认同中国人，需要人家对我们多一些尊重。但往往我们没有真正好好了解人家的需求。中国的电影人自以为知道海外市场需求，但这种了解往往是从发行和制作单位了解的，他们从来没有好好地问过一个普通的西方电影观众，你对中国电影怎么看？

我问过一些韩国、日本和欧洲人，他们都不是电影圈的人，我问他们对中国历史片有什么样的看法，他们觉得我们的历史片太沉重。后来我拍《赤壁》的时候，就做了很多的改变，不要拍一个太沉重的历史片。

找到了美国电影的钥匙

问：你曾说过："要拍一个美国题材，但是把我们中国的精神放到这个题材里面。"你对这种中国精神的理解是什么？

答：所谓中国精神，很多时候不是用话讲出来的，是做出来的。我到好莱坞去的时候有一个宗旨：我有三样东西不会拍，不管对方对我多看重，或者给我多少片酬。第一：扭曲中国人形象的电影我是不会拍的；第二：关于唐人街黑帮的电影我是绝对不能拍的；第三：对我们的文化精神，我们中国人的哲学，做人的方式有所误解的电影我是不会拍的。

在这样的前提下，我试着在不同的电影里，把我们的文化、精神放进去。我刚到好莱坞的时候，第一部西片《终极标靶》为什么不成功，我当时以为美国很多观众都已经了解我，他们都喜爱香港电影的元素，所以我就把一个美国故事拍成了一个港片，把香港电影的元素通通放在那个作品里，结果很不成功。

到后来的电影里，我其实都在拍美国片，只是在这些美国片里，把我们的文化慢慢渗透到电影里面，并慢慢注入这些元素，让美国观众看起来，感觉不一样，但还是他们熟悉的美国片。

问：这把钥匙是怎么找到的？

答：不管是哪个国家的人，都有一些共同的道德观念。比如说正义感，中国人为了一个信念，一个理想、为了国家、为了朋友，往往可以赴汤蹈火，牺牲自己成全他人；美国人也有正义感，他们也有一份为了理想和信念，比如对政治极权和专治的痛恨，维护自由、解放人类，很坚强很有勇气。只不过从古到今，我们中国人有时可以为了正义而牺牲自己，但美国人为了正义，他们也会去争取，但首先是求生，不是求死。但目的同样都是为了正义。

在对待爱情、亲情、友情、婚姻、家庭、责任方面，中国人和美国人也是相同的，很多价值观都是相通的，只不过人与人的表达方式和行为方式不同。我成长在香港，从小接受东西方文化的熏陶，在中西方文化里成长，很容易找到两者之间的沟通方式。无论我在香港做事，在美国做事，还是回大陆做事，不光是在电影里，还是在日常生活和工作上都是一样的。

问：除了功夫片之外，你觉得中国电影哪些部分可以被世界所接受，可以当成我们的卖点？

答：我觉得中国有很多题材在外国是可以受欢迎的，比如说我们的神话故事，外国人也很喜欢，问题我们怎么去做，怎样拍。现在有很多好莱坞的公司，开始注意中国的题材，大家看到《花木兰》已经做成卡通了，《功夫熊猫》也很卖座，他们已经开始注意或者是购买我们一些故事，自己拍了走全球市场。这方面对我们应该很有启发。

中国的强大要经济也要文化

问：以你在两岸三地和海外的闯荡经历来看，中国电影还缺什么？

答：我觉得现在的中国电影缺少一个长远的计划。以《阿凡达》成功举一个例子，卡梅隆花了很多年的时间，影片公司投资了他很多钱，然后他跟团队研究出新的拍3D电影的方式，让全世界都震惊，全世界都卖座。

我们现在电影很发达，但是在技术上，在创作的技巧上，还不够好，电影类型太少。我们不要时时刻刻盯着票房，计算现实的回报，只跟着电影的潮流，什么流行什么票房好就拍什么。

我们应该看到长远的将来，不管是政府的公司也好，民营公司也好，有没有可能订个长远计划，投资一些钱，花一些时间，培养一些年轻导演，给一些有才华的年轻人机会，让他们去拍他们想拍的电影。一方面培养电影人才，一方面找到电影的创新点。今天的电影观众跟以前的观众不一样，他们能够看到各国的电影，要求高，不是你简单随便跟风讨好他们就能够有票房的。

问：如果让你来阐述中国梦和美国梦的区别，你认为有哪些相同哪些不同？

答：美国人爱说在美国一切皆有可能，因为它是一个自由国度。就像奥巴马一样，一个非洲黑人后裔，能够通过努力当上总统。

我们知道中国这些年的经济发展非常好，有它强大的一面，让全世界刮目相看。但是西方人只看到我们在经济上的成功，他们的认识往往局限于这表面的强大，对我们几千年的文明、精神、价值还没有真正认识。所以我希望中国能够保持谦谦君子之风，有一种强大而谦卑，是一个成功而不骄傲的国家。中国人很乐意跟任何人做朋友，交朋友，以朋友之道对任何人，对任何事保持君子风度，让人家对我们有一个不一样的认识和看法，做一个君子之国。

问：你怎么看中国提出的"和平崛起"？

答：不管怎么强大，现在中国社会给我的感觉，好像是全民族注重经济，不够重视文化。现在经济好了，很多人都富起来了，年轻人也有很多机会追求梦想，但都是一些比较外在的东西，比如说功名、金钱，没有人注重文化和精神。对此我有隐忧。希望社会各方面多注意文化和精神，多鼓励扶持文化产业，让年轻人觉得读书还是重要的，文化还是重要的，精神价值还是重要的，使中国文化能够得到尊重和延续。如果社会太功利，年轻人就会越来越空虚，越来越难以面对自己，面对未来，面对世界。所以说，我希望国家强大，也希望政府能够推广文化事业，让年轻人拥有真正的文化价值观。

《南方周末》记者　张　英

吴宇森与佟大为

徐
冰 ［致敬词］

从中国走出去，又回到中国，徐冰确
立了自己的艺术自信和艺术逻辑。从
《天书》到《凤凰》，他展现了阐释
中国的巨大野心和杰出才能。

社会为什么要让你成为一个
游手好闲的职业艺术家

徐冰，1955年2月8日生于重庆。徐冰出生日下小雪，这在重庆属稀有，取名为"冰"。1956年3月，随父母移居北京。父母均在北京大学工作，徐冰入北大幼儿园，此后生活在北大校园。

少儿时期的徐冰腼腆内向，体弱多病。1962年，入北大附小。1966年，"文化大革命"开始，不久父亲被打成"走资派"，关入学校"牛棚"，受到抄家、游街、批斗，家境发生很大变化。

北大宿舍区一时成为附近"八大学院"红卫兵的光顾之地。这期间国际政治学者赵宝煦先生，将收藏多年的延安大众美术工厂的新年画、《北方木刻》等书籍和木刻工具交给徐冰；法国学者张芝联教授将部分俄国、德国的画册放在徐冰处。这些因祸得福的收获，对日后徐冰的艺术发展影响深远。

学校全面停课。徐冰开始在家自习绘画、书法、篆刻、木刻、木雕和剪纸等。

1968年，入北大附中。由于当时没有美术老师，徐冰成为不拿报酬的"半工半读"学生，承担学校美术课和美工宣传的工作。1972年，邓小平复职，国家恢复高中。由于徐冰的美工能力，得以入高中，继续为学校做大量美术工作。

1974年，去北京延庆县花盆公社收粮沟村插队。徐冰是"全人"（家有父、母、哥、姐、弟、妹），常被请去操办乡间红白喜事，开始接触到民间传统文化。1976年，由于劳动和业余创作表现突出，他被推荐参加中央美术学院的入学考试。同年毛泽东去世，"四人帮"被打倒，"文革"结束。

1977年，全国恢复高考。中央美院将徐冰这批学生作为77级录取。徐冰被分配到版画系学习，受到古元、李桦等老一代木刻家的直接指导。1981年，徐冰自美院毕业，留校任教。

改革开放之初，西方现代思潮涌入，为多年封闭的中国带来文化饥渴和文化热潮。1987年，徐冰开始代表作《天书》的创作准备工作。他闭门设计刻制两千余个字典里查不到、没人看得懂的"伪汉字"。次年首次在中国美术馆展出《天书》，在国内文化界引起"徐冰现象"的讨论。

1990年，徐冰接受美国麦迪森·威斯康辛大学邀请，作为荣誉艺术家赴美。此后《天书》等作品在国际艺坛屡屡展出，艺评界反响热烈。西方惊讶地发现，对于世界究竟可否认知、是否真有"理性"存在这类深远命题的思考，竟从他们几乎陌生的中国传来了不可思议的回应。《天书》其后进入美国1997年版世界艺术史教科书《艺术的过去与未来》。

1992年，徐冰在南达科塔州立大学攻读艺术硕士学位，主修现代版画、造纸和西方古典书籍装订，1994年开始设计"英文方块字"，两年后《新英文书法》成为他又一件标志性作品。1999年，徐冰获得美国文化界最高奖项"麦克阿瑟天才奖"；2006年获全美版画家协会"版画艺术终身成就奖"。

在《喜马拉雅计划》、《烟草计划》、《木林森计划》、《何处惹尘埃》等国际当代艺术项目、作品之后，徐冰于2003年受聘成为母校中央美术学院的名誉教授。2007年，中国教育部任命他为中央美术学院副院长，徐冰回到北京。他的最新作品《凤凰》，用北京CBD一座金碧辉煌的时髦建筑的排泄物——建筑工地上的工具、零件和废料，做成一对巨大的凤凰，目前悬挂在上海世博会的"宝钢大舞台"。同年，他被美

徐　冰　社会为什么要让你成为一个游手好闲的职业艺术家

国哥伦比亚大学授予人文荣誉博士学位。

徐冰用来自中国的文化资源，书写自己在中国改革开放的历程中，对文化与社会现实的敏锐思考。他从中国走出去，又回到中国，坚信中国应该也完全能够找到属于自己的艺术逻辑和艺术自信。无论作为艺术家还是中央美术学院副院长，他都将继续对中国当代艺术产生重要的影响。

今天的劳动人民纪念碑

《南方周末》（以下简称问）：《凤凰》最终的安身之处现在有了着落吗？

徐冰（以下简称答）：现在还不知道。林百里先生（台湾收藏家、该作品赞助人）最早是希望它到台湾去，挂在广达集团的苹果电脑生产中心。内地文化界的很多人觉得应该放在内地，如果《凤凰》离开大陆这个上下文的语境，感觉这个东西就不对了。世博会之后《凤凰》会有一个国际巡回展，正在计划中。

问：如果到国际上巡回展览，怎样展示作品产生的语境确实是个问题。

答：其实最初的语境已经无法完全呈现了。我最早的设想，是安置在甲方建造的金融大厦里，金融大厦是一个金碧辉煌、炫耀财富的大厦。我想到做这个作品，是由于工地现场的劳动条件与中国现在到处可见的光鲜的现代化建筑形成的反差，这触动了我，原来这些建筑都是在这样一种状况下产生的。用盖这个大楼的建筑排泄物做一个东西，挂在这座金碧辉煌的大楼中间，我觉得很有意思，它可以把大楼衬托得更加金碧辉煌，而大楼的金碧辉煌又在衬托着两只凤凰的现实感、底层感。我觉得，《凤凰》使用的材料不仅是这些建筑废料，实际上整个建筑语境都是作品材料的一部分。

但是，由于两年中的种种变故，作品最后不能放到甲方的大厦里，这部分艺术语汇的元素就丢失了。但这些变故又让它负载了很多新的内容，当然也更深入地映照了中国的现实。这两只凤凰携带着今天中国多层的气息，通过每一片翎羽的材料携带、传递着，它被带到中国之外仍然会有效。

问：假设回到60或50年前，这个方法、概念说不定可以照搬到人民大会堂。如果那个时候有一个你，有这样一个想法，用当时劳动工具、建筑废料说不定也可能做出别的鸟或者兽。你觉得呢？

答：我没有这样设想过，但你这个设想是有意思的。是中国这么多年语境的变化，让这个设想变得有意思。有人也说了，徐冰这个《凤凰》有点像今天的劳动人民纪念碑，因为每一块材料都是通过劳动之手触碰而传递的一种情感和信息，一种中国社会的信息，包括价值观、对物质的态度等等。但在五六十年以前，那个时候劳动阶层的情感状况，和今天劳动阶层的情感和状况是不同的。中国真正的变化不在于高楼大厦的多少，而在于阶级关系的变化和阶级地位的变化。那时工人阶级的地位和现在工人阶级的地位是截然不同的。

为什么有人会被这两只凤凰感动，因为它伤痕累累，在很艰难的条件之下还一定要把自己打扮得非常有尊严、美丽。事实上作品在这个语境下所传达的这样的一种感觉，是其他时代，或者说其他地区所没有的。当然这种态度又是中国人的传统，比如民间艺术，都是用最低廉和最日常的材料构成的艺术，寄托对未来生活的无限向往。

文化就像游戏机，上去了就下不来

问：《天书·析世鉴》是非常抽象的，是文化上的一种探索或者是思考，而《凤凰》是很入世，从现实里来，直接指向社会现实的话题。这是否算是一个创作方向的转变？

答：我总说艺术是宿命的。我认为一个艺术家的方向实质上是没法转变的。从《天书》一直到《凤凰》，中间我做了很多很多的作品，但是现在回头看，我发现自己能够做的就是在这个时代中走，时代进入了现代，我就成了现代艺术家；时代进入了当代，我就是当代艺术家；时代把我们甩到国外，我就成为了国际艺术家。现在我回到国内，中国大陆在今天的世界上，其实是一个最具有实验性的地方，各种各样文化、观念重生不定，有各种各样的问题和空间，也最有可能出现一种新的文化方式。所以，在这里的艺术家就应该成为最具实验性的艺术家，和最有可能提出一种新的文化方式或者是艺术方式的艺术家。

20多年前《天书》的出现，实际也是和中国当时的社会语境发生关系的结果，它和当时中国大陆的文化热有直接关系。1977年我从插队的农村回到中央美术学院学习。中国刚刚开放，大学生、当时的年轻思想界都非常活跃，所有人对文化都是一种饥渴的状况，我参与所有的讲座、聚会、文化讨论，读各种各样的书。但是，就像一个饥饿的人，一有机会又吃得太多，结果觉得很不舒服。觉得过去自己还有一点东西，最后反倒没有了。文化的东西像一个游戏机，你上去了就下不来，反倒把一些东西给搞乱了。于是我特别想做一本自己的书，来表达自己对文化，对书籍的一种感觉。《天书》是这么来的。

现在看来，《天书》是一种非常中国的方式，中国的态度，而且表现了一种坚定性。因为那时对西方当代艺术不了解，所以做起东西就不是左顾右盼的，因为什么都不知道，只能把自己那点东西拿出来。它的力量也正来自这种坚定。但它和西方20世纪末的那个阶段，关于文本、解构、误读这套理论和哲学界最关心的命题其实特别有关系，所以它在西方受到特别多的关注、讨论。他们觉得这个中国艺术家用他特殊的方式参与了我们正在关心的问题。

问：您之前的很多作品都跟文字有关系，但《凤凰》是直接从社会性话题入手，给人的感觉是从书斋走向现实这么个过程，可以这样推测吗？

答：可以这样说。过去或者说早期现代艺术更多是从知识或者书本元素里转换成的，实际是因为对艺术的理解并不成熟。我发现中国艺术家对当代艺术的想象力很强，在那时候，因为不了解当代艺术，只知道当代艺术可以是无边际的，而且是可以做的非常奇特。在这个引导之下，可以把想象推得更远。而且在文化上你觉得当代艺术是深刻的，必须要让它有文化感等等，但事实上这些都不是艺术深度的来源。

最后我才明白，艺术的深度实际上是来自艺术家处理与所处现实与社会之间关系的技术；这种处理技术的高下便体现出艺术的高下，而绝

中国梦——38个践行者的故事

对不是在风格流派之间比来比去的结果。不能够把古元风格和安迪·沃霍尔风格做比较，而谈论他们的高下；你只能谈论古元是怎样用他的艺术来面对他那个时代的中国社会，而安迪·沃霍尔是怎样用他的艺术来面对美国商业时代的。他们有各自的处理技术和方法。

当然，说我的作品越来越具有社会性或者是人民性的内容，确实是有。后来我才发现，实际我在纽约后期的一些作品，与社会之间有一种过去没有、更近的关系。比如说"9·11"之后的《何处惹尘埃》，实际上非常关注当时人类面对的困境，精神世界和物质世界之间关系的反思：为什么这么两座大楼在顷刻之间可以化为平地，归为尘土，回到物质最恒定状态？是政治的失衡，也是物质能量的失衡，它自身所聚集的不正常的能量摧毁了自己。这些东西是值得反思的。

问：您觉得在中国的当代艺术里，艺术家用艺术语汇来处理自身与现实社会的关系，这种处理技术现状怎么样？

答：我觉得缺失很多，这也确实不能怪中国艺术家，整个世界几百年以来都是被西方大的思维框架所统领，现代艺术也是西方话语之下的一种结果。我们感觉中国现在的艺术繁荣了，要我说是种表面繁荣。中国当代艺术在语言上真正有贡献的艺术家非常之少。但为什么中国艺术家又获得这么多的国际关注？他们看中国的当代艺术很有意思，是因为这些艺术中反映出大量中国的现实信息，但是要清楚，这不是艺术。很多艺术家有错觉，觉得自己重要，获得国际关注，并且在商业上很成功。但事实上别人对你的关注并不是由于你在艺术语言上对人类的当代艺术有所贡献。这个一定要搞清楚。

和现实较劲的能力

问：当代艺术与社会现实的关系究竟应该是怎样的呢？

答：艺术必须要对社会产生作用。这就有一个问题，怎么产生作用。是跟着社会跑，比如说奥运会开始了，我的创作就跟奥运会有关系，世博会开始了，我的创作就跟世博会有关系？我觉得这是一种无张力的关系。你必须有一种和社会现实较劲的能力，是50%与51%的关系。

当然话说回来，艺术家的本事是必须具有对时代超出一般人的认识，而又懂得转换成过去没有、一种全新的艺术语汇来表达的能力。所以艺术语言的贡献是重要的。就像作家，有些人只会讲故事，但是有些人建立一种文体，把故事讲得更好，又给别人提示了一种方法。最终还是在文体上有所建树的作家，是对人类文明有所贡献的。

　　问：您现在也是一个教育者，在工作当中，会怎样影响现在的学生？他们接受教育的环境已经非常不一样了。

　　答：其实真正高质量的教育，核心部分是一样的。艺术和生活，和社会之间的关系规律也没有变。对于艺术教育来说，最本质的是让学生懂得艺术的道理是什么。

　　很多艺术学院的学生毕业了不知道自己是干什么的。你怎么跟社会发生关系？社会为什么要让你成为一个游手好闲的职业艺术家？你能够给社会什么东西？并不是你想成为艺术家，社会就应该让你成为艺术家。你必须和所有的人一样，要提供社会需要的东西，才能把你的住房换回来，把你的食物换回来，把你的工作室换回来。

　　有时候我想，美术馆去找钱请我做展览，或者是收藏家买我作品，他们买的是什么呢？《凤凰》是一堆破烂做出来的，你说他买的是一堆破烂吗？他买的是《凤凰》的这种工艺感和优美感吗？其实都不是。他们收藏的是：中国艺术家开始探索怎样在这个时代，使用真正有价值，其他任何地方都没有的元素，创造出不同于西方话语方式的艺术。这种提示是有价值的。事实上，收藏者收藏的是这种"提示"。比如说我过去的作品，《天书》也好，什么也好，其实都是一堆物品，从物质上说它什么都不是。但它多少有一些价值，这价值也可能是通过这样一件作品或者语言方式，传达了一种新的、特殊的思维方式，或者是看事情的角度，这个是有价值的。别人收藏就是这个东西，我就可以用这个东西和社会进行交换。因为这种提示对社会的进步是有作用的。

　　问：作为一个艺术家您的工作当然很重要，但作为一个教育者的工作恐怕更加重要，因为它可能会影响到未来很多中国艺术家。如果这些观念能让您的学生很好地领会，是更加功德无量的事情。

　　答：这个事情又得从另外的角度来看。比如说很多人觉得徐冰回来了，是不是可以带来一些现代的东西，带来一些新的艺术方法。事实上，我回来以后，一直在提醒自己：我离开中国的这一段，遗漏了什么东西，这是我最需要反省的。20年以前我离开中国，那时的中国和现在的中国可以说是两个国家，回来其实是面对着一个崭新的国家，它的文化方式，它的工作方式，运转方式，是什么在让中国往前走，这些都是自己完全不了解的。我得有当年去纽约，企图参与到那个文化语境之中所付出的摸爬滚打、自我改造的努力，才有可能在这样一个新的文化语境里做一些事情。我在美术学院担任这些职务，其实是让我更实际地进入和懂得这个国家。

《南方周末》记者　李宏宇

徐　冰　社会为什么要让你成为一个游手好闲的职业艺术家

陈道明

[致敬词]

在娱乐时代，陈道明是一个低调的演员；大家都齐步走的时候，他可能在散步；他用40年的经验主演了一台话剧，展现了戏剧的力量；他演过几乎所有朝代的帝王，但他只想做一个"正常人"。他就是中国演员的"那一个"：不从众，不趋时，以敏锐的知识分子气质，呼唤并示范德行、敬业、秩序和心底的柔软。

不做评论者，愿做践行者

"这次我要演一个与众不同的刘邦，一个没有底线的流氓。"陈道明兴致勃勃地告诉记者。2011年12月9日晚，"中国梦致敬盛典"头一晚，陈道明拍完当天的戏，脱掉戏装，从拍摄地河北易县连夜赶往广州，到宾馆时已经凌晨1点了，而他的谈兴才刚刚开始。

为演好刘邦，陈道明找来了史料中关于刘邦的记载。在阅读中他发现，大凡过去官方治史，刘邦的面孔都是脸谱式的端正，他几乎找不到有用的材料。而司马迁的《史记》有可用的材料，但也存在着司马迁个人的好恶和偏见。

怎么才能还原一个两千多年前的人物？陈道明的方法是：从人性出发，从他的家庭出身、成长环境考察；寻找同时代人对他的评价和印象；去博物馆里看汉代遗存的文物，感受那个时代的文化气象，再结合当年的历史事件，塑造出一个立体的人物来。

在中国的演员当中，陈道明也许是读书最多的人，他和钱钟书是忘年交。因为《围城》里的方鸿渐，在老人在世的时候，他们一度走得很近。但陈道明经常自称是一个"戏子"、"小人物"，位卑言轻，但在演艺界，遇到不正常不健康的现象，他往往最敢言，发声炮轰；在政协会议上，对中国的文化艺术问题，他提交各种提案。

"我们中国人往往喜欢当评论者，而不愿意当践行者，站着说话不腰疼，大家都愿意指责他人，从来不反省自己。一方面我很悲观，另一方面我又很乐观，如果我长期坚持自己的信念，就是对自己的最大尊重。"

2011年，陈道明在《喜剧的忧伤》里扮演了一个剧本审查官，一个他在现实中反对的人物，但他演活了这个角色。"这部戏有没有观众、能不能得奖，我根本不关心；我在意的是，不能因为陈道明演戏不认真，导致这个戏坏了。这是我做事情的基本态度。"

接受完致敬，陈道明马不停蹄地赶回河北拍戏，他不能坏了"规矩"。他给剧组的演员，包括自己，都定了一个规矩，没有戏的时候，也不能离开现场。

"拍戏的时候，我不迟到，也不早退，现场连把椅子都不带，一直是拍多长时间，站多长时间。这不是我吹牛，现在一般演员做不到。"陈道明知道自己一直被认为是一个"很难搞的人"，"有人说我很难搞，为什么呢？因为我要求自己很多。"

"作为一个公民，我第一步就是反省，在我做事的社会道德层面上，我争取做到守秩序、守法律和基本道德观；第二个就是我对本职工作认真负责，不做假产品，接一部戏，就一定要演好。"

"2011年中国梦践行者致敬盛典"现场，给陈道明致敬的是北京人艺院长张和平，2010年他曾在北京大学百年讲堂为吴宇森致敬。2011年，他来为陈道明致敬的理由是："道明今年最重要的戏，是我们人艺出品的《喜剧的忧伤》。"

再正常不过的要求

《南方周末》（以下简称问）：每个人都有梦想，一个是精神的，一个是物质的，你小时候的梦想是什么？

陈道明（以下简称答）：从小学开始，家长问、老师也问："长大想干什么呀？"那时候我们同学的回答通常是，"当工人"、"当邮递员"、"当军人"……回想起来，我小时候的梦想可能只是一双回力牌球鞋。

在60年代，物质匮乏，当时流行回力鞋，白色的，大概是11块多钱，在当时是球鞋专柜里最贵的。有一双球鞋该有多好！那是我当时一个很大的梦。梦到什么程度？那家买鞋的劝业场是当时天津最大的商场，一个小男孩，能站柜台前，一站站半天，就看着那双鞋。后来我经过各种早点不吃，靠着早餐费、过年发的三毛、五毛压岁钱，终于攒成了11多块钱，买了这双鞋。当时我对那鞋非常爱惜，恨不得脚底下贴上块纸，别让那鞋底碰到地。

我喜欢打篮球，也喜欢看篮球，最大的梦想，是在空中跃起来，滑翔、啪、扣篮。但"文革"让这些路没有了，没有什么选择的机会。这纯粹是一个青天白日梦，不应该是梦想，应该是妄想。

问：你为什么后来当了演员？

答：我原来最想做的三个职业：一个是外交官，一个是律师，一个是医生。我怎么也没有想到，最后做了戏子。我属于运气好的演员，没什么挣扎，没有参与什么竞争，就一部戏、一部戏这么演过来了。

在我那个时代，是无法选择职业的。1972年，我和大多数人一样，准备上山下乡插队，后来因为在中学学过画画，然后考天津人艺舞美队，结果到了那儿，面试的老师就说，考什么舞美队，考演员队吧。然后我就在排演场上念了一段《毛主席语录》。

我就这样成为天津人艺的学员，当时我父亲反对，因为我们家没人干这个。但我母亲说不干这个就得下乡，所以纯粹是为了躲避上山下乡。

那个年代的父母看不起这个职业，现在父母都把小孩往里头塞，因为它变成了一个最捷径的名利场。过去年轻的演员们急着改面孔，现在又流行改名字了，唯一的目的就是怎么能明天就成名，是非、过程都已经不重要了。

问：在你的中国梦是什么？

答：我的中国梦，是每个中国人心平气和，每个人都可以通过做好人，做他喜欢和想做的事情，实现自我价值，不会让他人利益受损；这个社会有秩序有道德，人和人之间善良、友爱。每个人都是正常人，在健康的环境生活，自然地老死在自家的床上。

问：正常？

答：不要再出现塑化剂、苏丹红、瘦肉精、牛肉膏、潲水油，每个人能够正常的生活，正常工作，正常睡觉，正常治病，正常吃东西，正常走在城市的马路上，呼吸的空气是正常的，到医院看病、排队、挂号也是正常的，死亡也是正常的。这些都是再正常不过的要求了。

所以我最大的梦想，就是还每一个人正常的生活。不要像现在，整个社会在互相怨。吃瘦肉精的在做着毒奶粉，做着毒奶粉的又在受着手机诈骗，做着手机诈骗的还穿着有化学物质的服装。恶性循环，越滚越重，越传染面积越大。

问：你会怎么实现这个"正常"梦？

答：我遵守国家和社会秩序，遵守我的职业道德。不管各行各业，每个人都守社会秩序和国家秩序，每个人把自己的工作做好，这个国家能不好吗？现在很多都是非自然手段。

我希望国家真正进行有秩序的管理，不只是强调所谓的经济发展，而是加大力度解决老百姓民生问题；另外一个是靠我们每个人心底那么一点点的柔软和善良，互相感染。

人的梦想跟欲望是一体。不同的是欲望是物质的，梦想是精神的，它们都是人与生俱来的一种固有的生命现象。梦想、欲望是很正常的，但我们现在往往是大义凛然地把理想全部变成欲望实现，我们的价值观沦落到不论是非、挣到钱就是成功的地步。

每个行业的名流在一起，不谈梦想、不谈理想，只谈挣钱，这可能少了一点美好。

踏实比钱更加重要

问：你也有不安全感和恐慌感吗？

答：我觉得从上到下大家都有。真的，我宁可没电脑，没电视，没汽车，哪怕我现在兜里就15块钱，只要我觉得安全、很愉快，大家都很有秩序地生活和工作，政府和国家很有秩序的发展，我的工作、生活就会很踏实。像现在，不知道明天单位会不会破产被辞掉，也不知道明天口袋的钱会不会贬值。

为了告别穷困，我们急于和过去告别，确实革掉了不好的东西，但也将一些好的也革掉了。80年代，中国人提出实现自我价值，真的是想找到活法和人生意义，证实个人的能力。

过去，社会上有一句话，干一行爱一行，现在哪一行不重要了，是哪一行挣钱重要。我们现在不是实现自我价值，是实现金钱价值。我们没有精神信仰了，也不需要精神生活了，变成钱是引导者了。

改革也好，经济发展也好，应该是一个循序渐进的前进过程，但我们的改革不配套，这个过程中间被埋葬和牺牲的就是理想和梦想。我认为这个牺牲有点大。

问：也有一种声音说，在国家发展过程中，牺牲少数个体利益是必须的。

答：发展国家就必须牺牲个体，这种观念已经变成了一种定式。这可能是因为我们是突然发展起来，成了全球第二，出现了许多问题，来不及修整，还得往前跑。

我觉得一个正常国家的前进，就像滑冰一样，脚上两个冰刀，一只脚是掌握支撑重心，另外一只脚是破坏重心的。在这种运动过程中，保持着速度和平稳。

而我们现在是单刀前进。社会新闻里出现了很多我们的远古祖辈不齿的现象，这个牺牲太大了。我们有钱了，但社会道德水准线急剧滑坡，这方面的损失无法计算，无法量化统计，它给整个民族带来的灾难我们现在看不出来，再过一两代人可回头看看，我们的民族会变成什么样子？

所以我总是呼吁，希望国家的发展不是五年计划，而是百年计划，在文化艺术、思想、教育方面，我们要有五年战略和百年战略。政府部门的眼光要长远，如果只看眼前利益，不善于总结和反省，只是一味追求前进速度，我觉得会有大问题。

问：总体来说，社会进步了，更多是体现在物质上，有些地方是退步了，更多是体现精神和道德上。

答：对，改革开放30年，我们国家总体是往前发展的，但发展中有没有需要反省的问题。作为一个普通公民，GDP离我们比较遥远，我关心的是今天和明天的生活。为了数字上升，不断要打破旧的、建立新的，我们把那么多的古城、古镇、古村拆掉了，那是一个国家的历史文化遗产，现在全都不见了。我们不能只记伟大成果、伟大胜利，而应反思，有没有"伟大错误"？

北京旧城和街区，它招谁了，该拆吗？不该拆的楼为什么要拆，不该换的车为什么要换，刚修好的路为什么要刨开？我工作的天津人艺大院被拆掉，因为它地处黄金宝地，被有关部门卖给了开发商，老人艺已荡然无存了。如果我能做到，梦想就是在天津找一块地，把这个大院重新盖起来，把人艺大院里的建筑，一草一木都恢复。因为那是我从小长大的地方，从十六七岁一直到20多岁，人生印象最深的阶段，在那个院子里，哪个台阶少了几块砖，什么样的树我都记得。

再有我们天天谈低碳，天天谈环保。我认为真正的环保根本不是国家需要投多少资金，而是国家减少资金投入。现在一提低碳，就说需要什么进口设备，需要什么样的资源。什么叫低碳？饭桌上的饭都吃完了没有？还能穿的衣服，是不是就扔了？一说低碳生活节能减排，那先注意那些表面的，具体现象的背后有深层的原因，才急须解决。

我悲观，也乐观

问：你阅读的兴趣主要在哪一类图书？

答：除了小说不看，什么都看。我主要看文史和人物传记类图书，偶尔也关心下当下的时事。因为小说里头有太多的浪漫和虚构，我们报告文学也好，历史史实也好，本身已经有七成假的，但终究有三成可能是真的。小说里头是百分之百假，所以我不看。

问：对社会时事的关注，会成为你在政协会上的提案吗？

答：我目前正在关注瘦肉精问题。如果提提案，必须得深入下去，了解一手情况，不能胡说八道，根据一个现象就写一个提案，这是不对的。所以，我的提案还是属于我自己熟悉的范围，有体会有经历的，集中在文化艺术这一块。

问：你怎么看待对外推广中国形象片的事，好像花了很多钱，但效果一般。

答：说到国家形象宣传问题，我认为最好的宣传不光是价值观的输出，还有思想、文化、艺术、教育的输出，包括工业产品、商业经济模式的输出。从中国改革开放开始，日本就开始从各方面影响中国，从文化到教育，从经济到商业，一直到后来的欧美各国，各种物质产品不断进入中国。作为文化产业的一员，我希望有一天我们也能做到这一点。

我们在美国播放的宣传片，不过是一个很表皮的宣传，从文化角度来讲，观众还是要看影片创意，质量和效果，你宣传海报贴得再好也没用，成本投入再大也没用。一个宣传片首先来源于创意，创意来源于幻想，如果连幻想没有，哪来创意？如果创意没有，又哪来故事？如果好故事没有，就不会有好的文化产品。

问：你会因此悲观吗？

答：我们现在法律空白很多，文化法、新闻法、出版法都不是很健全，这就是我们的现实。一方面我很悲观，另一方面我又很乐观，如果我长期坚持自己的信念，就是对自己的最大尊重。

我们中国人往往喜欢当评论者，而不愿意当践行者。站着说话不腰疼，大家都愿意指责他人，从来不反省自己。作为一个公民，我现在能做的，第一步就是反省，在做事的社会道德层面上，我争取做到守秩序，守法律和基本道德观，不害人和与人为善；第二个就是我对本职工作认真负责，不做假产品，对得起这个作品，就像我排《喜剧的忧伤》。这个话剧成功对我并不重要，包括演刘邦是否成功，将来拍出以后好不好看，对我也不重要，最重要的是我演戏认真没有。

接一部戏，就一定要演好，这是我做事情的基本态度。至于这部戏的收视率、奖项，我根本不关心。在拍摄时，我一定很认真，当我的戏播出时，我从来不看。收视率有多少，我不知道。我在意的是，不能因为陈道明演戏不认真，导致这个戏坏了。

一辈子感谢话剧

问：你是话剧舞台出身，当年在天津人艺演过什么话剧？

答：跑了若干年龙套。前几天我和天津人艺几个朋友聊天，我说自己在天津人艺时，从来没被重视过，演的话剧也并不多。当时的天津人艺有一批很好的演员，我在他们的传帮带下表演上没走偏路，它给我的艺术熏陶和影响是一生的，所以我非常敬重它。

问：那时候你演过哪些话剧？

答：我在戏剧舞台上没有留下什么经典形象。《屈原》是我在中央戏剧学院读书时演的，《蔡文姬》里我演的是曹丕，那是我有台词的角色。后来我又演了一个《钗头凤》。在那之前，我不是匪兵甲就是匪兵乙，但是我也不着急，因为大家收入差别不大，每天晚上演出女主角和女龙套拿的都是两毛五，就是夜宵补助，没么区别。一个月拿这么多工资，就吃这碗饭，也不会下岗。

真正让我在表演上有提高的，应该是中央戏剧学院的《无辜的罪人》，我演主角聂兹那莫夫，这个戏从表演概念上给了我一个比较好的催化。但奠定比较良好戏剧观和戏剧表演方式的，应该是天津人艺。

问：很多年不演话剧了，为什么这次会接《喜剧的忧伤》？

答：主要是因为人艺，还有这个话剧有意思。这个戏2012年10月26号还要重演。

因为话剧让我名利双收，这个职业让我走向舞台，让我现在虚荣无比，我要报答这个职业，向曾经的出发站敬个礼。就这么点愿望。等于是当时你烧香，人家实现了你的愿望，你自然要去再烧香，还这个愿。

问：据说人艺还想请你演话剧《围城》，但都被你回掉了。

答：对。《围城》我演过电视剧，再演话剧没意思。目前还没排新话剧的计划。话剧不像影视，可以制造效果，制造故事，制造气氛，制造表演，以至于制造伟大。我们这一代人，是电视剧开始的基础。到目前，这行风气变成现在的样子，也是我始料不及的。因为技术手段越来越多，随之的真实越来越少。但话剧舞台不同，它没有改变。话剧是很难制造的，需要很大工夫去准备。

陈道明　不做评论者，愿做践行者

问：你为什么那么推崇人艺的话剧？

答：因为它的坚守。我认为，它是全国话剧院团里唯一坚守这块阵地、坚守自己艺术风格，坚守创作状态的一个剧院。

我和何冰，加上导演，一共3人，将近两个月的排练，3个男人，每天在那儿排练。真的觉得心很静很幸福，话剧舞台的魅力，依然存在。

问：重新回到舞台演戏，现场感会刺激你吗？

答：会，但精神压力很大。现在话剧舞美这一块有新变化，剧院的观赏环境比以前精美了，观众观赏角度也和过去不同了。但作为话剧本身来讲，它本质的东西是人，是人表现人，人表现事，人在说故事，这没有变，所以它的难度同样没有变。

问：你扮演的审查官我觉得稍微拘谨了一点，这种效果是你刻意为之的吗？

答：为什么呢？我在塑造这个人物时，是有意把前半段跟后半段脱开，形成巨大的转变和落差。因为剧本里他是一个古板的检察官，一个很生硬的人。你看我的服装设计都是很谨慎的，实际上这个人有禁锢感，做事说话都很规律、很刻板，他不光禁锢别人，把自己都禁锢起来了。我为了让他逐渐放开，身上穿的衣服也逐渐解开。这个衣服决定了我的形象，决定了我的性格，所以你们看着特别拘谨。

我和何冰也在商量，明年再演的时候，我演编剧，他演审查官，但现在有很多技术性问题解决不了，比如胡子、头发。如果我要是演一天这个，再演一天编剧，这胡子就没法留。我现在还在犹豫中。

问：你不喜欢演艺圈，但演戏是众所周知的认真。

答：我不是一个很勤奋的人，对自己人生的设计感极差，我也不想有设计。说好听，叫随遇而安，说难听点是一个自由主义者。大家都在齐步走的时候，我可能就在那儿散步走。

我给自己定位以后，就不想别的事了。一切顺其自然。有一种路是把自己的路堵死，不能走别的路，得一条道走到黑。但我有做事的原则，不但是演戏，业余爱好都要认真，更何况是我的职业。

我前几天跟其他演员聊天，我说表演最根本的问题就是真诚，你对你演的人物是否真诚，对你的职业是否真诚。同样都是8个月拍摄，你是否真诚在做这件事情，这是你的生命。你有没有实现这种生命的能力，有没有这种能力的德行。

　　拍戏的时候，我不迟到，也不早退，我在现场不懈怠，我拍戏现场连把椅子都不带。一直是拍多长时间，站多长时间。这不是我吹牛，现在一般演员做不到。有人说我很难搞，为什么呢？因为我要求自己很多，所以我要求别人也很多。

　　这回拍戏，我就要求所有演员不能离开现场，没自己的戏就坐在旁边歇着。别一会到车上去，一会跑哪儿去，满天下喊你拍戏。这帮演员还真是不错，只要没他的戏的时候，一般都不离开现场，都是一嗓子就能叫回来的。

《南方周末》记者　张　英

陈道明　不做评论者，愿做践行者

2011 中国
践行者

姚晨

[致敬词]

姚晨是一个影视演员，同时被推到了社会的前台，她以惊人的自觉和巨大的号召力，将微博释放的中国力量，导向理性和建设性。她动用自己独特的阅历和存储量，履行了一个公民的责任。她向世界展现了中国演员的另一面，树立起了"明星公民"的典范。

"演员只管自己这摊事"的时代正在改变

姚晨，1979年生于福建泉州的一个普通职工家庭，出生那天是中秋节，妈妈就借团圆之意，给她取小名"圆圆"。小时候，姚晨希望长大可以做一名教师，却因长得高高瘦瘦，14岁进入北京舞蹈学院学习民族舞。舞蹈学院毕业回到老家，姚晨一心想着回北京，不甘接受分配好的工作，就抱着"搏一搏"的心态参加了高考，结果稀里糊涂地读了北京电影学院，开始走演员这条路。

姚晨的成名作是宁财神的情景喜剧《武林外传》，她饰演的郭芙蓉敢爱敢恨，随着"排山倒海"成为流行语言，人们也记住了这个大嘴女生。

2009年，姚晨与孙红雷合作了谍战片《潜伏》，姚晨一改往日大大咧咧的喜剧形象，成功塑造了游击队长王翠萍，获得了电视剧"飞天奖"优秀女演员的提名。在当天颁奖典礼的红毯上，姚晨听到观众给她的热烈掌声，对于观众的认可，她心中默念要珍惜这份信任。

之后，姚晨摇身一变，在话剧《杜拉拉升职记》里演绎杜拉拉从职场新人到干练人事经理的蜕变；2010年，她在冯小刚导演的电影《非诚勿扰2》中饰演芒果；2012年，在陈凯歌导演的电影《搜索》中饰演陈若兮，《摇摆的婚约》中王顺佳这个时尚编辑一角为她赢得了"华鼎奖"爱情电影类最佳女演员的殊荣。

在她事业迈向巅峰的时候，婚姻却触礁了。姚晨和凌霄肃在2011年1月发表声明，证实7年婚姻走到尽头。姚晨的现任丈夫是曹郁，电影摄影师，两人2012年11月完婚，如今的姚晨已是妈妈，正幸福地体验新生命的诞生给她带来的喜悦。

除去演员身份，姚晨的另一头衔是"微博女王"。她的微博粉丝数量在2011年7月27日已经突破1000万大关，现在更是超越了4000万。在微博上，她记录生活点滴，也在重要时刻进行自我澄清；她参与公共话题讨论，表达自己的意见甚至愤怒；她关心弱势群体，转发各类救助儿童、救助动物的信息。她热心公益，是联合国难民署的中国区代言人，曾亲自赴马尼拉探访难民，看到真实的苦难，姚晨决心要尽力传播正能量。

姚晨坦承，网络上的是是非非曾让她想到关微博，也曾怀疑自己仅仅作为演员，是否管太多、说太多。但既然命运把她推到了"微博女王"这个高度，她说就有责任为大家传递一些信息。并且，与其想太多，不如真实做自己！

"你知道吗？一个好的剧组一定会让一个演员只管自己这摊事，因为每个部门都运转得非常好；同样，一个国家也一定是这样子。"姚晨试图用自己"阅历的存储量"去解释她看到的一切事情。

姚晨是中国微博粉丝数最多的人，她对公共事务发表看法，用自己的影响力"传播正能量"，而这些，似乎远离着她的演员本职。

"演员只管自己这摊事"的时代正在发生变化。在陈凯歌导演的新片《搜索》拍摄现场，姚晨也会与陈凯歌讨论类似的话题。这部电影里，姚晨扮演一个社会新闻记者，而她在微博世界里，早就在扮演着一个记者的角色。"演员的确占用了公共资源，你确实就得为这个时代发出声音。"她更愿意把这些看成是一个公民的义务。

姚晨是2011年"中国梦"的被致敬者，致敬的一个理由是：她用自己独特的阅历和存储量，履行了一个公民的责任，向世界展现了中国演员的另一面。

姚　晨「演员只管自己这摊事」的时代正在改变

我希望我的祖国也爱我

《南方周末》（以下简称问）：你的中国梦是什么？

姚晨（以下简称答）：要说具体的有很多，如果让我说一句话，那就是："我爱我的祖国，我希望我的祖国也爱我"。

问：一个国家要怎样爱你包括爱她的民众？

答：我不知道一个国家应该怎么去爱，但在一个国家生活能够是什么样的状态，我想的是8个字，"安居乐业、老有所依"。要让我觉得在这里很有安全感。"安全感"是所有人经常挂在嘴边的口头禅。有的人以为自己没有安全感是因为没有钱，可是我看到很多有钱人依然觉得没有安全感，有名的。有钱的，有权的，好像都没有安全感。

问：国家应该从哪些方面提高这种"安全感"？

答：有人说过一句话："让一个公民不再惧怕另外一个公民。"

问：一个真正的公民应该是什么样的？

答：他们有想说的话，也敢说出这些话，他们生存的环境允许他们说出这些话；他们遵纪守法，对这个社会、对这个时代、对自己都负责任。

问：你小时候有什么梦想吗？

答：我的梦想一直在乱变。小时候觉得老师牛，就想当个老师。后来个子越长越高，大家都说，这么高应该去当模特，我就觉得当模特也很不错；结果长到1米68就不长了，模特也没戏了。有段时间我特别喜欢历史，尤其是明清时期的历史，想过当考古学家。刚上舞蹈学校的时候，我还想当个天才舞蹈家，幻想一到学校里，就发现自己是一个舞蹈天才，一举成名。结果发现，自己真不是天才。

后来没来得及想，就被命运牵着走到了今天。

问：你说"微博也是给人发梦的地方"，这句话怎么理解？

答：我做柴静那期节目的时候，要播出的前一天，新闻说微博是传播谣言的地方。因为关于我的话题大部分是微博的，所以大家都觉得恐怕播不了了。结果不但播了，大家看到了反馈都很好，觉得对微博有了更全面的了解，看到微博还有积极的一面。我们都很兴奋。听说政府部

中国梦——38个践行者的故事

门的人也都会潜水来这里看，有些事民怨很大，没地方说话，愤慨得不行，只有在微博上发泄。如果真的有很多官员实名制来开微博，跟老百姓对话，官员会试图信任老百姓，老百姓也会试图信任官员。关系也就慢慢没有那么紧张了。

女记者都是什么材料做的

问：你在新片里演的是一个记者，当时你有个疑惑：记者究竟是应该接近真相，还是应该还原事情的本质？现在有答案了吗？

答：从古到今有多少悬案，柴静的话很对，记者确实没办法还原真相，只能努力接近真相，可能连当事人自己都说不清。

问：深入记者这个角色以后，你对这个行业有没有新的发现？

答：太多了。以前我们可能更多是和娱乐记者打交道，后来更多和社会新闻记者打交道。我前些天发了一张剧照，很多人留言说怎么不像，怎么可能那么好，然后讲述女记者的各种惨状，把我笑坏了。那其实只是拍着玩的，并不是戏里的状态。

记者是非常清贫的职业，又得坚守一分新闻理想，更多的时候像修行者。我跟陈凯歌导演在讨论，我们都觉得好的调查记者特别像侠客，像堂·吉诃德一样。每一个时代都会有这样的侠客出现，人们也呼唤有侠客出现，就像蜘蛛侠、蝙蝠侠这些侠都寄托着人们的期望。

记者也有生活和情感的一面，记者也要买房，也要面临恋人被别人撬走……跟所有人承担着同样的东西。但同时他还得去给别人解压，去照管整个社会。

我每次看到那些特别触目惊心的报道，都会留意看一下记者的名字，有些名字一看就知道是女的。我知道好多记者跟我是同龄人，有的比我还小好多，她们也是女孩子，女孩子照理说就应该把自己弄得漂漂亮亮的，养养猫猫狗狗，跟男朋友幸福地逛街。我很难想象一个女孩子穿着冲锋衣，或者潜伏到黑作坊里，卧底几个月才能做出一篇报道。看这些报道的时候，我心里都得压抑成这样，我就在想，那些女记者都是什么材料做的。要干好记者确实太难。

问：这是记者的正能量，你觉得记者会带来负能量吗？

答：不报道，这些事情就没有了吗？正是因为有了报道，才会引起很多人的关注，引起有关部门的关注，才会减少这种事情的发生；哪怕有负能量，也能转化成正能量。就像我看到有人说陈贤妹被房东赶出来，没了工作，我转发之前就多了一个心眼，去看看几个大媒体有没有这么说。果然第二天澄清的新闻就出来了，没这回事。不说，让大家觉得天下太平，天下就真的太平？恶化了之后，也许是上百件、上千件。

问：演记者的时候有去实习采访、调查什么新闻吗？

答：我确实有过这个想法。之前有电影需要我去演一个发廊妹，3年前。大冬天的，我叫了两个男性朋友陪着我，我让他们去（发廊）给我打前站。后来我一进去，女孩看见我出现，腿立刻收起来，一副高傲的表情看着你，绝对比你还正经。是女人就有自己的尊严，尤其是面对同性的时候。结果也没聊成天，人家非常警觉，我们跟以前来的人不一样，可能觉得我们像警察。后来这个片子也没拍成。

体验过生活，摸了一圈，我去演这个角色才不会是虚的。演一个人，不是演她的外貌，不是穿着，是演她的气质。

问：有什么事件特别想去调查的吗？

答：开微博到现在，那么多案子都悬在那里，说不清道不明的。我们面对一件事发生的时候，所有人都表示悲痛，可是悲痛过后，当一件又一件这样的事情出现，人们就开始麻木，比麻木更可怕的就是遗忘，很快一个事情就过去了，一个新的事情又出现了，大家也都这样活着，好像生活本该如此一样。

问：你也有麻木的时候吗？

答：说实话，看到这种信息过多之后，下意识会选择更严重的看，这真是挺可怕的。

问：舆论的威慑力也在降低吗？

答：应该不会，这里还是提供了监督的作用，微博在悄然改变着社会。可能所谓的幸福感是来源于我们不知道，也许傻子最幸福。

不发生是最好的，不发生一定强过不知道。校车事件出现的时候，我看了特别难过，那时虽然我还没有成为母亲，但我非常喜欢小孩。那么多条鲜活的生命，每个人多多少少感同身受，作为公民的意识就起来了。你会觉得，我能帮他们做点什么呢？我捐校车？我捐上个5辆、10辆校车？我当时想呼吁我的同行，把全国有经济能力的演员都呼吁起来，捐一百辆、两百辆、五百辆校车。但中国有多少学校？光北京就不止五百所学校吧？那种无力感一下子就让你很挫败了，发现自己的力量太微薄了。我也经常问自己，我能做什么。但就像140个字的微博一样，有关注就会有行动，有行动就会有改变，微博之力，威力无穷。

提醒别人，也提醒自己

问：微博也是一种自媒体，你在微博里也履行着记者的职能，比如抢救猫猫狗狗。

答：我不是极端的动物保护主义者，但我觉得如果一个城市连猫、狗都不爱，怎么可能爱人呢？这其实就是欺凌弱小，但凡人性比较正常的人看到都会觉得很残忍。我去新西兰和巴厘岛，在那两个地方看到了人与动物是怎么一种和谐的状态。那里的动物是不会躲人，它们的眼神里也没有对人的恐惧，倒是人们经常会弯下身子去讨好它们，它们一脸尊贵，非常安逸地在那里生活着。但是你看咱们这边的猫猫狗狗。

问：这是一个悖论，在自媒体上，大家看到阴暗的东西，转发、呼吁……但呼吁是简单的，行动却是困难的。

答：刚开始有微博的时候，所有人那种正义感都被呼唤起来了，很多时候我们都会去表达自己的愤慨，我也是其中一个。那个时候不会那么理性，愤怒先行，情绪左右你的行动，现在是思考来左右你的行动。我现在的关注量是最大的，你倒是发表了一下个人的愤慨，可是你激起了更大的社会愤慨，而且这件事情本身并不会得到解决。这是没有用的，不如做点实际的。

所以后来渐渐就开始有节制、有选择地去筛选，虽然看到一些不公、不义，依旧会愤慨、会转发，但是态度上会很慎重。我尽量站在中立、客观的角度，甚至有时候只是转发过来，让大家去评说。转发已经是一种态度。当然更多时候我也会看到好的，比如说扶老人。有扶老人被讹的，也有扶老人被感谢的，我会把这两种都转发，希望大家在批判的同时，也不要忘了还是有好的行为存在。我不光是提醒别人，也是提醒自己。

问：你怎么看待郭美美事件？

答：连郭美美自己都发出了这样的声音：至少因为我的"二"起到了一个重大的变革。其实我想大家关心的不是郭美美本身，关心的是她背后的一些东西。郭美美像一根针挑破了一个大脓包。今天可能不是郭美美，明天会有张美美、王美美，这是迟早的事。

问：挑破了脓包之后怎么办？

答：这两年来我也参与一些公益项目，确实觉得公益远远地超出我的想象。它不单单是一份善心。你对慈善事业的热情能支撑下来，首先是信仰，这是最重要的；第二个就是非常科学的管理。

做联合国难民署中国区代言人，那里的工作人员给我留下特别深的印象。很多时候我们会感动先行，比如去看一户难民人家，我听说那里有小孩，就会买很多高级的零食、高档的玩具和文具。后来他们很婉转地告诉我，不需要买这么好的东西，因为你只能给他一次，他们领受过了，但以后不能再延续，会给他们带来二度伤害。

他们的管理非常科学，基本上不太可能出现公款吃喝这种问题。在香港难民署探访的最后一天，他们请我们吃了一顿饭，饭局快结束的时候才听说那顿饭是老板的朋友赞助的。他们是非常言行一致的。

在香港难民署参加活动那天，有一个内地人兴奋地跑来说："姚晨，我希望你的微博关注我，因为我正在做一个公益项目，你不应该只关心国外难民，你应该关心中国难民。"他的情绪非常激昂，眼里透着很兴奋的光。我跟他说："你今天是来参加难民署活动的，但是我非常遗憾的从你刚才那段话里，发现你其实对难民是不了解的。你把难民分成了国外国内，这个概念是不对的。用一种善行抨击另一种善行更是不对的。"

为什么很多人的热情只会燃烧一阵，受到一点点阻力时就会被击溃？因为他认为我是那么善良地来帮助一个人，怎么会受到质疑与阻挠呢？然后就会退缩。所以我说需要一份信仰，需要科学的管理。

问：你的电影叫《搜索》，你怎么看待人肉搜索？

答：我本能地不喜欢，听这名字就很狰狞。《圣经》上有一个故事，一个妇人因为淫乱被人抓了，所有人把她围在中间，要拿石头砸死她，耶稣就和围观的人说："你们当中谁认为自己是无罪的，就可以拿石头砸死她。"众人默默放下了手里的石头散去了。耶稣对这个妇人说：我不治你的罪，但是你以后不要再犯了。这个故事让我特别感动。其实现在的"人肉搜索"就是那一个个举起石头的人们，没有人看到自身的问题，只看到"他是一个罪人"。但谁赋予你权利，让你可以夺取他人的生命，来制裁他？要制裁的话，有法律。

我们没想掌控什么，只想改变一点什么

问：我印象很深的是你的一条微博，到达300万粉丝的时候发的，你说面对300万人，到底应该说些什么。

答：我现在还是很忐忑。粉丝越多，我越觉得自己没有话语权，因为不能随便乱说。

问：就是被绑架？

答：那要看怎么理解，如果是好的绑架也未尝不可。就像陈贤妹那条微博，以前如果我看到了，很愤怒，大不了马上就发了，现在我就得多考虑一下，会不会有问题。这种绑架让我会更加慎重。我坐在一个粉丝量最高的位置上，没事就胡说八道，那确实有问题。我是非常有责任感的人。自我绑架挺好的，它对我最大的帮助，说到最后就是一个分寸，过了那个分寸就会让人不舒服。

问：你关注了很多公共话题，还转了很多"公知"的文章，你觉得自己是一个"公知"吗？

答：坦白说我不算，当然我很佩服、很欣赏那些人，但我还是不希望给自己戴上这样或那样的标签。

问：很多人成为"公知"，也许是社会现实和民众"逼"的。

答：你知道吗？一个好的剧组一定会让一个演员只管自己的事，因为每个部门都运转得非常好；同样的，一个国家也如此，我只能用自己阅历的存储量去解释我所看到的一切事情。

问：你转发并称赞了韩寒的《谈自由》，想到过会引起争议吗？

答：韩寒有名有利，还能去做这样的事情，我觉得难能可贵。韩寒的职业就是拿笔杆子的人，笔就是他的表达方式，这就像演员得做很多公益，这也是我们的表达方式。有人说他是投机者，像他那样的名人，越是这个时候越难把握自己，难度比站着说话不腰疼的人要大。

我是站在同龄人的角度来说的。没想掌控什么，只是希望改变一点，只是希望我们过得更好一点。

2010年那个卖红薯的老大爷被城管打一巴掌的新闻，别人来探望他，他说你们大老远来，把红薯拿去当路费吧。老大爷没读过什么书，但他是尊重别人的人。恶意的贬损也不能显示出说话人水平有多高，只能显示出素质不够高。

我没见过韩寒，也不认识，我只看一个人做的事情，我不看别人说什么。汶川地震的时候，他是第一时间开车去救援的。他的前两篇我没看，只看了《谈自由》。我看懂了，也赞成，就够了。如果以后韩寒做什么伤天害理的事情，我会骂的。

问：有没有想过，你是演员，大家对你的关注更多却是在表演之外？

答：你关注别人的情感八卦是关注，我关注社会事件也是关注。谁说我们只是演戏？再说，我也不是艺术家，就算是，我也想当生活艺术家。

不了解周围的生活和事，怎么当演员？不了解当下到底怎么回事，天天只关注自己的话，会远远被时代甩在后面。这几天也跟陈凯歌导演在讨论这事，他说"演员只管自己这摊事"的时代正在发生改变。而且演员的确占用了公共资源，你就得为这个时代发出声音，不能只管自己演戏、挣钱。

《南方周末》记者　袁　蕾

姚晨对话易中天

崔健

[致敬词]

崔健是中国第一位获得世界性声誉的摇滚艺术家，他被视为中国改革开放的标志之一。30年来，崔健一直坚守艺术家的社会责任，站在摇滚乐的最前沿，用音乐作为武器，向生活中的虚伪、丑恶和不公正开火。他用10年时间发起真唱运动，使真唱成为中国社会普通认可的道德准则。

中国摇滚乐第一人

崔健，1961年出生于一个朝鲜族家庭，父母都是文艺工作者。他14岁时，开始跟随父亲学小号，那时的音乐环境十分闭塞，除了小号，其他的国外乐器一般人接触不到。1981年，崔健被北京歌舞团招收为小号演奏员，正式开始他的音乐生涯。

1985年底，北京电影学院食堂举办了一场演出，崔健在台上唱《新长征路上的摇滚》，演出到一半，来了几个扛着摄像机的外国记者，有人冲到台上，把崔健扛到肩膀上，何勇和台下的大学生们一起高喊："他叫崔健! His name is Cui Jian!"那一晚，崔健掉眼泪了。

1986年5月9日晚，北京首都体育馆，"世界和平年"百名歌星演唱会。崔健唱了《一无所有》，这首歌一夜之间以野火之势蔓延，而这一天，被誉为中国摇滚的生日。

1987年，已经从北京歌舞团独立出来的北京交响乐团贴出了一张海报，以不务正业的理由将崔健劝退了。

1988年，《一无所有》入选"新时期10首金曲回顾"，崔健一个人抱着吉他上台，追光打到他身上，他用一块红布蒙着双眼。"那天是你用一块红布，蒙住我双眼也蒙住了天。"临近结束，崔健用力扯下红布，狠狠扔在地上。这首歌就是《一块红布》。

1989年，崔健经过反复打磨近一年的首张专辑面世，这张专辑被公认为崔健最经典的一张。随着专辑的发行，他的演唱会门票被一抢而空，那时的崔健拥有中国最早的歌迷组织，拥有中国第一批站着看演出的观众。

1990年，崔健发起了以"亚运"挂名的全国巡演，北京、郑州、西安、武汉、成都，5个城市场场爆满。不料这场巡演就此被叫停。从此他遭遇了中国摇滚史上无人不知的"封杀"，不能拿到在北京举办大型演出的批文，也不能出现在电视上。

1991年对崔健而言是一个新的节点。他的第二张专辑《解决》出版，批评声四起，从此他似乎走入了一个循环的怪圈——每出一张新专辑，就会引来比前一张专辑更猛烈的批评，只有过一段时间，这张专辑的价值才会重新被发现，重新被世人认可。只是这段等待的时间变得越来越长，于是，他出新专辑的速度也越来越慢。

2000年，崔健参加了12家唱片公司为宣传反盗版联合发起的大型演唱会，经过一番运作，崔健的名字终于被允许出现在演出名单上。

2002年，崔健在北京发起"真唱运动签名行动"，罗大佑上台给他敬了一个军礼，并带头签名。中国摇滚乐第一人发起的这场运动，戳穿了娱乐圈的一个潜规则，也让一些明星与他交恶，可他未曾放弃。

"好像不可能发生的事情都发生了，因为这世界上有一群仍然坚持梦想的人，这场演唱会就献给仍然在坚持梦想的人们。"2005年，崔健再次站上了首都体育馆的舞台。他给自己的演唱会起了一个名字，叫"阳光下的梦"。

2013年崔健的第一场演唱会——向信念致敬。52岁的崔健，略微显弯曲的背，斜跨着吉他。1986年，崔健回答了"谁是崔健"这个问题，2013年，崔健也在告诉昔日的歌迷，崔健还是那个崔健，他们心目中那个一身绿军装、挎着一把吉他的长发青年依然在。

崔健再次大规模全国巡回演出，竟然过了22年。

22年前，"新长征路上的摇滚"全国巡回演年初以北京站为首开锣，那是1990年，恰逢北京开"亚运"。但出了北京，才跑了郑州、武汉、西安、成都4站就被叫停了，包含上海等地在内的5站未能成行。

22年后的这次全国巡回，以2012年9月深圳作为起点，再到大连、北京、西安，曾经失之交臂的上海则排在了平安夜。

崔健的官方网站显示，此次巡回将延续到2013年，巡回地点还在陆续增加。

崔健一直被视为中国改革开放的晴雨表，就像可口可乐进入中国被西方解读为某种符号一样。曾经一度，西方媒体把中国摇滚和崔健画上了等号，进而推测中国开放的程度变化。

而在中国，崔健也被视为反思社会的艺术家，许多人认为，商业并没有摧毁崔健，他始终保持着理性冷静的社会观察。

大环境的确不同了，摇滚上了央视，不再是洪水猛兽，而崔健说："我们是洪水，不是猛兽。"

为了赶赴上海参加《南方周末》"2012中国梦致敬盛典"，崔健调整了自己全国巡回演出的排练档期。在盛典后台，崔健参加了《南方周末》时尚特刊"唯物"的大片拍摄。

一位90后工作人员问："崔健是谁？"

当年的摇滚青年，如今被尊为"教父"。崔健说："我不愿意当教父，我宁可当教父的孙子。"

中国男人的哲学基本上是要面子

《南方周末》（以下简称问）：除了真唱，你还用什么样的方式拒绝谎言？

崔健（以下简称答）：人的谎言，就像礼节一样，实际上是对未知东西的一种积累。当我碰到一件事不知道怎么办的时候，就先说一个谎言掩盖一下矛盾，等我有能力去解决时候再去解决。人有这种能力。

问：为什么会这样呢？

答：我们受的传统教育里有大量面子哲学的东西。中国男人的哲学基本上就是要面子，从一开始就是要面子，真正到冒险的时候肯定退缩了，真正让他付出爱心的时候也退缩了。我发现因为有一个巨大的面子存在，我们从小受的面子式教育，关键的时候肯定不出手。中国女人没有这种面子，所以中国女人更富有爱心。

问：这种面子问题对艺术的妨碍是什么？你觉得应该怎样解决？

答：我想要真正行政管理的法制化。我们能不能共同制定一个制度？把它量化好了后，只要没有越线我们都可以去做。我们两人的律师可以去交流，艺术家就解放了。我们既然做了这件事了，便共同对待艺术品，就像我们的孩子一样，我们共同负这个责任。

摇滚乐存在的形式就是要说实话

问：你的创作受到过限制吗？

答：音乐方面没有被太多限制。《混子》里有一句歌词，"我爱这儿的人民，我爱这儿的土地，这和我受的传统教育没什么关系"，原先我写的是"爱国教育"，别人给我改的。但我演出时还是唱"爱国教育"，没人找我麻烦。

问：所以你才觉得，做摇滚乐贵在真实。

答：音乐如不告诉人家一点实话，仅玩技巧就没人听了。因为现代人听到的谎言太多了，听你的音乐就是想离开那样的生活，离虚伪的东西远一点，离真实的东西近一点。而一旦发现闹了半天你也在骗他，是会伤心的。作为一个艺术家，表现真实是需要勇气的，要付出代价，付出你不以现实做交易的代价。恰恰还相反，不做交易等于屏蔽掉了真实带来的风险，真实可能会创造价值，因为你是做艺术的，是干这个行业的。

当摇滚乐成为一种手段去换取另外价值的时候，摇滚乐的意义就失去了。摇滚乐存在的形式就是要说实话。为了说假话换来10年以后能说实话有意思吗？你亏了的底盘亮得太晚了。你的底盘应该是"此时此刻我就要享受生命，此时此刻我就要说实话，在我年轻的时候就要说实话"。到老的时候，等我什么都没有的时候再开始说实话，这种交换是亏的。

问：一个艺术家的个人生活变了，心态也改变了，往往影响他的艺术。你怎么对待这种变化，你是努力适应它，还是让它按照你的想法去服从？

答：我觉得你刚才说的是一种评判标准，但对艺术家不好使。

我曾经接触过一个艺术家，当年他是玩最底层的，没钱的时候还跟我借过钱，现在已经成中产阶级了，买车都买七八十万的车。我看他的言论、微博，犀利，敢说话。我问他，你现在已经是改革开放的既得利益者了，你干吗还这么猛？他说我在商业上的成功是因为我的价值被认同了，但这并不能改变我的原则。我是艺术家，艺术家的价值就是这么体现出来的。

什么叫精英概念？这个人能用特殊的方法去代表更多人的利益，我认为这就是精英，而并不是自己牛逼，高高在上了。真正的精英就应该用最佳的方式，最短促的方式尽可能跟更多的人互动起来，同时代表他们发出声音，我认为这才是良性的。

问：你对自己有哪些不满？

答：我原来有很多不喜欢自己的地方，比如胆小。后来发现我们以前胆大的时候也有，比如我在舞台上唱《快让我在这雪地上撒点野》，当年很多人说：你怎么可能唱这首歌呢？还有你怎么可能拿着红布蒙着眼睛唱歌呢？你怎么可能在台上骂"去你妈的"呢？我都想说：我才不管，必须得先做出来再说。

我宁可当教父的孙子

问：对照最近30年的社会变化，你觉得中国人实现自己的梦想，是更容易了还是更难了？

答：30多年前中国进入商业化的时代，是全球化从另外一个方向发力和这边想开放的一种撞击或者融合。我觉得现在的"中国梦"只是一个小康而已，从精神上，文化上、思想上都没有超过小康的意识。我甚至觉得这只是一个基本的权利。

另外一点就是思想上的开放。人有思想，有表达思想和信仰的权利，这不属于精英阶层，也不属于所谓圣人、天才，这是人最基本的底线。

问：那你对"中国梦"的理解是怎样的？

答：我理解真正的"中国梦"就是自由表达、公平竞争，理性去竞争，而并不是互相诋毁。

问：现在摇滚圈里，一些90后开始冒头了。你想给这些搞摇滚乐的年轻人什么建议？

答：什么叫年轻人？咱们先定义一下年轻人。年轻人时尚，什么是时尚的精神？领先、敢创新，这才叫时尚。大家都穿这种鞋，我敢穿那种鞋；大家都留这种发型，我留那种；大家都看那种节目，我看别的节目。这叫引领时尚。引领时尚的人首先是勇敢的。

像我们这么大岁数的人只有两种可能性，要么是铺路石，要不然就是绊脚石。我们尽可能做好铺路石，同时也在寻找一条道路，这个寻找的过程就是铺路的过程。

我们不是停顿在那儿就把自己树碑立传了。其实立碑就是绊脚石，我从来不想当这个碑。所以我曾经说过宁可当教父的孙子，而不愿当教父。我们只不过岁数大一点而已，但状态是一样的，因为前面有人给我们做过铺路石，有的人做过我们的绊脚石，只有这两种可能。所以对于我来说，只能与他们分享经验，不可能不干了。如果我挡路了真还不是有意的，我干得不错可能别人会关注我一下，可能会吸引别人对你们的关注，这没办法。我不可能把自己一枪打死让你们上。

问：你准备给这些年轻人什么建议？

答：我只想提醒他们一点：一定要接地气，挖地三尺接地气，要不接地气你就是过眼烟云，甭管玩什么，甭管唱英文还是什么歌，甭管你玩什么样的音乐。脚踏着大地，在中国生活，要接你的地气，一旦接成以后创造出的价值就是有生命力的，就能跟全球的人去分享。如果你只是舶来品，舶来的一切精神，既便是在弘扬，人家也不会欣赏你，你的后代也不会欣赏你，一时的时尚就过去了。

《南方周末》记者 冯　翔

崔　健　中国摇滚乐第一人

崔健和他的年代

兵马俑方阵、摩天大楼、毛泽东挥动巨手、抗美援朝的游行队伍、"小平您好"……

中国只有一个人会在演唱会上连环播放这些图片。这些历史人物和事件，似乎暗示着演唱者某些挥之不去的情结。

他是崔健，人称"中国摇滚乐第一人"。

"我的泪水已不再是哭泣，我的微笑已不再是掩饰……"万众欢呼中，52岁的崔健略微弯曲的身影出现在幕布后面，挎着吉他，戴着一顶白色棒球帽。明亮的追光下，一个大大的红色五角星浮现在黑色屏幕正中。这是2013年1月6日晚的西安，崔健2013年的第一场演唱会——"向信念致敬"。

幕布飘落，他出现在舞台正中，5000多名歌迷再次爆出一大片骤雨般的欢呼。他们心中那个一身绿军装，挎着一把吉他的长发青年仍在。他能召回他们的青春。

"向信念致敬"的名字是一个戴眼镜的络腮胡矮胖子起的，演唱会开始不久，他就开始挥舞双手，带着周围一群年轻人高喊"牛B"，喊得主办方负责人——西安音乐厅总经理曹彦恨不得冲过去揍他。

这个激动的胖子，是音乐厅的策划总监曹继文。兴奋的同时，他会不时履行自己的职责，把那些站到椅子上拍照的人揪下来。1990年，刚上高中的他就在崔健西安演出的观众群中。

在举办这场演出前，西安音乐厅做了市场调研，结论是：百分之六七十社会中层以上男性对崔健有或多或少的情结。但在路边做随机调查，崔健的知名度就急剧降低了。

曹继文坚持：这场演唱会，最有可能买票的，就是自己这个年龄段的群体，"向信念致敬"这个名字更有商业号召力。他说服了所有人，演唱会的海报也用了崔健第一张专辑《新长征路上的摇滚》封面的那张红色头像。年轻。锋锐，桀骜不驯。

那是20多岁的崔健，也是一切年轻人的模样。

1985年下半年，中国摇滚乐孕育期，整个北京地下音乐圈到处弥漫着深重的压抑感。包括北京歌舞团的小号演奏员崔健本人。

　　压抑首先来自生活。这一年6月，"七合板"乐队被迫解散，它是中国摇滚乐最早的乐队之一，崔健是其中成员。解散时，它刚活动了不到一年，出版了一张以翻唱美国民谣歌曲为主的磁带。

　　团里的女书记找他们谈话："你们要么在团里老老实实干，要么退团，把乐器交回来。这乐器都是国家的。"北京市委宣传部找到乐队队长、北京歌舞团的琵琶演奏员文博："你们搞这种音乐，要干什么？"

　　那是一个离开单位很难谋生的年代。乐队解散几年前，《中国青年》杂志掀起的大讨论"人生的路，为什么越走越窄"被叫停，编辑部被迫写检查，收到的60000多封青年来信被集中销毁。

　　"七合板"的7名成员全部来自北京歌舞团，离开45块的月工资便无法生存。他们只能回去，继续"百鸟朝凤"、"丹凤朝阳"。

　　崔健是一个对生活充满热忱的青年。"七合板"另一个成员杨乐强是崔健的多年好友，熟到对他和女朋友打架的细节都一清二楚。今天他还记得，工作初期，崔健在一个清晨敲开他的房门，满脸兴奋地给他看一条满是兜和拉链的牛仔裤，刚买的。"怎么样？操，哥们儿现在更热爱生活了！"

　　当时的北京地下音乐圈，崔健虽然很被看好，但远不是一枝独秀。有潜质的人很多，有后来同在"让世界充满爱——百名歌星演唱会"出场的孙国庆、王迪、丁武，有中国第一个获得国际流行音乐大奖的常宽，有英语娴熟又能及时获取西方摇滚资料的曹平、曹军兄弟，还有出自音乐世家的年轻人高旗、何勇……即使是在"七合板"内部，崔健也只是3个主唱之一，而且年龄最小。磁带的封面是7个人叠4层人梯状的合影，身高173的他在最右下方。

　　回到家，崔健要面对一个更加逼仄的空间。那是位于北京雍和宫附近的一栋筒子楼，他父亲单位空军军乐团分的一套老式两居室，没有客厅。崔健和一张桌子、一堆吉他、小号、乐谱、磁带，还有弟弟崔东一起挤在小屋，吃饭都要去父母卧室。

　　"那时候崔健真是一无所有。"认识崔健时，曹平不过是一个懂英文的导游，戴着墨镜参加各种音乐比赛，上台弹唱甲壳虫乐队的歌，还没有后来"中国摇滚传教士"的称谓。他说自己当时"特别不懂事"，崔健父母留他在家吃饭，他从来都一屁股坐下。

中国第一代摇滚青年，几乎个个有被父母责骂的经历。"工作要丢了，你能干什么？这摇滚乐是美国的……那是美国！"

崔健的父母已经算宽容，从来没有给过曹平脸色看。但终于有一天，崔健阴着脸说："今天我们俩不在家吃了，出去吃。"

两人站在河堤上，崔健开口了："曹平，不是我不明白，这世界变化快。"这两句话，后来成了他第一首摇滚作品《不是我不明白》的歌词。

这是崔健在当时中国地下音乐圈内独一无二的特性：他做原创。1985年开始不到两年时间，他已经写出了13首作品。

他不满足于简单翻唱英文歌；也没有跟随西方的吉他英雄，苦练吉他——这是当时最时髦的；更不想做一个鼓手——每一支乐队都要争抢的稀缺人才。这正如他踢球的风格：速度并不快，技术也一般，但懂得跑位。他只是默默蹬着自行车，去中央音乐学院旁听音乐理论，和坚持自学似乎没有什么用处的英语。

当时的社会，有接受"一无所有"的深远土壤。"社会上人人都压抑。只要你有一首歌能让他们喊出来，就能火。搞摇滚乐的人也压抑，大家都憋着。盼着有一天能出来一个。"曹平对记者总结。

在"百名歌星演唱会"发声之前，崔健先把《一无所有》录成小样，拿给一起做音乐的朋友听。一米八几的彪形大汉杨乐强当场就听哭了。他等不及倒带时间，把歌翻录在一盘磁带上几十遍，翻来覆去听。

与普遍存在压抑感的社会青年相比，大学生是中国摇滚乐另一群巨大的潜在受众。"每次到大学去演出，一开幕，学生只要看见台上的架子鼓就欢呼。"作家李克在《摇滚梦寻》中如此描写，那是80年代末的中国摇滚演出现场。

"那时候我们的确一无所有。"1983年北京市文科高考状元、就读于北大社会学专业的李国庆（现当当网总裁）形容自己那一代大学生。"振兴中华，从我做起"的口号就产生于北大。在高考升学率只有3%的80年代初期，"天之骄子"对大学生而言，是不折不扣的正面评价。这些目睹改革开放初期的百废待兴，又凭自己努力考上大学、拿到"国家干部"身份的年轻人，充满改造世界的使命感。那时候，他们与崔健相逢。

1985年底，北京电影学院食堂举办了一场音乐演出，主角是有外国留学生参加的ADO乐队。这支乐队的成员之一、马达加斯加人艾迪到今天还在为崔健的演唱会担任主音吉他手。崔健带着自己的原创作品《新长征路上的摇滚》。这首歌当时还没有今天脍炙人口的"一、二、三、四"，而是一首Blues风格很重的抒情作品。

演出到一半，来了几个扛着摄像机的老外，听说是CBS的记者，来拍"中国的摇滚乐"。杨乐强冲上舞台，把崔健扛到肩膀上，让他更高一点儿；何勇则和大学生们在台下喊："他叫崔健! His name is CuiJian! "

"那是我第一次看到崔健掉眼泪，也是唯一一次。"曹平告诉记者。

随着《一无所有》在"百名歌星演唱会"上公开亮相，中国摇滚乐的生日已被普遍公认为1986年5月9日。

在正式演唱之前，担任这场演出伴奏键盘手的中央乐团音乐人梁和平已经在排练时被震撼过一轮。

如果说《一无所有》是中国摇滚乐诞生的标志，梁和平就是为这首歌发出第一个音符的人。在拿到功能谱、按出键盘上的一个长音时，他还不以为意；等崔健唱出第一句"我曾经问个不休"，他骤然感觉"浑身的汗毛都竖起来了"。他知道，这是他多年来一直期盼的"某种东西"。

崔健穿着王迪父亲的一件旧裤子，一个裤腿高一个裤腿低上台演唱的形象，已被载入各种"改革开放30年"媒体专题的镜头。没有几个人知道他内心的庆幸。如果不是东方歌舞团团长王昆点头，这首带着明显西北风的情歌将就此湮没，再出头不知何日。

崔健抓住了机会，"百名歌星演唱会"是前后10年间中国规模影响最大的一场音乐会。虽然有些人甚至刚听第一句就愤而离席，但王昆自有她的底气。她丈夫周巍峙曾担任过文化部代部长。

曹平演出结束去道贺时，记得崔健说了一句话："我恨不得管王昆叫妈妈。"

"一无所有"之后，音乐界的气场发生了一些微妙的变化。

被惊到的主流人士默不作声，似乎在等待"上头"发指令；地下音乐圈则暗自兴奋，或羡慕嫉妒恨，或决心奋起直追。曹平再也不说"崔健是我最大的竞争对手"了，下决心做了一名专教各种乐器技术的摇滚乐教师与研究者。

崔健的分量迅速变重。臧天朔曾大叫："崔健看不起我？我剁了他的手！"他很在意地以为崔健看不起自己。后来担任黑豹乐队主唱的秦勇则说：唱完《一无所有》，别人就只能跟崔健走了。

《一无所有》开始在社会上以野火之势蔓延，这首歌传到美国，有10年知青经历的艺术家陈丹青听得热泪盈眶。"这首歌是社会上所有苦逼和　丝的心声，他给我们喊出来了。"2012年11月，陈丹青站在《南方周末》"中国梦践行者致敬盛典"上回忆说。

这种传唱的范围也包括同行。有一天，曹平去孙国庆家，发现孙正在清唱《一无所有》。发现他来了，很不好意思地说：我拿这歌练练嗓子。至于后来孙因为在磁带中翻唱这首歌而被崔健指为侵权，则是后话。

需要强调的是：《一无所有》给崔健带来的社会压力远远高于赞誉。1987年初，已经从北京歌舞团独立出来的北京交响乐团贴出一张海报将崔健劝退，理由是他不务正业，耽误团里的工作。

当年年底，曹平盘算办一场崔健的演出。他找了北京一所大学提供场地，又自作主张定了崔健和每个乐手的演出报酬。那所大学的党委书记听说了，问：给崔健多少？他说：一百元。书记顿时勃然：怎么，他刚唱完《一无所有》就想应有尽有啊？这场演出就此夭折。

得知此事的崔健沉默了一阵，开口了："我们这么多年创作，排练，谁给过我们钱？"

沉默和眼袋一样，是崔健的突出特征。多名与他相交几十年的朋友都证实这一点：崔健最愤怒的时候也不会大喊大叫，只会默默走掉。

直到1989年在北京展览馆举办的平生第一场个人大型演唱会上，崔健才开始回击。第一场结束，一位著名笑星扔下一句话走掉：这不就是一群小流氓么？崔健听到了，第二天拿起话筒面对现场两千余名观众："昨天有人说我们是一群流氓。如果这个人不感到可耻的话，那么我们觉得非常的光荣！我们就是一群流氓！"全场欢声雷动。

这一年，崔健的第一张专辑《新长征路上的摇滚》出版。在他一再坚持下，原本只需几天的录音过程反复磨了近一年。这盘磁带仅在四川省就订出40万盘。这还只是正版的数量。这张专辑，至今也被公认为崔健最经典的一张。

由于崔健是"个体户"，没有可供通信的地址，磁带里附着一张纸条：如有质量问题，请与中央乐团梁和平联系。梁和平成了崔健的邮递员。每隔几天，他抱着一堆来信去找崔健，两人同看。他逐渐明白了自己当初被《一无所有》震撼的缘故。

2010年左右，央视做崔健的人物专题，要采访梁和平。梁和平构思了几天，抓起电话打给了崔健："你知道你像谁吗？我告诉你，你就像但丁，文艺复兴的但丁！"

"现代西方世界起源于工业革命，而工业革命之前有一场必要的精神革命：文艺复兴。中国也正在经历这样一个过程，这个过程首先从承认自我、承认人性开始。崔健就起到了这样的启蒙作用。"梁和平发现，当年那些歌迷来信几乎没有人把崔健当作一个偶像歌星来崇拜，而是纷纷倾诉：他们从崔健的音乐中找到了自己，找到了自信。

"《一无所有》第一次提出了'我'这个概念。在这之前，中国的歌曲里只有'我们'，即使有'我'，也是'我爱北京天安门''我是一个兵'这类。而崔健的第一张专辑里，一共有150多个'我'。"

音乐理论家金兆钧则评价：《一无所有》这首歌不仅属于青年，也属于全民。"当崔健变成一种自觉行动的时候，他不可能不代表这代人。"

今天的崔健谈到这里则笑笑说：其实，他的早期音乐充满了"行走"，都是在逃避。"在不妥协的前提下，我又惹不起你，干脆一走了之。这种东西可能比较受青年欢迎吧。"

"同志，我来联系一件事儿。崔健要来郑州演出，想请咱们学校多多给予帮助……" 55岁的作家赵健伟依然记得自己20多年前说过的一段话，在那个湿漉漉的早春。

1990年初，赵健伟是崔健团队的宣传员，拿着200元的月薪，帮崔健"为亚运会集资系列义演"打前站。第一站北京，第二站是郑州。大学是个大市场，他跑到郑州大学团委，想请他们帮忙在食堂这样的地方贴几张海报。那时，海报就是最有力的宣传手段。

值班的是个年轻姑娘。"崔健……好呀！他什么时候来？"答应得极痛快。

几天后，这个从小到大一直的乖乖女，给家里留下一张纸条，跟赵健伟坐火车去了崔健演唱会的下一站。今天，他们俩的儿子正上高三。

1990年对于摇滚乐来说是一个特殊的年份：

前苏联的摇滚乐之父，1962年出生于哈萨克斯坦的第三代韩裔移民、曾获得戈尔巴乔夫接见的音乐天才维克多·崔，在1990年因车祸早逝，年仅28岁。他的歌至今仍在俄罗斯传唱。

另一个是崔健。这一年，他发起了一场中途夭折的全国演出。这场前面挂着"亚运"二字，带有官方色彩的演出影响了无数人的命运，本身也充满了悲喜剧。

"女子十二乐坊"创始人王晓京现在还很自得。去见时任北京市常务副市长的张百发那天，他和崔健迟到了20分钟，还被接头的官员训斥了一顿：百发市长从来没这么等过人！

"张百发很欣赏崔健。态度很和蔼，说：'感谢你们为亚运会作贡献……'"跟亚运会挂上钩，以便打开局面，这个创意最早出自崔健的父亲。

得到张百发首肯，演出团队很快搭建起来。王晓京做经纪人，赵健伟管宣传，崔健本人及乐队，北京市演出公司经理路建康担任团长，亚组委出了两名官员，再加上录音、混音师、舞美……浩浩荡荡40多人，路线定好3条。首先是"西南线"，北京、郑州、西安、武汉、成都，回到北京休整一下；然后是"华东线"和"东北线"。

让王晓京自得的，还有跟亚组委谈判，帮崔健争取到了全部演出曲目。

"《一无所有》能有什么政治隐喻呢？那是一爱情歌曲，那是他给前女友写的；《解决》、《这儿的空间》是跟性有关的，《最后一枪》是给电视剧写的一个插曲，那个'一颗流弹打中我胸膛'意思就是'让我死了算了'；还有《一块红布》，咳，他就拿块布蒙着眼睛一唱，您就让他唱了不就得了……"王晓京对记者回忆。

从1月28日的北京工体，到4月9日的四川省体育场，西南线演出的5个城市场场爆满，包括"全国演出最难搞的城市"郑州，和费翔演唱会只卖出六七成票的西安。

在西安，一个名叫闫凯艳的女大学生喊得嗓子哑了一个星期，几年后她毅然退学，考上了艺术学院。今天她叫闫妮：崔健点燃了她对艺术的向往。否则，她现在就是一个会计，绝不会出演电视剧《武林外传》。在成都，一个名叫唐蕾的姑娘冲上舞台，狠狠亲了崔健一口。她后来成为著名的"成都摇滚教母"，专门资助新生的摇滚乐队演出。

肖全也是在这时与崔健相识的。当时，他还没有"中国最好的人像摄影师"这个称呼。压轴的歌是崔健用轻摇滚方式翻唱的《南泥湾》。整个成都疯掉了。维持秩序的女警察和人群一起手挽着手，高唱"花篮的花儿香，听我来唱一唱"。肖全泪流满面。从此，他经常一边在暗房里放崔健的歌，一边冲洗三毛、姜文、张艺谋和杨丽萍的照片。

1990年4月12日，崔健团队回北京休整。没几天接到通知：演出就此结束。

一位团队成员记忆中，亚组委的原话是："快到6月了，亚运会的工作很紧张，就不用继续办了。怕活动人多的时候出现被坏人利用的情况，给亚运会抹黑了。虽然你们当初跟亚运会提出捐助100万的目标没完成，但是没关系，不用了。谢谢你们啦！"

肖全不久就打听到，有人打了一份报告，说崔健的现场煽动性太强。原话是："这哪儿是演出，这分明是闹革命！"由于挂着亚运会的名头，各地政府都将这次巡演看成官方行为，派了官员到场。在梁和平拍的录像上，他们的表情是尴尬和震惊。

"他们怕出事儿。"梁和平的弟弟、后来担任崔健经纪人的梁卫平也参加了这次巡演，"万一出点事，谁兜着？"

被叫停后，亚运巡演团队就此解散，演出团团长路建康被免去了北京市演出公司的经理职务。

路建康后来担任了2008年北京奥运会开闭幕式的制作总监，接受过不少次媒体采访，从未详谈这段经历。但他始终没忘另一件令人啼笑皆非的事：扣除成本，崔健的西南线演出一共盈利25万元人民币，崔健打算将之捐给亚组委。结果，北京市西城区税务局扣下了这笔钱。理由是：征税。

根据赵健伟的记叙，税务局的理由是：这25万元作为崔健个人向亚运会的捐款，必须同时交纳60%的个人所得税，也就是15万元。

2013年1月，记者问崔健："后来那25万元怎么样了？"崔健笑笑："忘了。"

"演出封了，还让我们挂出一块牌子：因为天气原因，今天演出取消。"

塞万提斯学院北京分院院长易玛·冈萨雷斯·布侬的抽屉里，至今保留着1987年拍摄的一叠崔健演出照片，背面已被时间印上一块块明黄色。

那时，她还是一名来自西班牙的留学生，认识崔健之后，开始悄悄组织他的演出，包下一个酒吧，卖10块钱一张的票，支付场地成本后全部分给崔健和乐队成员，自己纯粹义务帮忙。

这样的演出经常在开演前一小时被警察查封，只能退票。警察有时会责问她：你怎么不申请呢？她说：谁会批啊！

她完全没想到，这种状态要一直持续十几年。崔健遭遇了中国摇滚界无人不知的"封杀"。

"封杀"的确切含义是：无法拿到在北京进行大型演出的批文，也无法出现在电视上。

1987年，崔健翻唱《南泥湾》触怒了一些人，他变成了"麻烦制造者"。亚运巡演夭折后，崔健更陷入了这种状态。北京的演出不可能得到批准，各地的演出商也都在观望。有一种说法是：崔健喜欢在演唱歌

幕 中国梦——38个践行者的故事

曲的间隙说一些煽动性很强的话，惹得官方恼怒。

直到1991年2月，一个大胆的商人请他去广州做了一场演出，外地的局面方才打开。但是，北京的大型演出始终得不到批准，他只能在酒吧和迪厅里活动。从1990年4月亚运巡演归来，一直到2005年9月24日，崔健才在北京首都体育馆举办了自己的大型演唱会"阳光下的梦"。

1993年，曹平的女友在央视实习，看到过内部指令：禁止崔健上央视。

做过崔健多年录音师的曹军回忆说，90年代他去申请演出，和当时的北京市文化局市场处的处长闲聊，对方点着自己的办公桌说：看到没？我这儿玻璃板下边压着呢，崔健是不让演的。

"那个处长其实私下里很欣赏老崔，还去看过好多场演出。但这事不是他能定得了的。"梁卫平补充。

"封杀"也是有缝隙的。1992年末，崔健在北京展览馆办了一场为期3天的大型演出"因为我的病就是没感觉——为中国癌症基金会义演"。它是中国现代音乐演出的一个节点。

梁卫平回忆，中国癌症基金会的一个副秘书长找到他问：你们能不能帮我们办一场演出？他说：可以啊，不过你得负责弄到批文。

中国癌症基金会的创始人、81岁的著名肿瘤专家李保荣对记者清晰地回忆："1992年，我是中国癌症基金会副理事长兼秘书长，理事长是李克农上将的女儿李冰。为了呼吁社会支持抗癌事业，营造影响，我们想到了摇滚乐……"

八十高龄还在上班、出差的李保荣，谈话中仍不离"资产阶级倾向"，"社会主义道路"与"党的领导"，但颇有点严肃地声明："我是支持新生事物的。"

他当面检查了崔健的全部歌词，结论是没有政治倾向，也不颓废，"顶多有点朦胧艺术的成分"。过了几天，批文真的下来了。

时任北京市公安局长张良基亲自挂帅，要把崔健的这场演出变成警方工作转型的试验田。"找我去问国外摇滚乐演出怎么搞安保的。"梁卫平这才知道，原来北京警方对这类音乐会的安保毫无经验，更没有模式。"从前,他们印象中的音乐会观众都是规规矩矩坐着听完的。"崔健此前的历次演唱会,都搞得各地警方人仰马翻。

演出时,李保荣也去了现场,气氛"沸腾极了"。没待多久,他感觉心脏都要被音响震出胸腔了,只好退出来。第二天他到卫生部去,许多处长告诉他:我们昨晚都喊着跳了一晚上,比崔健都累。

演出效果非常成功。近20万元盈利全部捐给癌症基金会,崔健没有要任何报酬。第二年,他又为北京市体育总会办了一场募集资金的义演,方式如出一辙。

北京大型音乐演出的安保工作,从此有了统一的模式,由警方的文化保卫部门转归治安部门负责。根据北京市公安局设计,沿着VIP观众席坐满一圈,把观众包在当中,这叫"镶边儿",中间再安插一定数量持票入场的便衣;武警四处巡逻,见到有站起来的歌迷就跑过去按其坐下……有许多安保措施一直用到现在。也是从这场演出开始,警方开始对演出方收取一定的安保费用。

上国时代公司董事长方馨承办了崔健2011年7月的济南演出。警方对她说:崔健的演出,要收取最高的安保费用,一分钱折扣都不打。"20年前他在这儿办演出就踩坏过椅子。"

对自己无法在北京举办大型演出的这十几年,崔健从未公开评价和抗议过,甚至不承认。"我感觉不到自己被封杀……我们小型演出、外地演出一直没断。"

尽管他不排斥接受采访,但从来都只说观点,极少提及具体现实,更不用说心理动作了。公众和媒体只能从他1994年出版的第三张专辑,《红旗下的蛋》中,窥测一二。"我们看谁能够,一直坚持到底"、"红旗还在飘扬,没有固定方向"、"我要结束这最后的抱怨,那我只能迎着风向前"。

《红旗下的蛋》也是崔健最后一张被歌迷广泛接受的专辑。至今,他的演唱会绝大部分曲目都出自他的前三张专辑。

崔健女儿的干爸爸、美籍犹太人Kenny Bloom对记者透露:那段时间崔健极为难受。"他说,如果在成都演出,会有30000人去听。可北京是他的家乡，却不能在这里演唱。"

"有人可能会以为崔健是一个Trouble Maker（麻烦制造者），但他不是，他是沟通者。"Bloom对记者回忆。

20年前给崔健担任法律顾问的北京隆安律师事务所律师李大中表达了与此相似的意见。年过五旬，他仍记得崔健对他的长篇内心倾诉："搞摇滚乐，就要对现实批判，以一个批判者的角度，用音乐的方式来表达社会批判。摇滚乐是在西方世界产生的，最初也被认为是社会主义国家创造的，它在资本主义社会中也要批判现实。社会是要有人歌颂，也要有人批判的。批判最终极的目标，是使社会得到改进，文明向更好的方向发展。等到文明进步了，我还应该站在更高的标准再去批判。我永远是批判的。"

1999年，商人陈戈回国创立了普徕文化公司，打算把美国经纪公司的模式搬到中国，签约的第一个歌手便是崔健。他在北大上学时是崔健的歌迷，想了很多办法打破"封杀"。

他选择电视作为突破口，找杨澜给崔健做了一次专访。她和丈夫吴征都听崔健。然后他联系湖南卫视，对方很有兴趣，请崔健在现场演出。"演出之前接到电话，说最好别办这个；湖南说那好，下个文，我就停。那边就没回音了。"

2000年10月9日，崔健参加了12家唱片公司为宣传反盗版联合发起的大型演唱会，"反盗维权中国华语力量总动员"。经过一番"运作"，文化部允许他的名字出现在演出名单上。陈戈说，此举是北京方面后来逐渐敢于放开对崔健限制的原因之一：演出性质是公益的，而且"国家部委都批了"。此后，他继续打这种擦边球，一步步地消除崔健的"敏感"印象。

2004年初，陈戈和崔健的合约到期了，没有续。由于盗版猖獗和网络下载，他的公司几乎收不到唱片版税，濒临倒闭。

也在这一年的1月16日，崔健为伍佰的北京演唱会当演出嘉宾，他自己买了些票送给朋友。曹军是受赠者之一。他说："我终于能在北京演了，你来看看吧。"

"我正好认识伍佰的团队，就想，这或许是个机会。"时年26岁的原普徕公司员工尤尤成功地帮崔健申请了这次登台演出。之后，就是2005年9月24日的首体演唱会，"阳光下的梦"。崔健的"封杀"状态彻底解除。

尤尤问崔健："你说过，年轻人永远是对的。那么你能不能给年轻人一个机会？"崔健想了想说："好。"她就这样做了崔健的经纪人，一直到今天。

许多人都在思考这段"封杀"的历史，试图理解它与崔健的关系。《三联生活周刊》主笔王小峰采访他：你的成功是否来自对你的限制和压力？崔健沉下脸说：你这么问是对我的侮辱。

王小峰把意见写在了博客里："我并没有小看崔健，也没有侮辱他，这是事实……崔健的很大一部分魅力来自他的叛逆，这种叛逆的反作用力确实来自对他的压抑，生活中的和官方的。"

被崔健称之为"中国最早研究摇滚乐的人"的曹平见解颇为独特：如果不是"封杀"，崔健的地位可能会下降，"放开了演，商业上他会获得的利益更大一些，但可能观众也看腻了。"

"封杀"未尝不是一种机遇。文博提起自己的往事：北京交响乐团强迫"七合板"乐队解散，也劝退了"执迷不悟"的崔健，但不久就无法忽视社会对电声乐队的需求市场。文博在团里找几个乐手，以歌舞团的名义搞演出，每人分得的收入可达工资10倍以上。之后，他以这些乐手为核心，停薪留职去福建等地的歌厅演出了两年，有时候一个人每月能分上万块。

"封杀"的年代远去了。不知不觉间，当年那个眼神锋锐、一身绿军装的愤怒青年已届知天命。"改革开放"也早过了它在中国的30周岁生日。

几十年来凌晨五点睡觉、下午两点起床，崔健眼袋还是很深。他从不碰毒品，酷爱游泳健身，当时总桀骜不羁抿着的嘴角，现在时常露出笑意，下巴上总是刮得很干净的胡茬已经见白。聊起当年批准他上台演唱《一无所有》的王昆，他说：永远都应该感谢她。

接受媒体采访时，崔健坦言，自己的经济能力已经超越了年轻时的

中国梦——38个践行者的故事

几十倍。他不认为经济地位变化会削弱他的力量，强调"批判性尖锐性比过去强100倍，你们听不懂"；但他也承认，已经从"感受生活"，变为"观察生活"。

如今崔健的演出审批已不受什么限制。相反，他开始主动抗拒。当年电视台不让他上节目，现在则是他拒绝电视，因为现场演出效果很难达到他的要求。经纪人尤尤劝说了他很久："不是观众不选择你，是你没给他们选择你的机会。"他才有限地参加几次。

"现在电视台都找我们，去唱《新长征路上的摇滚》、《花房姑娘》。摇滚乐到底是被中国接受了，可是滞后了20年。"崔健对记者说，"我们现在写的歌上电视也不可能。这就是面子在作怪。他们明明知道自己早晚会接受，但他们宁可放慢历史发展的步伐。"

现在的崔健，与现实有了某种程度的相互宽容。尽管他仍然不愿意在采访中谈《一无所有》，但已经对摄影师更加耐心；在演唱会上也一定会唱那些他最经典的老歌。而不再像10年前的他那样非跟观众较劲。他似乎理解了歌迷们对青春理想的怀念，正如他不再穿绿军装，却坚持用一颗大大的红五星作为自己的标志。

不再一无所有的崔健还愤怒吗？这是个哈姆雷特式的问题，没有答案。

他的音乐，正和他的脸庞一样，少了很多棱角。他对编曲技巧的操控更为圆熟，他的现场演出越来越像一场展示个人才艺的音乐盛宴，他也一如既往地对新歌坚持完美主义，稍有不满意就推翻重来。但他无法回避这样一个问题：演唱会上，他费尽心血写出的新歌引不起共鸣，它们不在这场万人合唱的卡拉OK大赛曲目里。

"连政治家、经济学家、社会学家都讲不清楚现在这个年代是怎么回事，你又能要求崔健说什么呢？"王小峰持续采访了崔健十几年。他认为，崔健不再能代言时代，原因不在于他本人，而在于这个混乱、光怪陆离而又浓缩爆炸式发展的时代和现实。

Kenny Bloom谈到这里一耸肩："大概微博取代了崔健的作用。"

在2012年12月15日的北京演唱会上，崔健几次号召观众站起来听，但现场观众站起来的并不多。"比崔健更尴尬的是观众，你可以随便站了，你却站不起来了。"20年前看过崔健演出的诗人高星如此写道。

尴尬的原因主要在于：演出场所万事达中心的万余个座位大多设在高高的看台上，稍一站起来就有令人腿软的危机感。真正站起来的，还是2013年1月6日西安的"向信念致敬"。

西安市国际会展中心的一间展厅，空空如也，椅子都是临时摆放的。所有人都脚踏实地，导致惊心的一幕出现得很快。事先警方已经声明不许观众站着，结果崔健刚唱第二首歌就一声令下："大家都站起来跳舞好吗？"全场5000人轰隆一声，齐齐地站起来。还有人站在椅子上。不少四五十岁的中年男女头缠红布，跳着喊着。

没多久，后排观众开始举着荧光棒和相机涌向前排，最后整个展厅变成了一个巨型的live house，所有的人都成了票价2013元的VIP观众，把他们按回座位是完全不可能的。

这种狂热背后的甘苦唯有主办方——西安音乐厅知道。他们没想到，办一场崔健的演出是如此艰难。

能让观众站起来的演出地点不好挑，西安的演出场所要么太小要么太远。等签了合同，去审批时，赶上一切活动审批暂停。"你搞摇滚乐的演出，人都站着，太可怕了，我们都心惊胆颤的。"负责具体操办这场演出的西安音乐厅市场部部长罗敏每天都得去跟警方磨合，汇报安保方案、票务方案、现场搭建方案……一直磨合了几个月。

最惊心的一幕，也是歌迷们最狂热的时刻出现时，现场一位负责安保的人揪着罗敏："再有人站着，我就把你抓起来……我要给你断电！你现在就上台去说，演出到此结束！"

《南方周末》记者　冯　翔

崔健现场演唱

徐莉佳

[致敬词]

徐莉佳在伦敦奥运会上扬帆起航，打破了欧美国家在帆船项目长达百年的垄断，开启了中国体育的航海时代。她用顽强的意志，不屈的斗志，演绎了奥林匹克精神，她娴熟的英文和谦逊幽默的表达，成为中国形象的一张新名片。

被大海眷顾的女儿

徐莉佳，1987年出生于上海。儿时的徐莉佳特别顽皮，4岁就被妈妈送去学游泳。教练张静到长宁区少体校游泳队挑选好苗子，别的孩子都东张西望，只有徐莉佳站得特别靠前，侧耳倾听，显得非常认真，张静被这一特别的举动吸引了，并不知道其实徐莉佳的右耳有听力缺陷，就这样阴错阳差的，不到10岁的徐莉佳开始离开父母长期集训，跟着张静练习帆船OP级。在张静的指导下，身体条件并不出众的徐莉佳通过自己的勤奋、敏捷用3年的时间取得了一定的成绩，一举在2001、2002年两届世锦赛OP级帆船比赛中取得冠军。

2003年，按照规定，15岁的徐莉佳必须由小级别的OP级帆船改练大级别的帆船，徐莉佳只好依依不舍地离开张静，转而师从张静的丈夫刘小马。徐莉佳说，刘小马是帆船界的孙海平，有很多独特的训练手法，自己是多么幸运才能有这样的两位师傅。

在雅典奥运会前夕，突如其来的身体变故让她与奥运梦擦肩而过。当时，她检查出左膝膝盖长了一个小肿瘤，在奥运会和做手术之间，她不得不做出一个抉择。最后，在医生、父母和教练的劝说下，她只能放弃了奥运会。最后证明，这次放弃是明智的，手术后医生告诉她，这个肿瘤不及时切除，3个月后就会转化为恶性的肿瘤，那时她的左腿可能就保不住了。

2008年，北京奥运会上，徐莉佳夺得铜牌。张静担心小小年纪的徐莉佳不能面对这份突如其来的荣誉，会影响她之后的成绩。但徐莉佳没有让她失望，在短暂的辉煌过后，徐莉佳一如既往地苦练，才有了4年后的一鸣惊人。

2012年伦敦奥运会，徐莉佳获得帆船激光镭迪尔级女子单人赛冠军，这是中国帆船史上首枚奥运金牌。当徐莉佳作为伦敦奥运会闭幕式中国代表团旗手挥舞着中国国旗，走在队伍的前方那一刻，她笑得特别美。

在张静眼中，徐莉佳是个特别能吃苦、特别有自制力的孩子，当年和徐莉佳一起被选入帆船队的孩子有20多个，最后只有徐莉佳一个人坚持了下来。很多人以为，帆船帆板是一项充满浪漫色彩的运动，蓝天碧海，小舟飘荡，画面分外美丽，帆船运动员背后的辛酸却很少有人知道。海水的腐蚀性很强，训练的时候队员们穿上长袖长裤，戴上帽子，把自己包裹得严严实实还是会被海水溅一身，皮肤都能往外渗盐。冬天，海水的温度低，他们扬帆出海，一练就是一天。备战伦敦奥运会的时候，徐莉佳和队员们5月份就到青岛附近的海域训练。那时的青岛还很冷，要穿长袖长外套才能抵御住凛冽的寒风，为了适应青岛的气候，他们只能忍着，咬牙训练。每天的训练占了徐莉佳大部分的时间，早上9点起床忙碌地准备，12点起航，下午4点回到基地，和教练、队员一起探讨问题，再整理完帆船上的物件，回到休息处已经是晚上8点左右了。这时候的徐莉佳早已累得体力透支，只想安静地坐着。就是这样，徐莉佳才圆了自己的奥运梦。

"我热爱帆船，热爱大海，我会一直和它们在一起，直到我必须和它们分开的那一天。所以，我不会说什么退役，也不会说什么离开。"下一个奥运周期，徐莉佳仍然会扬帆逐梦。2012年11月17日，接受完"中国梦践行者"的致敬，徐莉佳做的第一件事就是到化妆间脱掉高跟鞋。她穿惯了平底鞋，高跟鞋显然让她有些不适应，脚趾因此变得红肿。

长期集训使徐莉佳落下腰伤，在"中国梦"后台候场，她只能一直躺着。

"腰伤会影响你征战2016年奥运吗？"有媒体问她。"伤病还是不提了吧。"她一边回答，一边已换上运动鞋，身上还穿着裸色晚礼服，她极少穿晚礼服。

徐莉佳25岁，是2012年伦敦奥运会帆船激光镭迪尔级女子单人艇冠军，这是中国帆船史上首枚奥运金牌。11月7日，在都柏林举行的国际帆船年会中，她又获得"最佳女运动员"的称号。国际帆船年会有"帆船界奥斯卡"之称，徐莉佳是获此殊荣的亚洲第二人。

帆船年会当天，徐莉佳用一口流利的英文讲了段自己成长的小故事：一个患有先天视听障碍、没什么运动天赋的中国女孩，凭着不屈的意念，战胜自卑和接踵而至的伤病，最终化茧为蝶。

台下的老外听得眼圈红了。很多人聚拢到她跟前，左亲右抱，"脸都被亲肿了"。那晚，她还收到不少橄榄枝："来我们国家做形象大使吧。"

"我做梦都没想到我可以有今天的成就。所以，人要敢于做梦，梦才有实现的可能。"徐莉佳自称在世界帆船界只是个菜鸟，"对美洲杯大帆船的选手来说，奥运冠军什么都不是，之所以被世界刮目相看，奥运金牌只是一方面，他们更看重的，是我突破自我的过程。"

大海让我不用看别人的脸色

《南方周末》（以下简称问）：你说帆船带给你最大的快乐，是可以自由在大海上驰骋，忘记生活中的烦恼。为什么这么说？

徐莉佳（以下简称答）：正是因为我在陆地上束缚太多，以前一直被踩在脚下，所以我才更加渴望自由。我听力只有正常人的一半，跟别人交流起来困难重重，我经常要哀求别人，你能再说一遍吗？我非常不愿意麻烦别人，有时候索性就"嗯啊"过去了。人家在聊，我老听不清，干脆放弃。但在大海上无拘无束，你想怎样就怎样，不用看别人脸色。

问：小时候在队里，也要看人脸色吗？

答：当时有些小伙伴不太懂事，嘲笑我，我只知道哭，最后养成一种性格，就是不会跟人家争吵什么，反而会看看自己是不是错了。

说到底就是自卑，觉得这些缺陷是我的负担，不像现在这么乐观。后来干脆自己封闭起来，现在我还是喜欢宅在家里，虽然表面上接受媒体采访说的还行，但私底下真不爱讲话。

　　现在任何不好的事情，我都会努力去发现它好的地方，不会再沉浸于"我怎么这么倒霉"。回头看我走过的路，我受过的每次挫折，反而激励我更加努力，使我更加强大和成熟。

　　问：自卑的性格并没有阻碍你梦想的前进？

　　答：不会。一开始就没放弃，那时暗下决心，要比别人刻苦。邓亚萍说过，我比别人笨没关系，但我要比别人付出多得多，最后不知道谁比谁聪明呢。

　　问：怎么刻苦的？

　　答：我自控能力特别强，从不偷懒，自己还会加练。就像《青春的火焰》里，日本女排队员小鹿纯子那样，只要认定的事情都会坚定不移地做下去，不管多苦多累。但如果我不感兴趣、不认同的事，再逼我也没用。

　　问：帆船队教练到游泳队挑你的时候，你才10岁，也是你自己决定的吗？

　　答：那时我游泳不错，但觉得帆船更好玩。游泳就在那几十米的池子里来回转，帆船是在无边无际的大海上。

　　我妈反对。觉得我这么小就离家，上学又不系统。我爸说，想练就练吧，但记住，既然选择了，无论如何都要坚持。现在回想，帆船让我走出国门，但同时确实牺牲了一般人的学习、游玩时间。

　　问：听说教练因为你的听力问题，还特地给你准备了一个喇叭？

　　答：对。她知道我听力不好，但她觉得这队员挺用心挺好学的。正因为听不见，才特别集中精力，总把头倾到前边听。其实教练也曾因为我的听力问题想把我退回去，但我苦苦哀求，再给我次机会吧，这才勉强留下。

只为了责任，我是干不下去的

问：你是那种求胜心很强的人吗？没拿冠军会觉得很沮丧吗？

答：不会，我不是那种很有霸气的人。我自信心很低，每次比赛给自己定的目标，都是尽力而为。我很有实力的时候，父亲问我，你的目标是什么？我说挤进前十就好了。他说，你就不能说争取拿个冠军什么的。

直到今年跟外教合作后，他对我说："莉佳，你的水平在这里（很高），你的自信心却在这里（很低）。"他不断帮我树立信心，让我看到自己的潜力。这次伦敦奥运会上拿到冠军，运气成分肯定有一点，但我也相信自己确实有冲金的实力。不像之前，包括北京奥运会，就觉得自己连前十都进不去，后来得了季军，也只觉得是老天额外赐予我的。

问：之前拿到冠军会觉得更多是运气？

答：嗯。小时候自己的缺陷、同龄人的藐视，加上父母、教练的教育方式，都以打压、批评为主。即便拿了多次世界冠军，教练也始终说你这不好那不好。慢慢我也习惯了，不好就尽力赶上。以后对下一代，我会多以鼓励、支持为主，不逼他们去做任何事情，更不把我们这代的想法强加在他们身上。

问：你一个项目练了15年，有没有觉得枯燥、厌烦的时候？

答：比赛从来不会，一直都很享受挑战的过程。偶尔也因为训练枯燥而厌烦。但我干不干，都是我的兴趣。如果没有对帆船的执着，不能从中找到快乐，一般人很难坚持下去。

就像我之前休养了两年，再回去练，就会逃避：怎么那么苦啊？我们这个项目训练和比赛耗时都特别长，每天装卸器材就得个把小时，到海里又要泡三四个小时。日后我要是再回去练，一定要真的能享受它带给我的乐趣。只有激情，才会不断推动自己克服重重困难，而不是单纯地为国争光，卫冕冠军，如果失去了兴趣和动力，那还不如趁早转行。

问：现在对帆船，是不是会有一种责任感，比如开个帆船学校，培养下一代帆船选手？

答：我不会把责任强加到自己身上，光为责任我是干不下去的，如果一件事我要全心全力干好它，一定要享受、喜欢。说实话，我真不知道自己能不能干到2016年，自己对帆船的那分喜爱肯定还在，但要重新回去打比赛，欲望不像以前那么强的话，很可能坚持不下去。如果那样，我更想静下来倾听内心的声音，明确自己想干的事。

问：你似乎不愿意提太多关于腰伤的事情。

答：运动员难免有伤病。我一直告诉自己，要给大家传递帆船最快乐、开心的一面，让大家对帆船感兴趣，而不是埋怨它多苦多累。中国帆船运动底子很薄，虽然搞了30多年，但13亿人，搞帆船的不过1000多人，而新西兰，每4人就有一条帆船。

问：英语对你参加国际比赛是不是特别重要？

答：没有英语，这块奥运金牌绝对拿不到。学了英文，你可以看很多英文书，可以跟外教交流，会发现很多国外已知的东西，国内还在闷头自个儿摸索。这等于是在一直走弯路，怎么可能赶得上欧美那些帆船强国？

问：你怎么处理学习英语和训练之间的矛盾？

答：之前10年，每天训练完我就躲在房里学两三个小时英文。别人看韩剧聊天，我就自己抓紧学习。我是个很土气的人，人家购物去赶潮流，我都不太爱加入。到礼拜天，我首选的就是去书城或者看电影，但可惜我们集训的地方都太偏僻，没有这些。

奥运会冠军不是光环，而是机会

问：伦敦奥运会后，你突然变成一个公众人物，喜欢这样的生活吗？

答：我的生活节奏一下被打乱了，各种邀约，我手机一天只敢开半小时。一开始会有点消沉沮丧，因为这不是我喜欢的生活。我一直想说，自己为国家赢得奥运冠军，走向最高的领奖台，但我希望全世界知道有这么个中国女孩拿到帆船冠军就好了，不需要知道她是谁，我还可以过优哉游哉的生活，这样多好啊。

问：后来如何适应？

答：从内心来讲，我不是很想参加这些活动，但控制不了的，我就从中找乐。后来我觉得奥运冠军不是光环，而是机会，你面前的路突然变宽很多，应该学会利用它。我现在不确定未来会做什么，何不利用这些机会，多尝试、多积累。

问："中国梦"上有什么收获吗？

答：今天碰到刘雯，我就想看看她的坐姿是什么样的，她是这个领域的专家，跟专家学效率是很高的。本来我想跟易中天老师多学点东西的，但在台上话题没真正展开。

问：这让人想起，你正在写的毕业论文叫《优秀运动员后奥运时代的自我管理》，这个是不是可以说是你自己经验的总结？

答：之前，国家把所有人力、物力和财力都放在帮助运动员如何赢得奥运冠军，对他如何应付后奥运时期的一段生活完全没有指导，像我现在什么事都得自己接洽，如果有经纪公司的话，要相对轻松很多。

我还给很多中国奥运冠军发了问卷，收集他们的心得，写这个论文就是想给未来的优秀运动员一点启示，让他们不要像我们一样手足无措。要让他们明白，当你睁开双眼，即便看到每天犯一点错误也会很开心。早上主持市民运动会话筒忘记关了，后台的声音都放出来了，我就知道以后主持的时候，话筒一定要关好。

问：你前段时间接了个商业广告，假如签经纪公司，会不会考虑多接些？

答：我对商业这块不是很感冒。我觉得继续自己的生活还是挺好的。奥运会的奖金还没有发，即使发了，我也没有想到要换房子，要买车。对我来说，外在的东西、物质的东西都不是特别重要，时间才是最宝贵的。我已经不愁吃不愁穿了，也不用成为房奴，够幸运的了。

问：对物质一点欲望都没有？

答：不盲目崇拜物质，唯一给自己买过的奢侈品就是一支知名品牌的钢笔，算奖励自己一下。我有用笔写日记的习惯，算是拿一支好笔督促自己以后写字更勤快点。

问：从一个普通女孩突然变成万众瞩目的明星，但也有可能退役就归于平静，落差很大，你思考过这个问题吗？

答：生活归于平静，是我最渴望的事。现在很多人说："莉佳差不多了，可以急流勇退了，因为这样的辉煌是你今生不可能再有的。"想想也是，下届即使再拿冠军，也不可能再当上中国代表团的旗手，即使两样都有，不可能再拿一次世界最佳女航海员。

问：不可能重复是吧？

答：不是不可能，而是你再拿世界冠军已经没有亮点了。而且年龄也这么大了，应该考虑一下个人问题，补补前10年文化学习的不足。很恐怖的是，到下届奥运会，我就快30了，再没男朋友，再没结婚，家庭就被耽搁了。

但我不会把这些作为练不练的因素来考虑，我会扪心自问："莉佳，如果下一届奥运会连前10都挤不进去，你还愿不愿意去搞？"只有答案是肯定的时候，我才回去继续练。

问：期待由自己支配一切吗？

答：希望可以自己选教练，自己选比赛，自己定计划。我觉得给我更多的自由的话，我会更能施展自己的潜力。但我们这个项目不可能单飞，因为我们这个赛事奖金不高，世界杯也只有几万元人民币，根本不够一年的开销，连条船都买不起。我比赛的单人艇是最便宜的，也要10万元左右，其他的都要上百万元。

《南方周末》记者 刘 俊

践行者

林丹

[致敬词]

从12岁拿到第一个全国冠军，到今天39个羽联冠军和17个世界冠军，林丹是史无前例的超级大满贯获得者。从2004奥运会首轮出局，到2008、2012两夺奥运金牌，林丹以其天赋、技艺与超强的意志力，制造了强悍坚忍的"林丹气场"，塑造了无坚不摧的中国精神，展现了独特的中国魅力。

修炼自己直到世界尽头

林丹，1983年出生于福建龙岩市的一个小县城。林丹的父母都是体育爱好者，林丹5岁的时候就喜欢上了羽毛球这项运动。

很快，林丹就进了羽毛球培训班。那时的林丹已经显示出了不服输的劲头，尽管是队里年纪最小的，可他再累再苦，也没有说过放弃。1992年，9岁的林丹顺利进入福建省体校。1995年，林丹第一次拿到全国少儿比赛男单冠军，他原以为取得这样的成绩肯定可以进入福建队了，结果却没有如愿。林丹被当时看比赛的八一队教练带回了北京。

最沉重的打击是1998年的亚洲青年锦标赛，林丹代表八一队入选。在男单32进16的比赛中，他败给了印尼选手，教练批评他"在场上没有意志品质，打不过就放弃"。回国后，他就被教练赶出了国青队。

被国青队开除后，林丹开始懂得敬业：比赛不是你状态不好就可以随随便便输掉的。他从零做起，即使刚做完阑尾炎手术也坚持参加了福建省第十一届省运会，拿到了男团、男单两个冠军。

2000年，83年龄段的球员开始接受国家队的选拔。他的调皮、不好管束给国家队的教练留下了不好的印象，第一批名单中并没有他。八一队的主管高路江非常着急，最后不得不动用人脉，让林丹成为了那一批国家队的"插班生"。

那时国家队的宿舍楼上层住的是一队队员，二队队员只能住在地下室。直到2001年全运会，林丹拿到了男单银牌，才从地下室搬到楼上。

2002年下半年开始，在长达8个月的时间里，林丹几乎都是首轮出局，由此被队友取了一个叫"林一轮"的外号。

2003年，日本公开赛，林丹一口气杀进了男单决赛。他战胜了自己的心魔，开始突破瓶颈。这之后，他如同坐上了火箭，一举拿下了香港公开赛、中国公开赛、瑞士公开赛等多站的男单冠军，世界排名飙升60多位。

在雅典奥运会上，已经排名男单一号的林丹重演了"林一轮"的悲剧。2007年的苏迪曼杯混合团体赛，林丹又亲手葬送了他团队赛不败的纪录。2007年底的中国公开赛前，传奇名帅汤仙虎重新出山，来到了他的身边，这成为他运动生涯的又一个转折。

2008年，林丹以最完美的方式赢得了北京奥运会羽毛球男单决赛，为中国羽毛球队赢下分量最重的一枚金牌。

2009年，世锦赛和奥运会双料冠军林丹实现了世锦赛的三连冠，这是世锦赛历史上前所未有的。

2011年，在伦敦举行的2011羽毛球世锦赛上，林丹在首局落败的情况下艰难逆转世界第一李宗伟，夺得冠军，这是林丹的第四个世锦赛冠军，也是第15个世界冠军。

伦敦奥运会男单决赛，又是对阵李宗伟。同一个球场，同样的先负一局，同样的决胜局落后再追上，同样的2∶1，同样的2分险胜……2012年伦敦奥运会与2011年伦敦羽毛球世锦赛几乎一模一样，林丹成为史上首位两夺男单奥运金牌的羽毛球选手。伦敦奥运会后，林丹给了谢杏芳一个梦寐以求的完美婚礼。

如今的林丹，少了年轻时的冲动，多了一份隐忍，就像他在自传《直到世界尽头》中所写的，"人生的精彩不在于你站得有多高，而在于生命的宽度。现在，我也想看看我左右的风景，甚至站在不同的角度回头看看来时的路。"林丹是否还会为里约奥运会而战，谁也无法预期，但不断修炼的林丹无论是在赛场上还是在生活中，必然会做得更好。

林　丹　修炼自己直到世界尽头

林丹是奥运冠军，同时他还是一位军人。"2012中国梦致敬盛典"现场，为林丹致敬的嘉宾也是一位军人——90岁的蒋大宗。他曾是西南联大的学生，中国远征军的抗日老兵，西安交通大学的教授，同时他也是中国生物医学工程的学科创始人之一。

"我比你大一个甲子以上了，当年我像你这样年纪的时候，抗日战争算是胜利了，那时候我们希望国家能够走到繁荣富强的道路上，但那个时候这是不能实现的梦想。"蒋大宗在致敬现场对林丹说。

2012年伦敦奥运会上激战李宗伟、成为羽毛球史上第一个卫冕奥运冠军后，林丹回国就宣传他的自传《直到世界尽头》。在那之前一年，李宗伟也出过一本自传，叫《败者为王》。

这本书的出版，国家羽协一点儿也没干涉。尽管林丹对记者说，自己只是写了一个羽毛球运动员的成长经历，但人们却能从中看到更多：一个奥运冠军对"唯金牌论"的不认同；一个羽毛球选手，对国家羽毛球队不合理教练方式的反思；一个功成名就的运动员，对不同成绩运动员天差地别待遇的追忆……

"虽然我是世界冠军，但很遗憾很尴尬的是，羽毛球不像网球、足球、篮球那样，它还没有达到真正的国际高度。如果羽毛球这项运动能让世界上更多的人喜欢，这才是最重要的。某一个人得冠军，这根本就不重要。如果我们还继续停留在拿金牌的话，这个眼光其实非常狭隘。"

"我更希望的是，每个现在忙碌于生活的人，都能从运动中得到健康，我们不断面临生活的压力，不断忙于工作，而忘了健康的本质。运动要做的，就是带给大家释放、快乐。"林丹如是说。

某一个人得冠军，根本就不重要

《南方周末》（以下简称问）：怎么把羽毛球推到更高的世界舞台上？

林丹（以下简称答）：这个问题可能非常复杂、困难。要解决这样一个问题，不是说一个人就可以，它可能需要很多代的优秀运动员，甚至需要计划性更强的权威机构，比如国际羽联、每个国家的羽协来共同努力，把它推上国际舞台。

问：你自己愿意在这件事上怎么做？

答：回到"中国梦"的主题上，我也在不断实现自己的梦想。接下来，我的梦想，可能就是在有限的时间里，更多地和球迷、喜欢羽毛球的青少年在一起，我希望能给他们带来更多的鼓励，让他们更加坚定，我不希望自己高高在上。很重要的一点是，我想让更多人知道，付出一定会有收获，但一个人一定要有追求自己理想的态度。

金牌和目标比起来，太渺小了

问：你从什么时候开始觉得，金牌并不那么重要？

答：我每年都在看在想，金牌是永远追求不完的。当你有了第17个，别人就希望你有第18个，甚至媒体会猜你能不能凑够20个，将来会不会有人真正超过你。

很多冠军在奥运会结束两三个月后，就会慢慢地没有信心。可能新一个周期的计划里，他就不在名单里面了，可能会有更年轻、更有能力的继承者出现。这当然是竞技体育中必有的淘汰，很正常。但慢慢地，我会觉得每个人都应该在冠军之外，给别人带来、留下一些什么东西，金牌和这些目标比起来，太渺小了。

问：你觉得你算是一个体制内的反思者吗？

答：平和地讲，我觉得我不能算作反思者。只是我觉得我们在很多地方是需要改变的。这个改变，不代表我们不去拿金牌。拿好成绩是一个运动员最基本的标准，在这个前提下，我希望有更多的领导或者权威机构，去真正思考这项运动。

问：对你来说，奥运金牌、你自身对羽毛球的热爱、运动员的个人价值实现，这三者的关系是什么？

答：弄清这三个问题的过程，其实就是一个运动员从小成长到能够明白第三个问题的过程。我相信所有的年轻人、青少年，刚开始时喜欢这项运动，都是单纯的喜欢和热爱。但追求到一定程度，发现自己能力越来越强的时候，他们开始追求更高的目标，比如说中国冠军、世界冠军甚至奥运会冠军。但从我的感受看，其实大部分的奥运冠军、世界冠军都只能停留在前两个问题上。他们可能从没有迈入第三步。我不知道是因为怎样的情况，也许是体制。很多人不太会去在意，或者真正去思考，对运动员个人自身更有意义的东西。

我打了12年职业羽毛球，拿了很多世界冠军，但这好像变成了一种循环，永远都在为了拿下一个冠军、下一个冠军……其实在这个过程中，有很多非常非常珍贵的东西被我们失去了。现在对我而言，金牌只是一个很基础的标准，它已经并不那么真正重要了。

问：你在自传里提到，现在国家队的羽毛球训练，还是有很多不合理之处？

答：任何东西都不可能完美，一定存在着一些不好的方面。即使将来有一天，羽毛球运动推向职业化，也仍会有不好的方面。只是说，大家应该用怎样的态度去看它？我们的决定对将来的50年会有什么影响？这真是既尴尬又矛盾的问题，我相信很多领导也会考虑到我提到的这些问题。如果真的市场化，会不会影响大家拿金牌的成绩？很担心的就是，两条路都要走，那肯定走不好。

《南方周末》特约撰稿　孟雨蒙　《南方周末》记者　朱晓佳

林丹、雷声、孙杨：如何激励一代人

伦敦奥运后，林丹给自己布置了比金牌重要得多的任务：代表羽毛球、发展羽毛球；雷声拿更多的时间在北大听传播、经济和艺术课，他想用所学更好地推广花剑。这是从对荣耀的追求到对事业的梦想的转变，更是中国男人在运动精神上的真正体现。

2012年奥运会开始前半年，林丹自己去了一趟伦敦。劳伦斯奖组委会邀请他参加颁奖典礼，虽然他并没有获得任何提名。"这次明明没得奖啊，为什么要来？"有人问他。林丹沉默半晌，把耳朵侧过去，佯装没听清："啊？什么？"

在中国无人不识林丹，他的竞技水平、健康外形和富有魅力的性格，让他成为国民宠儿。但这个能吸引13亿人目光的明星来到伦敦，就像是一个东南亚藤球明星到了中国。

典礼的现场短片提到博尔特百米的速度是9秒6左右；德约科维奇能够打出的网球时速是201公里；F1的时速是321公里。林丹感到非常不舒服："他们不知道羽毛球是全世界球类运动速度最快的。"林丹的杀球时速，可以超过400公里。

"我拿过这个项目上所有的世界冠军，我不会比其他任何领域的优秀运动员差。但在劳伦斯，我发现没有人知道羽毛球是什么东西。"林丹说。他到劳伦斯去，不代表个人，不代表国家羽毛球队，而是"代表这项运动"、推广它，这是去伦敦前就想好的。

那次典礼，李娜入围了"最佳突破奖"。伦敦奥运会后，林丹曾在多次采访中提到李娜和姚明，带着遗憾——遗憾的是，中国运动员真正走上职业道路的，"只有他们两个"。

"回头想，为什么他们能够职业化？一个很大的原因是依托于他们的运动本身。羽毛球不像网球、篮球，它还没有成为国际运动。"林丹对记者说，"让世界上更多人喜欢羽毛球，这才是最重要的。如果还停留在拿金牌上，我们就太狭隘了。"

对金牌的反思，始于北京奥运后。那之前，2004年雅典奥运会上他第一轮就败下阵来，奥运金牌就像块心病。

2008年夺冠，他被安排参加了"奥运冠军港澳行"——国家体育总局每届奥运会后组织的例行活动。几天里，林丹签名签到"看到人多的地方就想躲"；他想去海洋公园、迪士尼，可走到哪儿都"被围观"。

但林丹没有被自己的荣耀光环眩晕，他思考的是："北京奥运中国席卷了51枚金牌，真正被人记住的又有多少？"

4年后，第一次参加"港澳行"的伦敦奥运男子花剑冠军雷声也被吓到了："媒体天天追着你，很难受，感觉不能犯错误，精神上压力好大。"几天下来，雷声觉得自己瘦了好几斤——要知道，几个月前，即使在他就读的北京大学新闻与传播学院，也没几个人认识他——尽管他几乎是这个学院里最积极的学生之一。

雷声是那种真正在过校园生活的运动员，他每天往返于西五环的训练基地和北大之间，出勤率却比一般学生还高。他会和同学们一起郊游，也会像别人一样去其他学院"蹭课"。他"蹭"过的课包括《艺术概论》、《中国古代官僚政治》，还有周其仁的《新制度经济学》。

读书让雷声有种"茅塞顿开"感，训练时遇到的瓶颈，有时在课堂上"灵光一现"就悟到了。他在欧洲和许多花剑运动员打过交道，他们也代表国家出战，平时却都是"业余选手"，练击剑的目的更多是为了读更好的大学。在花剑的老家法国，雷声发现原来击剑根本不是光靠技巧打赢对手，而是"绅士文化"："很多比赛办得像舞会，打完以后，一人一小杯红酒，大家边聊边喝"。雷声喜欢那种"真正的"击剑氛围。

11岁那年，雷声选择练习花剑，同时放弃了游泳。原因很简单：冬天游泳训练太冷了。但孙杨忍受住了，澳大利亚黄金海岸海风吹得刺骨，1.96米的小伙子孙杨最怕从水池里跳出来上洗手间，"太痛苦了"。

那些时光里，最令孙杨振奋的莫过于教练丹尼斯在水下将他的手热情一握，那意味着他的训练令丹尼斯满意。丹尼斯曾亲手调教了张琳和刘子歌，他最著名的弟子是哈克特——孙杨的偶像之一，1500米自由泳世界纪录长达10年的保持者。在2011年上海世锦赛，这个纪录被孙杨打破了。

伦敦奥运会，孙杨包揽了400米和1500米自由泳的冠军，又一次把自己曾经模仿的对象朴泰桓甩在了身后。

奥运结束，9月份天津大运会和12月海埂训练基地两次与媒体的冲突，使"耍大牌"、"爆粗口"和"萌"一起，成了与孙杨最紧密的三个关联词。孙杨想要一支自己的经纪团队，应付那些让他们母子手足无措的采访请求和负面公关，像李娜和姚明那样。但泳管中心不是网管中心，他们认为孙杨的训练和生活，还是由泳管中心自己来操办比较好。即便争取到最大的自由度，"杨之队"也只能像刘翔的"翔之队"，而不是"姚之队"。

雷声还有一年毕业，他打算继续读研，也练剑。恰好4年时间，又是里约奥运。无意中，他为自己铺好的路子，有别于过去大多数退役后经商、转做教练的奥运冠军。他曾和队友为宝马代言，那时他关注的是："制作一个广告需要哪几方合作？怎么做？"这是他在北大的专业课程。以后，他想做的事情之一是，靠自己的传播学背景，在中国推广花剑。

　　伦敦奥运会卫冕，林丹给自己放了个长假。他的确打算2016年再到里约去，但这已经不是他的梦想，他给了自己比拿金牌重要得多的任务：代表一项运动，推广和发展一项运动。他告诉记者，他现在的梦想是："在有限的时间里，多和球迷、喜欢羽毛球的青少年在一起，给他们带来更多鼓励。"——这和伦敦奥运会的宗旨不谋而合：激励一代人。

《南方周末》记者　朱晓佳

林　丹　修炼自己直到世界尽头

刘雯

[致敬词]

在时尚这个没有国界的领域，中国唯有模特这个群体，站在了世界金字塔的顶端，刘雯是这个群体的领军者——她创造了中国模特排名的最高世界纪录。她用东方人特有的气质和努力，在世界T台延展了"中国梦"。

单眼皮的"灰姑娘"

　　刘雯,1988年出生于湖南永州一个普通的家庭。上中学的时候,刘雯已经比同龄的女孩高出一大截,可在学校里,这样的高度带来的是一种莫名的自卑,刘雯逐渐养成了走路驼背的习惯。父母想让刘雯去礼仪班,改掉驼背的毛病,而梦想环游世界的刘雯在中学毕业后报考了导游专业。

　　2005年,没有一点T台经验的刘雯一举夺得了新丝路模特大赛湖南赛区的冠军,而吸引她参加比赛的仅仅是第一名的奖品——一部笔记本电脑。尽管在全国总决赛中没有获得名次,这次比赛却让刘雯从导游界一脚跨到了模特界。

　　2005年底,刘雯开始了"北漂"生活。在之后的一年多里,刘雯只是偶尔接到一些走秀和商演,更多的是自己在住处研究时尚杂志中模特的造型和姿势。

　　2006年,"灰姑娘"遇到了给她穿玻璃鞋的贵人。欧洲时尚界知名人士约瑟夫·卡尔被派到中国担任《嘉人》中国版的艺术顾问,他在一群试装的模特中一眼发现了刘雯——穿着一件白背心,一条牛仔裤,"她在镜头前会发光",卡尔这样评价刘雯。这一年,刘雯两次登上《嘉人》的封面,"新人"刘雯成了当时中国最受关注的模特之一。

2008年，在卡尔的牵线下，刘雯成为世界顶尖经纪公司玛丽莲公司的签约模特，跨进了国际T台。刘雯第一次出现在国际T台，上台那一刻，刘雯脑中一片空白。那一年，刘雯在巴黎、米兰走了27场秀。第二年，她去了纽约、伦敦、米兰、巴黎四大时装周，走了74场秀。这个单眼皮女孩在欧美时尚圈刮起了一阵风，在全球模特界权威网站MDC（Models.com）发布的"TOP50"（50大顶尖女模）中排名攀升至第44位。

2009年底，刘雯穿着一身富有科幻感的亮蓝色比基尼，以未来战士形象出现在美国知名内衣品牌"维多利亚的秘密"走秀现场，她成为"维多利亚的秘密"秀场上第一位东方面孔、中国模特，这次走秀将她推到了"国际顶级模特"行列。

2010年，刘雯几乎走遍了国际所有重要秋冬时装周的大牌秀，最忙的时候，一天赶6场，早上5点半开工，一直忙到晚上9点收工。一轮时装周过后，刘雯在"TOP50"的排名升到了第20名。

数字很快被刷新。2011年，刘雯在"TOP50"的排名发生了重大变化——从第20名跃升为第6名。2012年春夏时装周结束，刘雯的排名上升为第5名。这个中国女孩不断上演着"灰姑娘"的故事，"灰姑娘"背后的努力、吃苦也让这个外号"蚊子"的姑娘拥有了众多粉丝。她并不满足于现在的成绩，她说，就算是30岁、40岁，依然可以凭借自己的气质、凭借自己对时装的理解，继续走在伸展台上。

行走的行，很行的行

刘雯是被"中国梦"致敬的第一位时尚界人士。2012年，在全球模特界权威网站MDC发布的"TOP50"（50大顶尖女模）中，刘雯排名第5，是亚洲模特迄今为止的最高排名。

"中国梦"盛典前，2012年11月7日，刘雯出现在纽约"维多利亚的秘密"年度大秀现场，穿着黑色内衣，全身绘满彩色文身：蝴蝶、美人鱼、玫瑰……彩绘师用近6个小时才画完这些彩绘。

走秀结束，刘雯用高浓度的酒精，又花了两个小时把这些彩绘给卸掉，"褪完都有种醉酒的感觉，晕晕乎乎的。"刘雯告诉记者。

这是刘雯第四年连续参加"维多利亚的秘密"走秀。这一被视为模特界"奥运会"的秀场是衡量模特当红程度的标杆。在西方，模特做到顶级才能做内衣模特。

"以前只觉得模特穿上漂亮衣服，在镜头前拍拍照，走T台的时候转两个圈，就能赚钱了。当我真正做这个职业时，我发现真不是想象那么简单，你要看大量书籍，看很多电影，要跟很多人交流，你不仅要了解摄影师想要的是什么，还要了解编辑想要什么，所以你要付出的越来越多。"刘雯说。

刘雯不仅愿意付出，还愿意被"摔摆"："什么我都可以，你们怎么摔摆我都行。"无论中国梦大片的拍摄，还是在盛典现场和易中天负责拆装台间隙的"插科打诨"，刘雯都进行得认认真真。

拍摄完大片时，摄影师记忆犹新："唯一一位对我说'谢谢，辛苦了'的人，就是刘雯。"

失败的冠军

刘雯来自湖南永州，1988年她出生时，永州并不时尚。"那里没有时尚品店，更别提时尚杂志，我们对于中国外的世界感知，主要来自韩剧。"刘雯说，那时许多人对于"国际品牌"的概念，还仅限于"麦当劳"、"肯德基"。

中学时，刘雯已经比同龄人高出一大截，很多人问她：这姑娘怎么不当模特啊？校园里的高个女生大多有种莫名自卑，害怕与别的女生不一样，遭孤立、排挤，刘雯也不例外，这使她养成了走路驼背的习惯。父母觉得应该送她去礼仪班，"让我起码可以不驼背"。中学毕业，她就报考了导游专业。

小时候，刘雯的梦想有很多，戴红领巾，做好学生，当科学家。有个梦想最强烈：环球旅行。她选择导游专业，很大一部分原因不是为了不驼背，而是认为，"只有当导游才能免费环球旅行"。

2005年，刘雯17岁，她看到新丝路模特大赛湖南赛区永州分赛区的比赛简章，简章中获奖选手的奖励吸引了她——一等奖将获得笔记本电脑一台。

冲着奖品，刘雯报名参赛了。那场比赛，她如愿将笔记本领回了家，获得了"新丝路"永州分赛区冠军。随之而来的"新丝路"全国总决赛，刘雯却名落孙山。但她得到了新丝路模特公司的一纸合同，成了签约模特。

"我第一次认识到原来模特可以是种职业，但'成功'不可预测，没有谁能担保成功。"刘雯告诉记者。

2005年11月一个清晨，刘雯拎着两箱行李，坐上了永州开往北京的火车，开始"北漂"。

与其他模特合租的公寓里，刘雯最大的"资产"是一堆买来的过期时尚杂志，"至少超过两千本"，刘雯回忆，那时没事，她就翻看各大时尚杂志，研究模特们怎么摆姿势，做表情。

"北漂"一年多，大部分时间刘雯无事可做，只是偶尔接些服装节走秀和商演，而同屋的模特们常常是碰不上面的。她们每天有很多秀，忙得早出晚归，刘雯和她们形成了极大的反差。

模特是个体力活

4年后，当刘雯穿着一身富有科幻感的亮蓝色比基尼，以未来战士形象，第一次出现在"维多利亚的秘密"走秀现场时，她已经是"国际顶级模特"，"维多利亚的秘密"秀场上的第一位东方面孔、中国模特，工作量翻了数倍。

各大国际时装周期间，她一天赶6个场，早6点一直忙到晚9点。忙的时候，经纪公司会给她安排车接送，但车费需要自己承担，"车把我拉到秀场，化妆一般两个小时，然后开始演出，演出完后，车又拉你到另一个秀场，中间没有任何多余的时间可以闲下来吃个午饭或打个电话。每时每刻都有人在梳你的头发，洗你的头发，不管你愿不愿意，你都会被拉去用矿泉水瓶灌着洗头。"

"任何一个行业都很难一夜成名，人们往往看到成功表面的光鲜。

模特首先是个体力活，你要能吃苦。"刘雯告诉记者。

英语是许多中国模特"走出去"的一大障碍，刘雯也不例外。刚去纽约时，因为不会说英语，她非常自卑。"有一天我跟着经纪公司去试镜，面试的摄影师跟我打招呼说：How are you?（你好吗），我说：I'm good, thank you!（我很好，谢谢），说到第三句的时候，我已经完全像在梦里，听不懂他们说什么。"

后来，她告诉自己，即使丢脸也要开口说英语。她从记地名开始，买了张纽约地铁票，拿着一张地图，一个本子，一支笔，一个站一个站坐过去，认路的同时，也把每个站名的英文背下来，再试着用肢体语言，配合英语问路。

"模特跟正常上下班的白领不一样，他们可能朝九晚五见的都是同样的人，但我们每天，24小时要见到各种各样不同的人，很多人都是第一次见面，你必须跟不同的人交流。有时候我也很害怕说话，但人们会给你鼓励，你就大胆去说好了。"现在，刘雯已经可以较为流利地用英语与人对话了。

在刘雯看来，"中国梦"和"美国梦"没有什么不同："如果非要定义中国梦，那我希望在中国的时尚发布可以更多地影响世界。"

长大后的刘雯不再只做"行走四方，能去很多地方"这样的梦，她希望能成为一名设计师，"有一天让其他的模特穿上我设计的衣服走在台上，而我只是在后台假装很忙碌的样子。"

《南方周末》记者　李邑兰

刘雯与中欧国际工商学院院长朱晓明

梅葆玖

[致敬词]

梅葆玖是梅派艺术的优异传承人。梅兰芳当年成功地把京剧带入西方，使中国京剧和世界艺术比肩而立。作为梅派传人，面对男旦一度绝迹、京剧无复往昔的严峻现实，梅葆玖依旧是梅派艺术强悍而优雅的坚守者和光大者。他视野开阔，移步不换形，恪守传统又矢志创新，是传统艺术可持续发展的杰出范例。他雄心勃勃的梅兰芳双甲纪念京剧全球巡演计划，堪称梅开二度，向世界彰显中国文化力量。

交响、3D，都是京剧——梅葆玖求变

2013年12月8日晚，"纪念梅兰芳首次莅沪演出一百周年展演"在上海天蟾京剧中心逸夫舞台举行，剧场内座无虚席。白发苍苍的戏迷带着年幼的孙辈，眉飞色舞地坐在观众席间，还有好几张西方面孔，买了距离舞台最近的位置，煞有介事地打起板来。

梅葆玖穿着一身笔挺西装，带着几个徒弟，压轴登场，清唱了父亲梅兰芳的传世之作《贵妃醉酒》片段，5分钟——台下观众大多就是冲着这5分钟而来。唱至高潮，观众席中有人跟着和起来，京剧现场俨然像开起流行歌曲演唱会。

演出结束，那群白发苍苍的戏迷像年轻的追星族一般，身轻如燕，三步两步就爬上了高高的舞台，嘴里喊着"梅先生"，追到台前想和梅葆玖合影。

梅葆玖献演的天蟾舞台是梅兰芳1916年第三次到上海演出的地方。它是当时上海最大的京剧场子，楼上、楼下可容纳3000多名观众，梅兰芳在那里连演了45天，十分叫座，仅《嫦娥奔月》就"奔"了7次，《黛玉葬花》也"葬"了5次。1917年，梅兰芳从谭鑫培手中接下"伶界大王"的名号，随后在观众投票评选中名列"四大名旦"之首。他不断创新，改良求变，最终将古老的京剧推至巅峰，走向了世界。

梅葆玖是梅兰芳九子中最小的一个，也只有他一人继承了梅派京剧，"父亲看我长得像他，耳朵、眼睛都像，而且有嗓子，有条件学习，就给我拍了定妆照"。他10岁学艺，13岁登台演出《四郎探母》、《玉堂春》等剧。近70年的舞台生涯，他只做了一件事：唱戏。

"京剧艺术在我父亲那一代辉煌，我们这一代怎么把它继承，继承之后，要根据今天的时代，再把它辉煌。"79岁的梅葆玖微笑着告诉记者。

艺术不变不行

梅兰芳成名的时代，京剧在世界都属于前卫艺术。

"那个年代，全世界只有京剧是把讲话、唱、舞蹈综合的一个剧种。芭蕾没有唱，就是跳；话剧就是讲话，没有唱，也没有舞蹈；百老汇当时也只有歌剧，京剧本身的艺术形式在当时世界上是没有的。"中国梅兰芳文化艺术研究会副会长吴迎告诉记者。吴迎家与梅家是世交，陈凯歌拍摄电影《梅兰芳》时，他被梅葆玖委派为电影总策划。1929年，梅兰芳访美，在百老汇演出京剧长达半年，演出的票价原本为5美元，后来被炒到了18美元，正是这种"前所未有的表演"引起了美国人的极大兴趣。

京剧是古老的剧种，但它并没有抱残守缺，而是改良求变保持活力。1904年，京剧名伶汪笑侬就根据波兰亡国、惨遭外国瓜分的故事编写了一出京剧《瓜种兰因》（又名《波兰亡国惨》）。时事新戏《新茶花》，则吸收了法国元素，由小仲马著作《茶花女》改编而成。

"求变"在梅兰芳身上得到了集中体现。吴迎介绍，在美国半年期间，梅兰芳常常去电影院看电影，仅卓别林的《大独裁者》就看了7遍。"一个中国男人那个时候出去都很危险，要把帽子压得很低。他为什么要看7遍？是因为他觉得卓别林是有真功夫的，他在研究卓别林的东西，有多少东西京剧里面是可以借鉴的。"吴迎说，"他对别的门类的艺术有兴趣，是因为他想把别的门类的艺术用在京剧上。""梅兰芳的艺术、梅派艺术最大的特点就是没有特点，他是平和的，讲究的是孔孟的中庸之道。他出场以后，可以静止地待上十几秒，让观众从各个角度看他好看不好看。他所有的动作、唱、白口念，都是一种中正平和的艺术特质。而卓别林的表演则非常有特点，几乎每一个动作都是非常夸张，这两种艺术是完全对立的，那就很有意思。"吴迎告诉记者。

梅兰芳创编古装新戏《西施》时，首次在京剧伴奏乐器中增加了一把二胡，这个改动被沿用至今。《贵妃醉酒》则是梅兰芳最为知名的改良。《贵妃醉酒》是一出老戏，很多名角都演过。这出戏以前比较色情，讲述的是杨贵妃等待唐明皇，唐明皇失约，贵妃醉酒后思春。传统表演中，杨玉环眉眼斜视，表情放荡，拉裴力士同衾共枕，拉高力士共入罗帏。这时高力士有段念白："娘娘，您叫奴才去，那哪行？奴才是'破表失针'办不到。"这句话是很下流的，那时戏园子里都是男人，一演到这里是满场淫笑。戏往下演，杨玉环刮高力士的耳光，抱住他的头用力拉，把帽子拉下来，杨玉环就拿着帽子戏耍，酒劲上来，吐了一帽子。传统表演中，杨玉环的表情和身段都是很轻狂的。

梅兰芳一度也是照着老本演，抗战胜利后，他再次访美归来，开始对《贵妃醉酒》进行删改。比如，他认为杨玉环淫荡的表情和凄凉的宫廷生活不契合，就改成了朦胧的醉眼，再去掉所有的黄色台词和做派表演。杨贵妃不再拉裴力士共入罗帐，而是比划着要和他再喝几杯，裴力士表示担当不起，杨玉环口里念"呀呀啐"，扇了他一个耳光，道："不合娘娘意，不合娘娘心，我便把本奏当今，把你赶出宫门。"京剧讲究写意，杨贵妃的醉态是一种想象的场景，梅兰芳为此专门设计了扇舞，杨贵妃在玉石桥上看鲤鱼、看鸳鸯，都是虚拟的，完全靠移步换景来进行表现。

梅葆玖少年时，梅兰芳从国外访问归来，总会带回大量的西洋音乐唱片。他会要求子女们听，自己也不时自言自语："你听，她这音有多准。"梅兰芳对西洋音乐的喜爱影响了梅葆玖。吴迎回忆，"文革"后期，有一次伦敦爱乐乐团来北京演出，梅葆玖早早就去排队买票。他的小学同学王志刚告诉吴迎，王小时候去梅家大院叫睡在四楼的梅葆玖，梅葆玖会精确计算好从四楼扶梯下来到大门口的时间，这个时间正好是自动唱机上唱片放完的时间，这点时间都不肯放弃。

1949年12月29日，梅葆玖15岁那年，他第一次和父亲梅兰芳同台，演出了昆曲《游园惊梦》，他演春香，梅兰芳演杜丽娘。"因为是第一次和父亲一起唱，成了全家的大事，学校已经放寒假，许多同学都要来看戏。"梅葆玖回忆。

第一天演下来，算是勉强过关。开始排戏时，梅兰芳就有点着急了。梅兰芳曾回忆："我从去年（即父子同演时）起唱'游园'，身段上有了部分的变化。这不是我自动要改的，完全是为了我的儿子葆玖陪我唱的缘故。他的'游园'是朱传茗给他排的，在花园里唱的两支曲子的身段和步位，跟我不很相同。当时有人主张我替葆玖改身段，要改成我的样子，跟着我的路子走。我认为不能这样做，葆玖在台上的经验太差，而且这出'游园'又是他第一次表演昆曲……那准要出错的。这样就只有我来迁就他了。"

本是为迁就儿子梅葆玖而演，倒促使梅兰芳将昆曲表演元素加入到京剧表演之中。"昆曲的身段，都是配合着唱的，边唱边做，仿佛在替唱词加注解……我又何尝不可以加以采用呢？我对演技方面，向来不分派别，不立门户。只要合乎剧情做来好看，北派我要学，南派我也吸收。"梅兰芳在回忆录中写道。

父亲改良求变、兼收并蓄的风格影响了梅葆玖。在《大唐贵妃》中，梅葆玖把交响乐加入到了京剧中。"《大唐贵妃》就是交响京剧。现在我们还不能讲这个做法是不是对的，可是我们要试，艺术的东西不经过试是绝对不行的。"吴迎说。

在另一出京剧《梅兰霓裳》中，梅葆玖更是加入了一块48英寸的LED屏，"用动漫的形式、3D的原理，把京剧所有表现非常复杂的场景，用三维虚拟景象重现了。"这在梅兰芳时代是做不到的。吴迎介绍，《梅兰霓裳》在国家大剧院首演时，惊动了中央领导，"怎么现在这么大胆能够做这样的事情？本来一个场景是一个长生殿，突然之间出现一个深度为两百米的长生殿，非常辉煌、这些全部是用技术做出来的，是从美国进口的，这就把外来的文化、科技跟最传统的京剧结合在了一起。"

在梅葆玖看来，无论怎么创新，梅兰芳都讲究"移步不换形"，也就是京剧的"魂"不能丢。比如，京剧讲究"写意"，无需舞台背景，就凭各种表演动作、程式身段和唱念组合，就会让观众产生如临其境的感受。德国戏剧大师布莱希特曾为此感慨，"我多年来朦胧追求而尚未到达的，梅博士却已经发展到极高的艺术境界"。

对话梅葆玖

《南方周末》（以下简称问）：您从《三娘教子》开始学习梅派，从13岁就开始登台演出，至今仍然活跃在京剧舞台，持续近70年的舞台表演，是什么让您始终保持对京剧的"新鲜感"？

梅葆玖（以下简称答）：这个持续是必然的。京剧已经有了两百多年的历史。两百多年前徽班进京，就在那个时候正式出现了京剧，接着是给慈禧太后演戏的那个年代。每一代的艺术家都是在不同的时代、不同的环境、大的社会文化变迁中跟着时代发展的。

问：在京剧表演艺术方面，您的父亲梅兰芳和您薪火相传。从梅兰芳到梅葆玖，您对梅派的继承和创新主要是什么？您做的哪些事是今天的时代才能做到而梅兰芳时代不可能做到的？

答：京剧最讲究写意，这个不能变。我父亲的《打渔杀家》，舞台上什么背景也没有，就凭剧中父女手中的橹和桨的表演动作，各种程式身段和唱念的组合，让观众感到一个打鱼小舟正漂浮在江水中。

我父亲生活的那个年代算是民国年代。他1894年出生，那时还是清末。从小时候就学戏了，到了民国就成名了，获得了大家的赞许，梅派艺术就成型了。他排了那么多戏，那么成功，就说明他的理念、发展方向不是固有不变的。他是根据固有的基础，在不同的时代，根据客观的要求，根据国内外观众对艺术的认同，自己再逐步提高。今天这个时代当然就更要发展了，应该说我们可以做得更好。

问：你的"中国梦"是什么？

答：因为我本身是从事京剧的，继承我父亲梅兰芳表演艺术，所以我的"中国梦"就是从文化视角来说，希望大家都弘扬我们的民族艺术，尤其是京剧艺术，让梅派风格的戏剧得以流传，希望这方方面面的工作都能够把它做好。

　我觉得我们的京剧艺术，不但要在国内发展，还要走向世界。2014年，我们准备把梅兰芳艺术带到日本、美国、俄罗斯去演出，因为我父亲当年都去过，所以再要带梅兰芳剧团重走一下世界。

《南方周末》记者　李邑兰

梅葆玖　交响都、3D，都是京剧——梅葆玖求变

2013 中国
魅
践行者

郭敬明

[致敬词]

生长于西南小城，发达于超级大都会，作为中国最普通的"民二代"，郭敬明把握了大时代中的小机遇，凭借他的机敏、才具、勤奋，创造了属于自己的小时代。他是作家、出版人、导演、商人。他备受争议，又无可置疑地产生了巨大影响力，成为耀眼并年轻的"富一代"。

我找不到哪个人可以参照

"很长一段时间，我一直以为'南方系'心中的少年英雄是另外一位，而我正好是他的反面，但没想到是我。今天把这个奖颁给我，我觉得很有趣。"

这是郭敬明准备的被致敬感言，因为时间关系被取消，很快，他找到了陈述的时机。对话嘉宾问他："刚才说到下一个'中国梦'践行者是郭敬明，大家有点骚动，你怎么看？"

郭敬明没料到，他的回答引来了全场会心大笑。

"我其实就是想闹一下，"郭敬明事后对记者笑说，"我不太在意别人的想法，如果我在意，肯定没有现在这么多争议，我一定乖，我演也演给你看，就会是很正面积极向上的好少年。我觉得我很真实，我也不怕表现出真实。"

因为郭敬明出其不意的真实，一些人当场转变了对他的态度，"由黑转粉"，"再也恨不起来了"。另一部分人还是不买账，抗议"他凭什么"。

这种处境郭敬明习以为常——一边是泛滥的喜爱和崇拜，另一边是排山倒海的批评、抵制，乃至羞辱。"这些对我都没有什么作用。你羞辱我、打击我，我也不会理你；如果我真的做得不好、不对，你拼命鼓励我，也对我不产生任何作用。因为我太知道自己要什么了。"

2013年12月10日，郭敬明的《小时代3》在罗马开拍。为了来领奖，郭敬明提前两天结束拍摄，从俄罗斯中转，当天赶到北京，时差没倒过来，还一路发烧咳嗽不止。

和其他几位"践行者"拍摄合照时，郭敬明主动向身边的曲格平介绍自己——83岁的曲格平不认识他。开拍前，只有郭敬明老到地预先询问摄影师："是需要活泼的，还是正式的？"他的个人大片原本计划拍摄20分钟，结果10分钟就得以收工。

不是拍一部电影，整个民族就崛起了

《南方周末》（以下简称问）：外界有诸多对电影《小时代》的批评，比如炫富、对上流社会的臆想、肤浅等等。

郭敬明（以下简称答）：其实很多年轻观众看完，只是觉得画面很漂亮，也没觉得在炫富。我只是想呈现一个时尚的都市片。至于呈现上流社会的生活，这不是《小时代》的主题，只是其中某一个环节会触及到。

问：但你曾经承认《小时代》肤浅。

答：蛮肤浅的。

问：你觉得为什么观众会需要看一个肤浅的电影？

答：如果你想看深刻的就去看《1942》，你想看肤浅的就看《小时代》，每个人有每个人的品位。有些人喜欢看欧洲的艺术片，有些人喜欢看好莱坞的《复仇者联盟》、《雷神》这种商业爆米花电影，并不是说看商业爆米花电影就不好，这只是审美问题。社会需要各种各样不同类型的电影，如果每一部电影都是悲悯人心，充满沉重的灾难，电影的类型会越做越窄。

我并不是极端地说，从一开始就要做一个肤浅的东西。而是这个题材本来就不适合承载太深刻的诉求。它的主题就是反映一群年轻人的成长。一个20岁的人和一个60岁的人，谁比较肤浅，这个问题一眼就能看出来。我其他题材的小说，比如《悲伤逆流成河》，就是写出生在弄堂市井家庭普通学生的生活。如果拍那样的故事，天天让他们穿名牌，那就是我的问题。

问：但是你没有选择拍《悲伤逆流成河》，而是选择拍《小时代》。

答：我很想拍，但是可能题材过不了。因为那个内容是高中生堕胎，所以不知道审核是否能通过。

问：《小时代》的故事是你对这个时代的理解吗？

答：应该是我对青春的一种想象，记录加想象加梦幻化。比如说女孩子之间的友谊，跟男朋友之间的吵闹，这种腻腻歪歪的东西。小说里还有更多细节，对当下发生的新闻、娱乐的调侃等，都是很纪实的部分。但是又有超出现实层面的东西，比如没有大学宿舍会是那样，哪怕顶级的私人大学都达不到那么好，你也不可能每天穿着大礼服在街上跑。这是满足女生梦幻的层面，因为人们都希望在电影里体验到一种平常体验不到的人生。

中国电影市场还没完善或成熟到北美那样的工业体系，一提到电影，还是本能就觉得那就是意识形态的东西，必须高大，必须高屋建瓴，必须直抵人心深处。实际上，在成熟的电影市场里，电影就是人们打发茶余饭后生活的。没有人真的走进电影院后整个人生观都被颠覆、改变的。如果电影真有这样的力量，那么，只要拍一部电影，整个民族就崛起了，就不需要天天呼吁了。

一些“富二代”并不像大家想象的肤浅

问：你说《小时代》里有普通女孩，也有“富二代”。“富二代”在你心目中是什么形象？

答：分很多种。我身边也有一些朋友，家里的事业做得很大，爸爸妈妈也是政要或者官员，但是他们并没有像大家想象的很肤浅，或者不思进取。他们语言能力很好，英文法文都会，阅历见识、专业水准、学历，没有一样输给他人的。当然，“富二代”、“官二代”里肯定也有不思进取、每天玩名牌、挥霍父母钱的。只是在微博这样的信息传播工具中，好的那一面大家不爱传播，负能量传播得特别快罢了。所以我一些朋友挺郁闷的，有时就不说自己的父母是谁。也不是说出身贫穷的小孩就一定很有志向，也有很多贫穷人家的小孩肤浅而且不思进取。

问：如果我们说你是"富一代"，那么在你看来，"富二代"跟"富一代"有什么差别？

答："富一代"更懂改变的过程。"富二代"虽然可以去假想，但对"富一代"经历过的问题就不会有切身体会：在没有任何资源时，要怎么去努力，怎么去成功。当然他们也有很厉害的地方，比如说人生起点就比很多人要高，视野、思维各方面都会很国际化、很前沿。待人处世、修养、家教各方面也会很好。每个人有不同的优势，就看你怎么去用它。

问：你想获得哪种优势？

答：没有想要的。除了顶级的"富二代"、"官二代"，正常有钱人家的小孩跟我没有太大区别，如果就现在的生活而言，可能我还更好一些。

问：你经常会在小说里讲，人在宇宙里面很微小，处于很绝望的状态。这是你想象的绝望，还是你真实经历过？

答：不至于有具体的事。但是越接触这个社会，在中国大时代的背景下，特别是我这样，不是"官二代"，又不是"富二代"的人，很多时候会有无力感或者渺小感。很多事情并不是你想努力或者想做就能做得到的，这种沮丧的时候很多。但我的性格还算比较积极，一般都会去克服困难，或者说，在有限的条件下做到最好。现在，我已经锻炼到不太在乎了，也不太会有激烈的表达，顶多自己不开心，在家里闷一晚上，或者看书。尽量让负面情绪快点过去，否则一定是久病成医。

问：你会向谁求助吗？

答：其实这就是对我来说很困扰的地方。如果我是一个娱乐明星，我可能想说，前辈娱乐明星，遇到这个事情是怎么处理的，是怎么说话与人打交道的。如果我是一个传统的作家，我可能会想，莫言是怎么做的，余华是怎么做的。有一个参照的人，我也那样去做就好了。可我是一个混合了很多很奇怪状态的人，我不太容易找到哪个人是可以去参照的。往往我遇到的情况很复杂，或者我处的位置特别微妙。我爸妈是最普通的普通人，身边的伙伴是我的同龄人，他们懂的东西，我差不多都懂，我解决不了的事情，向他们求助也没用。所以，基本无处求助。而解决问题的关键，是内心层面的东西，还是要自己努力走出去。

我非常清楚大众的审美是什么

问：有大学教授说，他不会尊重一个生活完全变成消费符号的人，就是在商业上很成功，但是他也不可能赢得自己的尊敬。

答：无所谓，我也不需要什么人尊敬我。如果真的仅以文学的深刻度、技巧来论好坏，中国有很多人比我好，但是他们的销量没我好。但是话说回来，我也不是奔着诺贝尔文学奖或者茅盾文学奖去的。做商人是我的乐趣，做导演也是我的乐趣。

我也没有把自己定位为文学巨匠。比如说金庸、琼瑶、古龙、卫斯理、J·K·罗琳、斯蒂芬·金，都是文学史上的符号，但是你不能因为说他们的创作不是严肃文学，就没有价值。我今天也可能是某种意义上的、大众的文学，但是大众文学也有它的价值，只是它不在学术范畴，或者不在严肃文学的范畴。第一，我不擅长。第二，我也不爱。我喜欢写我现在写的这种类型的小说，也有读者喜欢这种类型的小说。那我错在哪里呢？我继续写就行了。我觉得别人也是拿这个头痛，他们不知道该把郭敬明分到哪一类。

问：你的兴趣之一是做商人？

答：我倒不是说彻底地做商人，其实还是做文化，当你能够以文化为生意的时候，你可以做得越来越好，或者带来更多新鲜的气象，这个是我的（兴趣）。卖马桶也是商人，我才不爱去卖马桶，或者炒股票的也是商人，我就不爱去炒股票。

问：你对知识阶层和文学界的看法在乎吗？你会在乎哪些人对你的评价？

答：我觉得你不喜欢我的小说，你不看就行了。也有很多小说我不喜欢，我不看就行了。我要在乎，也不是今天这个样子了。

问：你说过，假如郭敬明不做导演，不做经营，不做杂志，不做艺

中国梦——38个践行者的故事

人，而是以百分之百的精力来写书，局面会不一样。那为什么你选择了经营，而不是继续用百分之百的精力去写书？

答：因为现在是我想要的，百分之百写书不是我想要的。如果我百分之百写书，我的人生太单调了。打个比方，有一件你特别喜欢的衣服，特别好看，但是让你每天都穿它，你也会不舒服的，你还是愿意多穿几套。这是我的性格。当然这也是我的弱点。我是双子座，弱点就是太肤浅。也不是肤浅，是我掌握一门东西很快，但是厌倦一门东西也很快。

问：你自己觉得这是一个问题吗？

答：我也不知道该说它是优点还是缺点，好像你每一样都行，但是你每一样都玩不到最好。我写书也写不到最好，拍电影也拍不到最好，做商人也做不到最好，做艺人也做不到最好，但是我又很全，在"全"这个方面你也打不赢我。

其实这就是一个性价比。比如说我写一本书加拍一部电影，同样的精力可以写两本书，或者拍两部电影，我就会选择写一本书，再加拍一部电影。另一种情况是：写一本书，这本书特别好，或者拍一部电影，特别精益求精，99分的电影或者99分的书。但是以我的性格，会去选择一本85分的书，加一部85分的电影。我追求的是85+85=170，而不是单个99。

问：你的团队和你自己有没有分析过：郭敬明为什么有这么多粉丝，为粉丝创造了什么？

答：蜻蜓点水地想一下，不会深琢磨。我有一个优点，就是我的审美很准，不能说好，因为审美没有好坏差别。审美准的意思是说，我非常清楚大众的审美是什么，然后我会给他比这个审美再高半格的东西。你给他一样高的东西，他会觉得你太平庸，太普通。你也不能给他高一整格的东西，高一格他接不到，他不觉得那个东西美，所以你要在中间找一个非常准的位置。不管我写小说，还是拍电影，还是做别的什么，我都很清楚，大众其实想要的是这样的东西，然后大概比他高半格的东西——那正好就是我的审美，我也会认为那个东西很好，我就能给他。

《南方周末》记者　李晓婷

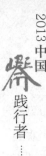
恒大足球俱乐部 [致敬词]

从中甲球队到亚洲冠军，恒大足球俱乐部让中国足球变成足球，从笑话变成神话。恒大的硬道理不只是赢球，它尊重专业，尊重市场，学习并恪守足球规律。在成立之初，恒大是中国足球旧规则的"破坏者"，现在，它是中国足球新规则的制定者。恒大足球来自中外的教练、球员和管理者，一起为中国足球赢得了亟需的尊严，他们共同诠释了中国梦和世界梦息息相通。

"大佬"

边后卫，中后卫，后腰，前腰，前锋，边锋……

7000多平米的绿茵场，11个角色，比分最后却只有一个。郑智踢过守门员以外的所有位置，每一个位置都在国内出类拔萃。1998年开始踢乙级联赛，2013年获得中国俱乐部第一个亚冠冠军。15年了，郑智一直在跑。顶着球星、天才、恶人、球霸、大佬的帽子跑，在球迷的崇拜与咒骂中跑。

他一路跑过2000年前那段中国职业足球的第一段繁荣，跑过2001年中甲联赛的停摆，跑过2003年甲A末年的足球黑幕，跑过国奥、国家队的一次次失败，跑过英伦，跑到恒大。郑智就这么跑着，30多岁的他场均奔跑距离接近13000米，这一数字甚至比国内大部分年轻球员还要高。

英国球迷在夸奖阿森纳勤奋的天才拉姆塞时说，"他跑啊跑啊跑，只是为了追上那个被期许的自己。"但郑智不是，他在球场上跑啊跑啊跑，只是想从球迷对国足的抱怨里逃离。

2013年11月9日，"大佬"郑智和他的俱乐部队友跑到了亚洲足球的顶峰。国家电视台在转播庆典时，镜头是由漫天飞舞的庆祝金箔中切入郑智消瘦的颧骨的。每一个球迷都感受到了他夺得亚冠冠军的欢乐。

但10天之后，"大佬"郑智再次跑进了球迷的习惯性不满里。亚洲杯预选赛一场事关出线的比赛，最终以0:0收场，国足也不得不再次走到过去20多年一再要面对的打平即可出线的局面。

"赶紧吧，咱们长话短说。"2013年11月20日凌晨零点40分，中国国家男子足球队、广州恒大足球队队长郑智对记者说。在此前的5个小时里，郑智踢完了一场国际比赛，参加了赛后新闻发布会，刚刚参加完国家队近两个小时的赛后会议。而5个多小时后的行程是飞回广州清远基地，准备周末同北京国安的足协杯比赛。

智 哥

"我不是"大佬"，我不认可这个称呼，我们这些人只是给年轻球员起一个表率作用。"斜靠在沙发上，郑智开始回溯他这10多天的经历。脸上的表情以及言辞间的语气，能够感觉到国家队队长对"大佬"称呼的回绝，不是因为谦虚。

但他就是大佬。

19日的比赛前，沙特队主教练接受采访时，单单提到，"郑智是这支中国队中最出色的球员。"比赛尽管打平了，但作为队长，郑智的表现却赢得了一致的赞许。央视解说员徐阳在解说时说："现在这支中国队，郑智就是中场核心，就是领袖。"

在中国职业足坛沉浮15年后，郑智终于以其表现成为当今中国足坛无可争议的"大佬"。

大佬是在球场上。

郑智告诉记者，在11月9日的亚冠决赛上，埃尔克森进球后，首尔FC队迅速扳平比分，场面有些混乱，队友有些慌。"平复心情！"队长大喊。而在11月19日亚洲杯预选赛的比赛结束后，大佬第一时间去安慰沮丧的小弟张琳 。

大佬是在球场外。

19日的赛前新闻发布会上，有记者再次抛出国家队主教练人选的问题。郑智一脸正色，滴水不漏地回答记者的问题，维护球队的稳定。而在20日凌晨一点，在踢完比赛，开完几个马拉松式的会议，再接受完采访之后，郑智仍然不能休息，他被傅博叫走单独谈话。

郑智也曾是场上屡屡染红的"恶人"，《MAXIM》杂志还曾将他评为世界足坛十二大恶人之一。但如今当绿茵场上再起纠纷，大佬一路狂奔而去不再是殴打对方或怒追裁判，而是第一时间拉开己方球员。

与郑智相熟的记者们都称他做"智哥"，体育媒体圈对他现在的总体评价是："性格不算张扬，人比较谦和。"

在深夜会面被打断后，郑智一再说"不好意思"，并约好早上赶往机场路上再次接受采访。早上7点，没有寒暄，"你接着问吧"。

成熟的大佬都沉于江湖，不事张扬，他们通过言行教育小辈。"我从彭伟国、范志毅这些前辈身上学到很多，现在面对小队员不敢说教导，只能说努力成为榜样。"

除了杜伊科维奇，几乎每一任主教练都表达了对郑智的喜爱。朱广沪告诉记者，虽然已经六七年没有执教过郑智，但直到现在郑智还会经常与他探讨足球问题，"非常谦虚、好学"。

而在谈及自己如何一路从波澜起伏的中国足坛走过来时，郑智也只是简单的一句："做一名球员该做的"。

现在，至少在俱乐部成绩的层面上，大佬郑智终于修得正果了。亚冠夺冠，媒体赞誉恒大俱乐部"圆了中国足球的一个梦"。

赛后更衣时，曾许诺不夺冠不刮胡子的郑智用队友帮忙准备的刮胡刀剃去了胡子。当他再次出现在球场时，已是在恒大的游行花车上。这位以队长身份夺得了亚洲俱乐部所有荣誉的足坛新晋大佬站在花车中间，手扶奖杯，微笑着扫视自己闯过的江湖。

出于污泥

从1998年到2005年，是郑智职业生涯的第一次修炼。他个人先后遭遇合同官司、俱乐部欠薪；而中国足球则爆发后来震惊公众的赌球黑幕。

1999年5月4日，郑智进入英国人霍顿任主教练的中国国奥队集训名单。这也是当时年仅19岁的郑智第一次引起各界的关注。

当时最困扰郑智的并非是如何在国家队崭露头角，而是如何才能踢上球。1998年，郑智所在的辽宁青年队改组为辽宁创业队，但由于球队产权纠纷问题，郑智和队友几乎无法出场比赛。

由于被时任辽宁队主帅的王洪礼赏识，在创业队踢不上球的郑智得以随辽宁队训练，但仍无法比赛。当时辽宁队的主场位于抚顺，每到周五球队便会集体乘大巴车赶往球场。年轻的郑智只能一个人留下看着大巴车远去，"有时去踢野球有时去网吧打打游戏"。

"那时我一直对自己充满信心。"在回忆起最艰苦的岁月时郑智说。

2000年12月，甲级队摘牌会上，此前已有一年多未参加比赛的郑智被深圳平安主教练朱广沪第一轮摘走。"还是霍顿的助教时我就一直看好郑智。"朱广沪对记者说。而对于郑智来说，此时前路尚且一片模糊。

刚加盟深圳队时郑智的状态并不出色，到深圳队的第二个赛季郑智开始逐渐进入状态，在球队取得6个进球的4轮比赛中，郑智贡献了1个进球，5个助攻。但当时深圳队的核心还是彭伟国和李玮峰，年龄小彭伟国近10岁的郑智还只是跟在大佬身后的小弟。

2002年，郑智取代彭伟国正式穿上了代表中场核心的10号球衣。虽然后来对于告别主力阵容提前退役多有怨言，但回忆起郑智时彭伟国总是充满欣赏，"如果要找一个接班人那无疑就是郑智。"也正是在这一年，郑智开始跨入国内一流球员行列，当年他入选甲A最佳阵容，并被选为中国足球先生。当年22岁的郑智也是获此荣誉最年轻的球员。

2001年的"十强赛"和2002年的世界杯郑智均未能入选国家队大名单，而排在他前面的是一连串声名显赫的前辈：郝海东、范志毅、张恩华、孙继海……2002年也是中国足球近10余年来短暂的黄金时期，当年在米卢以及抽签好运的帮助下中国男足顺利冲入世界杯，虽然最终在世界杯赛场上未进一球未取一分，但国内的足球热情却也同样水涨船高。

朝令夕改的中国足球政策却如一盆冷水般浇熄了球迷的热情。为给国足世界杯"让路"，中国足协采取了"休克疗法"，取消了联赛升降级，直接导致了球市一片惨淡。据中国足协统计，2002年甲A联赛观众第一阶段（1到6轮）平均每场22200万人，而第二阶段则锐减至13400万人，到第三阶段仅为12700万人。

与中国足球衰落相对的是郑智的日渐成熟。2003年后郑智的表现也引起欧洲俱乐部的关注，相继有多特蒙德、柏林赫塔等球队发出试训邀请，豪门拜仁慕尼黑也曾在这段时间与郑智接触。2004年国际足联历史和数据委员会公布的一份全球射手榜上，郑智与瑞典的伊布拉希莫维奇并列第18位。

水平的提升也使得郑智慢慢愿意担负责任。2004年由于队长李玮峰受伤，国足主教练阿里·汉将队长袖标交给了郑智。在赛后接受采访时，郑智称谁当队长都无所谓，只要球队赢球就好。从那以后，郑智、李玮峰对于国家队队长的争夺也成为二人争论的焦点。

好友许绍连认为郑智有着勇于承担责任的一面。"主教练认为我有这个能力，我就不会退让。"当时郑智对许绍连说。

2004年，在长时间欠薪的情况下，郑智所在的深圳队获得了职业生涯第一个联赛冠军同时也是甲A改制为中超后的中超元年冠军。当时深圳队的主教练朱广沪回忆说："郑智、李玮峰那批球员没有抱怨欠薪，仍然夺得冠军，现在回头看过去那段时间真是不容易。"

在2004年深圳队最多一次持续拖欠球员8个月工资，遭到中国足协降级警告，到最后，欠薪总额高达3000万元。而这之后的10年间，深圳队也不断被欠薪所纠缠，甚至一度让人怀疑民营资本是否"玩得转"足球。

对于中国足球，那是段黑暗的时期。2004年，中国国奥、国足相继冲击奥运会、世界杯失败。在被淘汰出局的对阵香港队的比赛后，由于射失点球郑智痛哭失声，连说"对不起所有的队友，对不起全国球迷"。

而当2013年足坛反赌扫黑风暴卷起，人们再次发现当年为之震惊的也许只是黑暗一角。2013年2月，由于涉及假球，中国足协宣布剥夺上海申花、四川冠城、天津泰达、陕西国力4支球队2003年甲A联赛的全部奖项，其中上海申花为当季联赛冠军。

伴随着中国足球的丑闻与坠落，中超足球先生郑智不断刷新着个人的成就。2005年1月，郑智以近千万中超标王的身价转会山东鲁能，告别了职业生涯的起点深圳队。

"第一人"

或许是不太适应，初到鲁能的郑智未能迅速绽放光芒。加盟后不到半年，郑智便因韧带撕裂缺席多场比赛。

复出后郑智便开始了自己当年的"恶人"之旅，先是因在亚冠赛场上辱骂裁判并吐口水而被禁赛6个月，在随后山东鲁能对郑智做出处罚的新闻发布会上，郑智还公开宣读了对全国球迷的公开致歉信。郑智在信中表示，这次处罚不仅是职业生涯的一次挫折，也是我人生经历中的一次考验。

一个月后，在中超赛场上郑智又因裁判未与其握手而狂奔向裁判。事后，俱乐部常务副总韩公政解释，当时郑智只是想问问裁判为什么不与其握手。但在当时的球迷心中，郑智已是"恶名昭彰"了。

"那段时间可能是很多事情不顺利，而且也还不成熟，有时会有不理智的行为。"郑智对记者说。

2006年，在鲁能第二个赛季的郑智判若两人，当季他进球21个仅次于队友李金羽。"他的潜能被彻底激发了。"朱广沪说。2006年的鲁能在郑智的带领下创造了包括单赛季最高积分纪录、进球纪录、连胜纪录等一系列中国足球顶级联赛纪录，而这些纪录直到日后广州恒大的出现才被一一打破。

2006年，郑智在继2002年后第二次当选中国足球先生。在随后的多哈亚运会上，郑智又以超龄球员身份帮助国奥队参赛并被当作绝对核心。"中国足球第一人"的光环开始取代"恶人"之名，渐渐笼罩在26岁的郑智头顶。

而这段时间的中国足球仿佛是一潭死水，丝毫不见起色。2006年算上亚洲杯预选赛中国队一共只进行了10场国际赛事，当年负责国家队经营活动的盈方公司在安排比赛时更多考虑的是商业价值，而非球队需要。于是便出现了数次国家队集训后没有热身赛可踢的场面。

2005、2006年冷清的职业联赛让人唯一能记起的或许更多只是赛场外的血腥丑闻。深圳球员陆博飞、大连实德球员权磊、青岛球员马永康都在赛场外因各种原因被砍致重伤，赛场内的还有沈阳金德外援班古拉被踢爆眼球。

在国内赛场已功成名就的郑智这时走上了留洋之路，以租借形式加盟英超查尔顿队，远离泥淖般的国内足坛。

一边是火焰，一边还是海水

加盟查尔顿后的第一场比赛，郑智便以一粒进球一个助攻征服了查尔顿球迷，下半场只要他拿球全场便会响起30000万球迷"ZZ"的齐声高呼。租借期间，郑智迅速成为了查尔顿所在山谷球场的明星，主教练帕杜更是难掩对他的喜爱，"郑智是我们队中的核心"。

在仅5个月的租约结束后，郑智重新回到了山东鲁能。但已经降入英冠联赛的查尔顿无法割舍对郑智的喜爱，自郑智回到山东后，查尔顿便开始谋求郑智永久转会的努力，最终以200万英镑创中国球员转会纪录的身价前往查尔顿。

在英冠的第一个赛季，郑智出场42次，打入7球，因为出色的表现，郑智还接到了英国首相布朗共进下午茶的邀请。法新社在其郑智长篇专稿中称他为"欧洲足球场上的中国第一人"，并对其适应能力与脚下技术大加赞赏。

郑智在英国大放异彩时也正是中国足球留洋潮最如火如荼的时期，与郑智一同效力欧洲俱乐部的还有董方卓、孙继海、孙祥、邵佳一等人。

2007年的一场对阵缅甸队的比赛中，中国足协向曼联、曼城、查尔顿、科特布斯等几家欧洲俱乐部发出了招兵函——现在看来，这几乎是国家队最"梦幻"的时期。但足协的业余也在此事中可见一斑。这5人所在的俱乐部都因并非国际足联比赛拒绝了中国足协的要求。

看到如今留洋球员的惨淡稀少，郑智也不免感到遗憾，"虽然是多

中国梦——38个践行者的故事

种原因造成的，但还是希望年轻球员能出去就尽量出去。"

个人职业生涯成功的喜悦总会被国家队的低迷所掩盖。一边是海水，一边是火焰，这是郑智这一代球员共同的宿命。一批留洋球员在欧洲开疆拓土的这几年，中国国足没有丝毫改善。2008年国足先是世界杯预选赛两连败被淘汰，随后北京奥运会，三场小组赛后国奥队黯然离场，留下如潮的骂声，其中最多的指责都集中在了场上核心郑智的身上。

面对指责，郑智说："球迷的骂声是对的，我觉得球迷是很可爱的人。"他同样为自己的国家队生涯感到遗憾，"我错过了两次世界杯，职业生涯恐怕再没有机会了。"

大佬的"晚年"

2009年底，当郑智刚刚开始在凯尔特人证明自己时，一场由公安部督办、辽宁省公安厅承办的打击中国足坛假赌黑的风暴正在全国范围内进行。裁判陆俊、足协官员范广鸣、球员吕东等先后被警方带走调查并在此后被判刑。当时人们还在猜测这会不会像过去一样，又是一次雷声大雨点小的面子工程。

2010年初，前足协副主席南勇、杨一民，裁判委员会原主任张建强均因操纵足球比赛涉嫌收受贿赂犯罪被逮捕，年底足协领导谢亚龙被捕。而就在扫黑风暴刚刚刮起的2009年11月，南勇还曾表示假球"毒瘤"不除，中国足球没有希望。

扫黑开始后不久，2010年3月1日恒大接手广州足球俱乐部，开始自己的中国足球"恒大元年"。与过去数年里的沉寂不同，这一年的中国足坛格外热闹，而足协领导人也由韦迪低调接任。

2010年，在两个月只获得45分钟的出场时间后，郑智开始考虑接受尚处于中甲的广州恒大的邀请。"打动我的是恒大对未来的野心和热情。"郑智对记者说。

2010年6月28日，郑智正式亮相加盟广州恒大，并获得中甲冠军顺利升入中超联赛。彭伟国记得，回到国内的郑智给他的印象比10年前成熟了许多，"很职业"。

加盟恒大后的郑智变得更加低调，关于他的负面新闻相比过去也少了很多。但郑智并不认为这是刻意而为，"就是做好自己该做的"。而加入恒大的郑智也当之无愧地成为了这支球队的队长。在他的带领下恒大3年取得中超三连冠，并在2013年11月9日夺得亚冠联赛冠军。

13年的职业生涯走来，当年一同拼搏的李玮峰、李毅、肇俊哲都渐渐老去，郑智却令人惊讶地保持着良好的竞技状态。"一看他今年的训练量就特别大，不然状态不会保持这么好。"朱广沪说。

而在许绍连看来，郑智最难得之处在于自律严格，不抽烟不喝酒，也没有糜烂的夜生活。"这是能让他最终走到今天最重要的一点。"

郑智回国的3年也是国内球市逐渐回暖的3年。2011年的中超联赛，场均17600万人上座率创造了中超历史的最佳，也大幅度地超过了日本J联赛的15000人和韩国K联赛的11000人，中国球市也自此成为亚洲第一。而2012年上座率再创新高，达到场均观众18700人，其中江苏舜天对阵广州恒大的比赛单场上座人数65769人，创造了中超联赛有史以来单场最高上座纪录。

在很少的情况下郑智会把自己从一个"大佬"的严肃和谨慎中解放出来。11月20日，经历了两场国家队比赛和无数的会议之后回到清远基地，记者问他，你的"中国梦"是什么？郑智脱口而出"拿世界杯"。记者说，现实点的呢？郑智想了想：那就祖国强盛吧。

记者接着问，跟你自己职业更相关一点的呢？郑智恢复了往常的语气，字斟句酌地说：那就是退役前带国家队打进世界杯了。

"只要我还在踢，就还有实现足球梦想的可能。"

《南方周末》特约撰稿　邵世伟

恒大代表与沃尔沃汽车集团全球高级副总裁、中国区负责人拉尔斯·邓

李冰冰 [致敬词]

一个曾因为数学成绩而自卑的东北姑娘，在表演中找到自信。李冰冰以表演为信仰，以宽广的戏路、坚实的表演才能赢得了中国市场，也赢得了好莱坞关注。在好莱坞的规则向中国市场倾斜的时代，她成为了重要的参与者和标志性符号。她无意中介入公益，却成为公益事业狂热的信奉者和传播者。这位公益女王演绎了新时代的真善美。

突然代表中国，责任重大

李冰冰正在扮演的角色是一家高科技企业的首席科学家——在好莱坞商业大片《变形金刚4》里。2013年10月27日，刚刚结束香港部分的拍摄，准备转场天津。

两年前，《变形金刚3》票房收获超过11亿，成为内地年度票房冠军，这11亿占到影片全球票房的15%。派拉蒙影业希望《变形金刚4》获得合拍片身份，因为这能让影片更顺畅地进入内地市场，能让公司从内地的丰厚票房里分到更多利润。这部商业上野心勃勃的好莱坞电影选择李冰冰，对她的价值是一个沉甸甸的肯定。然而曾经独居美国苦练英语的李冰冰说，好莱坞不是她的梦想。

20多年前在黑龙江五常县，李冰冰还是个普通的县城姑娘。她打算报考上戏，妈妈说：冰冰你能演什么呀？你最多演个小保姆。在妹妹李雪看来，姐姐从影20年，从普通演员变成当红影星，找不出哪部戏起到决定性作用，"都是一点点累积，潜移默化地影响着业内人、媒体、观众。在不同的影片中，她严谨、认真、执着，呈现了自己很可贵的那一面。"

商业工作之外，李冰冰把身为明星的影响力大量投入公益事业。2013年5月，作为联合国环境规划署国际亲善大使，她造访肯尼亚大象孤儿院，在新闻发布会上，身边的肯尼亚政府高官、环境署负责人和来自世界各国的媒体突然让李冰冰紧张："可能我的每一句话、每一个字、每一个态度都代表中国，这个责任很重大。"

"我恨不得我能丑一点"

《南方周末》（以下简称问）：你跟很多人都说过，小时候因为数学不好抬不起头来。为什么你会有那种很沉重的心理，一般来说大家都很愿意对漂亮姑娘网开一面。

李冰冰（以下简称答）：我从小到大就是一个特别没自信的人。小时候不会算算术的人几乎就被称为很笨，这也是中国教育上比较悲剧的，我相信是一代人，因为数学成绩不好，导致什么都不好。所以给了我这么多的不安全感。我恨不得自己能丑一点，我现在一直有点驼背，从小便一直是这样走路，就希望老师不要看到我。

问：我注意到之前参演好莱坞电影或者合拍片，你都会强调这次我要看看语言上表现怎么样。过语言关对你来说是很难的一件事情吗？

答：我没读过高中，中专读的是鸡西师范学校。我去的那一年，跟同学一直写信，申请说希望学校可以开英文课，直到我们毕业那一年也没申请下来，然后这英语就瞎了。其实我当时真的挺喜欢学外语，我还用英语写日记呢，但是坚持了一段时间就坚持不下去了，老不复习就丢掉了。大学里边也没有学英语，是混的。

2007年我做万宝龙的代言，亚太区的老板叫jim，是一个很奇怪的人，他永远在跟我说英文。

问：他觉得你能懂？

答：不是，因为他说我就"嗯"，人家说第三句，我可能第一句还没反应过来呢。这个过程好累。我又是挺愿意表现自己，想着赶紧回一句，突然觉得这句词可以这么说，人家再说回来你就又听不懂……

合作过程中，有太多要说英文的机会，也锻炼了我的听说能力，我发现英文好像是可以学会的，只要你学。从那段时间开始，我就坚定了慢慢学的信心，对自己的一种暗示。

2007年我接了《功夫之王》，当时要做audition（试镜、试演）。台词拿过来，10个字恨不得9个字都不认识，我说算了，这个戏别争取了，念都念不下来怎么演呢？李雪说没关系，你就试试呗。拍完《功夫之王》，我就自己去报了"华尔街"，学习了不到一年半。

问：后来为什么要专门用半年的时间去美国学英语？

答：那是个混乱的、无厘头的，简直没脑的决定。我一直希望把英文学好，但老在嘴上说，没有行动。很多人说，你上国外去待半年就学会了。我也一直希望可以通过外力，把自己逼到那儿，那样可能就不一样了。2012年9月，《生化危机》宣传的最后一站是美国洛杉矶。我就一直问自己，要不要花点时间留下来呢？一直给不出确切的答案，一直在搜集意见，问问张三，问问李四，我要不要去？后来助理橘子说，你就别废话了，去吧。待不下去又能怎样？买张机票不就回来了吗？一天就到家了，怕什么呢？

在美国，我请团队所有的人去Universal（环球影城）玩了一趟，第二天他们都走了，我就一直哭。突然觉得我好孤单啊，从来没有过没有助理的日子，或是家里没有阿姨的日子。从1999年到现在，14年的时间。

我花了不到3周的时间找房子，然后找学校。从那时开始一个人住在美国，一个我完全没来过和住过的地方。我每天早上必须吃中国粥和热的东西，只好自己做饭，还要自己洗菜、刷碗、刷锅、洗盘子。

这些事你平常看不到，其实做下来真要花很多时间，至少两个小时。然后我觉得很烦、很痛苦，下课回来还得做饭，这就变得很累了。有一次我生病，特别特别难受，当时非常口渴，就想喝一点热水，真的难过得起不来，就躺在床上。我就在想，如果突然我死掉了都没人知道，躺在这个房间里是多么可怕。就这样，我才把助手从中国请过去，帮我分担了很多事情，我可以相对来说比较专注地去上课。

问：《变形金刚4》的机会就是在那半年中来的吗？

答：我是与UTA（演员经纪公司）正式签约的，他们知道我在美国，所以很积极地给我安排一些工作。我其实当时没想过要在美国发展，因为太不可思议了。我在中国好好的，干嘛跑到这儿来发展？两眼一抹黑，一切从零开始。

"我只想听到一句对不起"

问：你在国内从零开始的时候，都吃过什么样的苦头？

答：太可怕了，那种苦其实给了我很多特别不好的经历和心理。早上五点半化妆，下午两点半、三点半告诉你说，不拍了，没有理由，也没有解释。有一次最夸张，凌晨日出的戏，夜里一点半就把人接到现场去了。6月份，在车里蹲着，蚊子能把人吃了。没有安排休息的地方，就躲在车里，早上4点钟，你以为该拍你了，拍不完，就继续在现场等，要等一整天，到下午6点45分拍了我一个镜头。就是一个很长的镜头滑过，最后就在我的脸上这样扫了一下。

17个小时在现场候场，我特别不开心。其实说心里话，我不想得到别的，只想听到一句"对不起，不好意思，让你等了这么久"。演员等拍戏永远是天经地义的事，可现场要等演员超过5分钟就有人说，这演员道德败坏。如果某个演员因为身体不舒服想请个假，就说他没有职业操守，这是最不好的一种文化习惯。

问：美国拍戏是什么规矩？

答：拍《生化危机》时，我肚子很痛。不到两分钟，没等我走进厕所，便有人敲门，吓我一跳，我以为着急要拍戏呢。结果，说是医生来了，可以看一下。我说不用不用，他说没事，可以开一点药什么的。我说不用不用，我等一下就好。他说你确信你等一下可以好吗？我说我确信，我确信。

我特别怕麻烦人家，中国人都这样，怕给别人带来麻烦。喝了点热水，我舒服多了，到了现场，所有的人都问我，你怎么样？我其实没听懂，还以为问我今天感觉怎么样呢。助手就告诉我，冰姐，他们在问你身体怎么样。你刚才不是不舒服吗，医生告诉了大家。大家等了20分钟，知道为什么在等待。

这是什么？对人本身的尊重。如果每个人都用怨怼的态度看人的话，还会有正能量传出去吗？

问：你有好莱坞情结吗？

答：没有。我不想去做边边角角，要做就做到最好。可是那里的主流文化不是中国文化，也不是中国面孔。你让中国人天天关心西方的事，关心林肯的经历是不可能的，那不接地气。所以我根本就没有想过要在那里发展。说白了，你连话都不会说，还能干什么？你不懂人家说的话，就不可能懂人家的文化，所以这根本就不是我的梦想。

"在国际社会尽一份义务"

问：2013年5月你作为联合国环境规划署国际大使开展肯尼亚之行，主题为什么定为"对象牙说不"？中国人跟这件事情的关系有多大？

答：你比外国人问得婉转多了。我在桑布鲁接受国际媒体采访时，有一个当地的记者非常直接、也是不太客气地问我，说中国作为象牙消费最大的国家，你是怎么看的？

我当时听了这个话非常不高兴。我说，谁说中国是象牙消费最大的国家？他就换了一种方式：你对象牙消费怎么看？

我是这么认为的：第一，我确实不知道中国是否是象牙消费的最大国，因此没办法给你答案。第二，我曾经买过象牙，我就是象牙消费者之一，但是我真不知道背后是如此可怕的猎杀。第三，在非洲猎杀一头大象，受到的惩罚太轻了。

我当时就提出几点。并且在联合国时我也说，为什么当地政府不能够更加严厉地去惩治这种猎杀犯罪？

问：很多媒体引用一个数字，说你担任了40个公益组织的形象代言。

答：有这么多吗？那我得干多少活啊？其实现在也不断有各种国际组织在向我发出邀请。接不接受，主要是考虑我到底能履行多少责任，而不要做一个只拍照片、去旅游的大使。我要体现中国演员、艺人的形象，带着尊重的态度，在国际社会上尽自己一份义务。

问：未来如果想拍电影，你打算拍什么样的电影？

答：我不想拍什么特别大的片，也拍不了，想拍一些生活中真实发生、可以打动大家的事情，哪怕就是一对老夫妻之间的感情。比如说我觉得我爸妈之间的故事就很可以拍一个很好的电影，找个编剧就能写一下。

他俩之间的感觉你知道多有意思。我妈从来对我爸就是，"老李老李，快点穿鞋，快点快点"，"鞋带脱了，上床了，不行，冻腿冻腿"，"哎呀不行，这儿痒，快挠，赶紧挠"。她觉得他为她做任何事情都是应该的。

可是今天当我去寻找伴侣，我发现这辈子也找不到一个他们那样的人，早跑了烦死了。两人都觉得为对方做什么都是应该的，没照顾好对方，自己有责任。如果能把这种感受拍成戏，我觉得可以非常淋漓尽致地把它说出来。这样的作品，可以给大家传递一些人性当中的美也好、缺憾也好，都是最有价值的。

问：你的"中国梦"是什么样的，你对这个国家最大的期待是什么？

答：弘扬中国的文化，找回中国的文化。

李冰冰　突然代表中国，责任重大